新闻传播国际化教育系列教材编委会

主　编：郭光华

编　委：

郭光华　广东外语外贸大学新闻与传播学院院长、教授

单　波　武汉大学新闻学院副院长、教授、博士生导师

何　纯　湘潭大学文学与新闻学院教授、专业负责人

徐小立　湖南理工学院新闻与传播学院院长、教授、博士

汤　劲　衡阳师范学院新闻系主任、教授

新闻传播国际化教育系列教材

新闻写作新编

A New Course on News writing

郭光华 著

News

暨南大学出版社
JINAN UNIVERSITY PRESS
中国·广州

图书在版编目（CIP）数据

新闻写作新编/郭光华著．—广州：暨南大学出版社，2010.12（2013.8 重印）
ISBN 978 - 7 - 81135 - 707 - 3

Ⅰ.①新… Ⅱ.①郭… Ⅲ.①新闻写作 Ⅳ.①G212.2

中国版本图书馆 CIP 数据核字（2010）第 242760 号

出版发行：暨南大学出版社

地　　址：	中国广州暨南大学
电　　话：	总编室（8620）85221601
	营销部（8620）85225284　85228291　85228292（邮购）
传　　真：	（8620）85221583（办公室）　85223774（营销部）
邮　　编：	510630
网　　址：	http：//www. jnupress. com　http：//press. jnu. edu. cn

策划编辑：杜小陆
责任编辑：杜小陆　林芳芳
责任校对：苏倩欣

排　　版：弓设计工作室
印　　刷：佛山市浩文彩色印刷有限公司

开　　本：787mm×960mm　1/16
印　　张：17.5
字　　数：330 千
版　　次：2010 年 12 月第 1 版
印　　次：2013 年 8 月第 2 次
印　　数：3001—5000 册

定　　价：36.00 元

总　序

　　我国加入世界贸易组织已有10余年。这10余年里，中国经济与世界经济一体化的趋势显著加快，国际化特征日益加强。随着经济领域国际化步伐的先行，我国其他领域的国际化呼声也或强或弱地逐渐凸显。其中教育的国际化已成为当下中国教育改革中最为热门的话题。

　　如前所述，教育国际化无疑与经济等领域加速发展的大势是一致的，不以人的意志为转移。我们所要做的是，如何去认识其含义，如何在教书育人的实践中去探索创新。

　　国际化教育的主要内涵是什么？尽管人们对此的表述见仁见智，但我们认为培养学生的国际视野是第一位的。学生的国际视野何以形成？这当然不是一门课程可以完成的，而应当是一个系统工程。有学者认为，国际化教育是一个充满活力的过程，只有将其融入学校的办学理念、计划、项目、课程中才是最为有效的。而对于学生而言，课程教学是实现其国际视野最为直接的渠道。正是在这一认识前提下，我们萌发了这套新闻传播国际化教育系列教材的编写计划。

　　由于文化等方面的原因，新闻传播理念明显地存在中西差异。新闻传播国际化教育，不是要去消弭这种差异，而是一种知己知彼的探索，从促进国际理解、合作与和平的角度去认识这种差异。广东外语外贸大学原校长徐真华教授提出，中国作为一个正在走向全面复兴的、负责任的大国，高等教育有责任让这一代年轻人具备全球化意识、领导素养和跨文化交际的能力，能参与国际合作与竞争，唯有如此，新一代的中国知识青年才能在全球化的竞争中拥有话语权。

　　当然，对于新闻传播类学科来说，其技术手段是全球通用的。即使是经济再怎么落后的国家，它要参与世界对话，也先得在技术平台上实现对等。特别是近年来互联网技术的迅速发展，大大加快了世界范围内传播技术对等的必要性与紧迫性。有关资料表明，一种传播媒介普及到 5 000 万人，收音机用了 38 年，电视用了 13 年，互联网用了 4 年，而微博只用了 14 个月。可以说，技术层面也是支撑新闻传播国际化教育的重要因素。

　　编写这套新闻传播国际化教育系列教材，算是在中国高等教育国际化背景下我们所做的一次初步探索。既期待专家学者的指正，也愿有更多的学者加入这一探索的行列中来。

郭光华
2012 年 5 月

目 录

Contents

第一章

新闻报道的基本要求与写作原则

　　人类的一切写作活动从宏观上来说都有其相通之处，但正如各个行当的工作具有各自不同的特性一样，各种类型的写作活动也有其自身的独特个性。

　　新闻报道的基本要求与写作原则是由新闻报道写作的独特个性所决定的。它既是新闻报道所应具备的品格，也是记者在写作实践中应当遵循的基本规律。

第一节　新闻报道的基本要求

按陆定一的定义，新闻是新近发生的事实的报道。那么，新闻报道的第一要义就是要报道好事实。但为什么报道此事而不报道彼事？因为此事具有报道的价值素质。因此，新闻报道的第二要义就是要突出事实包含的新闻价值。新闻是关于事实的报道，那么报道者的观点倾向应如何处理？这就涉及到新闻报道的第三，即把观点隐藏起来。这些构成了新闻报道的三个基本要求。下面依次讨论。

一、把事实叙述清楚

新闻报道的第一个要求就是要把事实叙述清楚。因为新闻报道叙述的是真实发生的事，所以，把事实叙述清楚也是由新闻真实性要求所规定的。从大的方面来说，新闻报道的叙事可以分为两种，一种为终结式叙事，另一种为再现式叙事。所谓终结式叙事，就是偏重于对结果的叙述。例如，有人错过了一场球赛，他向你打听球赛情况，你总是先告诉他比赛结果如何。所谓再现式叙事，就是叙事重点在还原事实的过程。例如，介绍球赛的情况时，你主要向别人细说精彩的比赛过程。一般来说，前者适合于消息写作，后者则更适合于通讯、特写等文体。

不管以何种方式叙事，写作时都要注意遵循以下三点：

1. 要将新闻的主要要素准确写出

"新闻要素"一说最初是由美联社总编辑梅尔维尔·E. 斯通提出的。1889 年 3 月 30 日，记者约翰·唐宁向美联社总部发回一条消息，该消息的开头就将新闻事件的梗概交代得很清楚，大得总编辑梅尔维尔·E. 斯通的赞赏。遂将新闻报道中的主要因素归结为"五要素"，即人物（Who）、时间（When）、地点（Where）、事件（What）、原因（Why），简称"五 W"。广播、电视等媒体出现后，受众要求报纸、通讯社的报道要对事实的成因及经过作深入报道。1932 年，美国新闻学者麦格杜戈尔又提出新闻的第六个要素如何（How），从而形成了由五个"W"和一个"H"构成的"新闻六要素"。

为什么说新闻要素关系到新闻报道的叙事清楚？1945 年 12 月延安《解放日报》所发专文《从五个"W"说起》将这一关系说得非常清楚。文章一开头就说："新闻必须有五个'W'（When——时间，Where——地点，Who——人物，What——事情，Why——为什么），犹之乎人的头脸必须有耳、目、口、鼻一样。缺少了一件，就会不成样子。"新闻报道的这些要素实际也与我们熟知的记叙文五要素一致，可见它们对于事实叙述的必要性。请看 2010 年 8 月 25 日《云南日报》上登的这则消息：

一客机在伊春机场降落时失事（主题）
截至今晨 2 时已搜救出 51 人（副题）

本报综合新华社哈尔滨电 记者从黑龙江省伊春市了解到，24 日 22 时 10 分左右，一架从哈尔滨飞往伊春的客机在伊春机场降落时冲出跑道后起火失事，机上有乘客 91 人（其中儿童 5 人），机组 5 人。截至 25 日凌晨 2 时，已经搜救出 51 人。目前，伊春市医疗卫生部门已收治 20 余名飞机失事伤员。

记者 24 日从民航局获悉，河南航空有限公司 B3130 号（EMB190 型）飞机执行 VD8387 哈尔滨—伊春航班任务，于 20 时 51 分在哈尔滨机场起飞，21 时 36 分在距伊春机场跑道 1.5 公里处失事。

现场搜救人员告诉记者，截至 24 日 23 时 30 分，飞机仍在着火。

这则短短的消息，让人愈看愈不明白。主要在于其中的两个"W"，即时间与地点不清楚。关于失事时间，报道中提到两个：24 日 22 时 10 分左右和 21 时 36 分；关于失事地点也提到两个："冲出跑道后起火失事"和"距伊春机场跑道 1.5 公里处失事"。究竟是怎么回事？估计作者自己也没搞清楚，写成后也没有仔细核实。正如《从五个 W 说起》所说的："为什么会这样的，一个较普遍的原因是：'马虎'。一则新闻，寥寥两三百字，道听途说，信笔撰写，可以不花多大力气。"所以说，要想叙述清楚事实，记者自己必须先把事实的基本要素核实清楚。

还有一种情况，记者自己把新闻要素弄清楚了，但写作时往往忘记写出一些重要的新闻要素。因此，记者一定要有很强的受众意识，最好是作一换位思考，想想是否已将读者未知而应知的要素写出来了。请看 2005 年 11 月 26 日《广州日报》登的这则报道：

610 米新电视塔开工

本报讯 昨日上午，广州新电视塔举行开工仪式，该项目总投资约 22 亿元，2009 年建成后有望成为世界最高的电视塔，并将承担 2010 年亚运会的转播任务。省委常委、广州市委书记、市人大常委会主任林树森在开工仪式上致辞。市领导张广宁、方旋、陈建华、凌伟宪、孔少琼、郑国强、潘庆楮、苏晋中、邵云平、李卓彬、陈国，中国工程院院士容柏生等出席了开工仪式。

新电视塔建设用地面积 17.546 万平方米，其中建设用地面积 13.33 万平方米，道路面积 4.216 万平方米。总高度 610 米，其中塔体 450 米，天线桅杆 160 米，建成后有望成为世界第一高的电视塔。总建筑面积 114 054 平方米，塔体建筑面积 44 275 平方米，地下室建筑面积 69 779 平方米。新电视塔从国内外 13 家著名设计单位（联合体）提交的设计方案中选定英国 ARUP Qualification 的设计方案为实施方案。

新电视塔工程总投资约 22 亿元，由广州市建设投资发展有限公司和广州市电视台组建广州新电视塔建设有限公司具体负责资金筹措。其中项目资本金约 7.7 亿元，广州市建设投资有限公司投入 90% 的股份，广州市电视台投入 10% 的股份。项目投资的 65% 款项 15 亿元通过银行贷款解决。目前，已与广州市商业银行签订了贷款合同。

建设单位表示，工程将力争在 2008 年完成施工任务，2009 年开始设备调试及试运行，2010 年正式投入使用，承担亚运会的转播任务。

很明显，这则报道所提供的信息没有考虑到一般读者的需求。首先，这个高塔建在哪里？这个老百姓最关心的问题在报道中居然找不到答案。从新闻要素的角度来说，它缺了一个重要要素——地点（Where）。这不能不说是报道者的一个严重失误。此外，这篇报道用较多的篇幅向读者提供了一些并不需要的信息。例如，出席开工仪式的那串长长的领导人名单，建塔的 22 亿资金从何而来，关于建筑面积的若干数据，等等。这些对于一般读者来说，其兴趣可能并不大。

2. 对令人生疑的事实，叙述中要特别注意采用具有实证性质的材料

具有实证性质的材料有很多种。艾丰在《新闻采访方法论》一书中，按材料的来源和传递对新闻采访中的材料进行分类，并分析各类材料的实证性，给人以很大的启发。[①] 第一手材料是指记者不经过任何中转环节，直接从他要报道的事实那里得来的材料，包括记者的直接观察和物证材料。俗话说，"耳听为虚，眼见为实"。第一手材料最具实证性。第二手材料是指记者从当事人那里采访得到的材料。记者与事实之间多了一个中介——当事人。这样的材料当然也具有实证性质，但最好是多采访几人，多用不同的人介绍的情况来形成互证。即使是彼此说法矛盾，也要如实转述给读者，切不可轻信一面之词。第三手、第四手材料的实证性更差，应当尽量补充一些物证材料。

如曾被海内外媒体闹得沸沸扬扬的关于湖南某高校开设《新闻炒作学》

---

① 艾丰. 新闻采访方法论. 北京：人民日报出版社，1989.42~79

课程的报道，这起事件竟让媒体两度尴尬。2003 年 12 月 23 日，长沙两家都市类报纸分别以"湖南师大一讲师欲开创'新闻炒作学'（主题）收编邓建国刘晓庆开创'新闻炒作学'（副题）"、"讲师编写《新闻炒作学》 刘晓庆成为成功案例"为题发表报道，称"湖南一高校教师正在编撰一本关于《新闻炒作学》的书籍"，"正准备将刘晓庆的成功炒作案例写进书本，并于明年在大学课堂上进行讲解……已经向学校教务处报批，学校也已经批准了开一门《新闻炒作》的选修课，而他也将把自己的书当成选修课的教材"。2005 年 1 月 20 日，长沙又有报纸刊登消息《刀郎成炒作教材》，再次报道这所高校的这名教师新近出版了两本关于"新闻炒作学"的书《商业策划与新闻炒作》、《炒作致胜——个性经济时代的商业策略》，且在北京的图书交易会上"炙手可热"，销售火爆。2005 年 3 月 17 日，湖南长沙某都市报再次在 A13 版显要位置花大篇幅刊登报道《"炒作学"长沙开课》，称这一教师已开设"新闻炒作学"一课，"场面火爆"，既赢得了学生的追捧，也得到了专家的好评。但也有媒体刊登消息，说该校新闻系负责人出面辟谣，称该校并没有开设此课。究竟此事真假如何？其实，明眼人从那些有实证性材料、有现场描写的报道中可看出，此事并非空穴来风。但有些媒体没有派记者深入实地采访，报道中缺乏令人信服的实证材料，因而就显得底气不足了。

我们在此处还要特别讨论一下新闻报道中人物的心理活动的描述问题。这一情况在通讯及特写中尤其要引起注意。

20 世纪 50 年代，我国新闻界曾开展过一场关于新闻报道允不允许"合理想象"的大讨论，它是由新华社一篇关于志愿军英雄黄继光的报道引起的。这篇报道这样描写黄继光牺牲前的时刻："一阵阵冷雨落在黄继光的脖子上，敌人的机枪仍在嘶叫，他从极度的疼痛中醒来了。他每一次轻微的呼吸都会引起胸膛剧烈的疼痛……黄继光又醒来了，这不是敌人的机枪把他吵醒的，而是为了胜利而战斗的强烈意志把他唤醒……后面坑道里参谋长在望着他，战友们在望着他，祖国人民在望着他，他的母亲也在望着他，马特洛索夫的英雄行为在鼓舞他……黄继光一跃扑上了敌人的枪眼……"这其中的心理描写就缺乏实证性，因为黄继光当时只身独影，扑上枪眼就牺牲了，那些心理活动从何得知？只能出自"合理想象"了。所以，新闻业界比较一致的看法是，新闻报道中应尽量少写或不写心理活动；如果一定要写，应当是当事人所述，力显实证色彩。

3. 要努力用准确的词语，恰如其分地描述事物的状态

新闻叙事与文学作品叙事不同，后者追求的是生动。因此，叙事中不惜用夸张变形的修辞手法。"白发三千丈"这样的叙述在文学作品中是允许的，而

且还为人赞赏。但新闻写作追求的是准确，用夸张一类的手法极有可能破坏其准确性。

获第十六届中国新闻奖一等奖的消息《3.5万救命钱留给病友》中有这样一段文字："白血病患者彭敦辉送走病友欧阳志成回到病房后，看到了欧阳志成留给他的3.5万元现金和两封信。读罢信件，捧着救命钱，彭敦辉顿时泪雨滂沱。"作者陈国忠事后对作品中所用的"泪雨滂沱"一词颇感遗憾。原因在于它有些夸张，并且破坏了整篇报道的朴实文风。

前面提到的《从五个W说起》一文中早就说过，笼统的表述远不如具体的表述准确有力。"比如，报道敌机轰炸，目的是激起读者同仇敌忾。你说，是用'血肉横飞'、'目不忍睹'等空洞字眼来形容的效果大呢？还是老老实实地报道某日某时，敌机轰炸某县某村，炸到一个几岁小孩，炸在什么地方，炸成什么样子，小孩死后家庭发生了什么事故……更能打动人心呢？抽象的、笼统的话头，只能给人以模糊的概念，只有事实，具体确切的事实，才能予读者以经久不灭的印象，真正生动地教育读者。新闻报道的具体化和形象化，是和确切、翔实不可分割的。愈是具体、确切，感人愈深，说服力愈大。往往千百则一般性的报道，效果还比不上一篇具体确切的纪实性报道，其道理也就在这里。"

新闻报道要恰如其分地描绘事物的状态，防止套话、空话充斥。有些记者生怕事实的新闻价值不够突显，而喜欢夸大其词。一些现成的套话取代了对事物的准确描述，新闻语言成了"新闻腔"、"新闻八股"。有民谣专门嘲讽当今某些报道用语：

> 开幕没有不隆重的，闭幕没有不胜利的；
> 讲话没有不重要的，鼓掌没有不热烈的。
> 领导没有不重视的，接见没有不亲自的；
> 决议没有不通过的，人心没有不振奋的。
> 看望没有不亲切的，进展没有不顺利的；
> 完成没有不圆满的，成果没有不巨大的。
> 工作没有不扎实的，效力没有不显著的；
> 班子没有不团结的，群众永远是满意的。
> 竣工没有不提前的，节日没有不祥和的；
> 路线没有不正确的，决策没有不英明的。
> 思想没有不统一的，理论没有不高举的；
> 热情没有不高涨的，干劲没有不加强的。

严打没有不彻底的，治安没有不良好的；
社会没有不安定的，生活没有不幸福的。
成就没有不举世瞩目的，会见都是本台刚刚收到的；
坏蛋总是一小撮的，正确总是党中央的。

这种千篇一律的套话，既谈不上准确，也谈不上生动，是应当被坚决摒弃的。

二、把价值凸显出来

新闻写作为什么要把价值凸显出来？这也是由新闻的本质所决定的。新闻是新近发生的事实的报道，但不是新近发生的一切事实都有报道价值。所以，新闻价值成了事实选择的重要依据。新闻写作凸显事实的新闻价值，既是表明报道成立的依据，也是吸引读者的必要条件。

如何把事实的新闻价值凸显出来？可以从以下两个方面去尝试：

1. 从多方面努力让事实的新闻价值最大化

面对某一事实，报道者首先一定要有清醒的判断，该事实的新闻价值在哪？如何使它的价值最大化？

使新闻价值最大化的方法很多，此处择其要者略举一二。

（1）角度的选择非常重要。一个好的报道角度，既能充分显示出事实的新闻价值，又不给人以牵强附会的感觉。不少记者都有这种体会，好的角度如暗室里的一束光亮，有了它满屋子的家具都能熠熠生辉。

（2）事实的新闻价值应当强化。对事实的新闻价值强化，通常有前置法和重写法。前置，就是将其放在突出的位置。一般来说，硬新闻的写法即如此。硬新闻一般取开门见山的手法，将最能显示新闻价值的因素前置。而软性新闻为了让读者充分理解事实的价值，可以多花点笔墨，用点渲染手法。

以上这些手法，在本书的第二章有专门论述，此处就不展开详细讨论了。

2. 借助背景材料说明事实的新闻价值

有些事实的新闻价值，读者一看就明白。例如，"嫦娥二号"探月飞船升空，其价值不言而喻。而有些事实的价值，则需要适当借助背景材料间接表明。且看下例：

我校法学院首次参加"21世纪世界著名大学法学院院长论坛"

本网讯 第二届"21世纪世界著名大学法学院院长论坛"于10月3日至4日在北京人民大会堂隆重举行，我校法学院院长蔡××应邀出席。

7

"21世纪世界百所著名大学法学院院长论坛"是目前世界范围内唯一的全球性的著名大学法学院院长论坛，也是一个重要的国际性的法学专家论坛，由中国人民大学法学院于2000年创办。在此次论坛上，中共中央政治局常委、中央政法委书记周永康出席大会并发表重要讲话。出席大会的中央领导同志还有中共中央政治局委员、中央政法委副书记王乐泉，中共中央政治局委员、国务委员刘延东，全国人大常委会副委员长蒋树声，最高人民法院院长王胜俊，最高人民检察院检察长曹建明，最高人民法院原院长肖扬，全国政协原副主席罗豪才等。

出席本次论坛的还有美国哈佛大学、耶鲁大学，英国牛津大学、剑桥大学，俄罗斯莫斯科大学，德国慕尼黑大学，日本东京大学、早稻田大学，韩国首尔大学，印度新德里大学，南非大学等多所享有世界声誉的著名大学法学院的近百位院长、法学家以及国际法学院院长协会主席、美国法学院院长协会主席、澳大利亚法学院院长协会主席等。国内近200位法学院院长、法学专业学会会长、著名法学家也出席了本次论坛。我校法学院院长蔡××应邀出席，标志着我校法学院的建设和发展已经取得令人瞩目的成就。

这是从广东某高校官方网站上下载的一则校园新闻。新闻事实比较简单，即法学院院长参加了一个学术会议。我们知道，一般来说，参加一个会议并没有多大的新闻价值，但本则报道中的会议却很不一样。作者的报道重心并没有放在参会院长作了什么学术报告或提出了什么新的学术观点等方面，而是花了较多笔墨去说明会议的重要性。首先，导语中提到的会议地点——北京人民大会堂，这在一开头就显示了会议的重要性。有人总结过，新闻要素中的任何一个具有显著性，其价值就会增值。例如，关于时间的显著性，我们一定还记得新世纪到来的第一天，全世界都有记者报道人们去捕捉"新世纪的第一缕阳光"。其实，阳光依旧，并未有"新"，但因为时间的显著性，其就有了新闻价值。再如，这个会议的地点设在北京人民大会堂，学术会议在人民大会堂举行，非常罕见，可见其规格之高，当然就增加了新闻价值。再看第二段列举了一批国家领导人、政法系统的高官出席，这些也是显示会议的重要性。第三段再列出一批出席论坛的著名大学的相关人员，可见其学术地位之高。这些背景一交代，读者自然就会明白，"我校法学院院长"参加这一会议，跻身于这批世界著名高校中，可见其影响力。由此便凸显了这一事实的新闻价值。

三、把观点隐藏起来

"报道"是一种行为，行为背后有着相应的动机。胡乔木在《人人要学会写新闻》一文中说："我们经常都会发表有形的意见，新闻却是一种无形的意见。从文字上看去，说话的人，只要客观地、忠实地、朴素地叙述他所见所闻的事实。但是因为每个叙述总是根据一定的观点，接受事实的读者就会接受叙述中的观点。"记者报道新闻事实，实际上有着双重任务：一方面，他要把某件事情告诉读者或听众；另一方面，既然是报道，就有记者的主观选择和立场。新闻报道既要讲客观性，但又不排斥作者的思想观点隐含在报道中。如何实现两者的有机结合？

1. 学会"用事实说话"

"用事实说话"这一说法对于新闻工作者来说并不陌生，一些媒体甚至以此作为宗旨。这里所提到的"说话"，实际上就是指报道中记者的倾向或观点。但我们知道，新闻报道讲求客观性，要求观点与事实分离。这就要求报道者的立场和倾向性应该寄寓在对事实的选择和叙述中，而不是特别地加以指出。事实是客观存在的，其不以人的意志为转移；事实是最有说服力的，能体现出很强的逻辑力量。新闻报道中的客观性就是建立在真实地报道事实这一基础之上的。

"显果藏因法"是新闻报道中隐含思想观点最常见的做法。所谓显果藏因，即记者只需把事实摆出来，道理则让读者去猜而得之或悟而得之。读者自己从新闻事实中悟到了道理，自然会心悦诚服。

这就需要记者选择事实。有些事实是一种必然现象，体现着事物的本质；而有些事实则只是一时一地的个别现象，与事物本质无必然联系。记者的本领就是要善于挑选出那些最能反映出事物本质的事实来。

1999 年 10 月 1 日，中华人民共和国成立 50 周年庆典，路透社记者发自北京的一篇报道《显示自豪，展示强大》，报道了天安门前盛大的阅兵式，其结尾写道：

没有参加庆祝游行的北京人在家中收看电视现场转播。当隆隆轰鸣着的飞机从电视屏幕上掠过的时候，22 岁的黎宁说："这是显示民族自豪的时刻。我们要让全世界知道，谁也别指望阻挡我们前进。"

游行结束后，当坦克车队穿过北京大街返回基地，成千上万人聚集在立交桥旁观看。身穿毛衣的工人刘韶志说："第三代领导人不错，的确不错。"

戴着白手套的士兵目不斜视，以严格的立正姿势站在军车上。许多北京市民向他们招手致敬。一个士兵显然感动得无法自已，他不顾军规，向街道旁的群众挥了挥手。这时人群中响起了欢呼声。

这三个材料把这场庆典写得余波荡漾，令人回味无穷。比起简单的议论来，这些事实的表现力要强得多。

不直接说出作者的观点，西方新闻界通常称之为"藏舌头"。舌头即指新闻报道中的思想观点。不善于藏舌头，其效果往往适得其反。《新闻战线》曾刊登过《吴冷西同志谈广播电视新闻》一文，文章指出："现在我们的记者不会写新闻，特别是不会用事实写新闻。"他谈到这样一个例子：徐州酒厂女工吴继玲，在粉碎葡萄时三只手指被机器截断后，在各方大力协助下被送到上海抢救。这一事件本身就很感人，足以说明社会主义制度的优越，但记者在报道中偏偏加一笔："真是社会主义好啊！"吴冷西指出，"这是新闻写作的败笔"，违反了用事实说话这一规律。

2. 在相关事实的联系中显示意义

所谓新闻报道中的相关事实，大都以背景材料的方式出现。这些材料在新闻中的意义不外乎两方面：一是帮助读者读懂新闻，二是作者借此传达自己的倾向性。像前面提到的用背景材料说明事实的价值，属前者；此处要提及的，属后者。

用来传达作者思想倾向的背景材料有两类：对比性背景材料和提示性背景材料。前者让读者在事实的对比中去理解新闻事实的意义，作者的情感态度同时也包含在对比之中。如新华社2006年获中国新闻奖一等奖的消息《火车首次跨越"世界屋脊"》。记者写到青藏铁路的修建是在"重写历史"时，情不自禁地穿插了一段背景："1 300多年前，文成公主和亲吐蕃，从现在的西安到拉萨，走了近3年。今天，从北京到拉萨仅需48小时。"历史故事与今天的事实构成对比，凸显出新闻事实的意义，深刻地反映出了沧海桑田的历史变化。记者的欣喜之情藏于字里行间，不言而喻。

用提示性背景材料表明观点不像对比性背景材料那样褒贬对立鲜明，但读者同样可以从事物的不同联系中感受到作者所要表明的观点。如美国《基督教科学箴言报》记者奥卡所写的《逛北京的集市》一文。作者先描写了自由市场上的农民有一种眼神：我们必须多赚钱。但报道马上又引用日本朋友的观感。他联系日本的情况说："我们是否比过去更富裕了呢？那当然。我们是否满意了呢？我不敢肯定。我认为，当我们还很穷的时候，我们那种有难同当的精神更多些。""要是中国既能实现现代化，又能不像我们日本人民那样烦恼就好了。在日本，每人都在注视他的邻居买了什么东西——一辆大轿车，一台高级电视机或送儿子上大学，等等。但是，我不敢肯定情况是否都会是那样。你想，如果八亿中国农民眼里都是那种眼神，这个国家将会发生多么大的变化！"这一背景材料引用日本的情况作为参照，提示读者在发展经济赚钱致富时应注意到其他方面的问题。

3. 借权威人士之口来表明作者观点

权威人士对某一事实的评价往往比记者的评论要准确，从形式上看也要客观得多，故也常被记者有选择性地用来表明自己的观点。

引用权威人士的话，有时只是一个幌子，实际上就是记者自己的话。艾丰在《新闻写作方法论》中称之为"假引述表达方式"，"有时明明是记者自己的看法，也假借别人的名义。如许多西方记者在自己的报道中常用这样的句子：'此间观察家认为……'，'此间消息灵通人士说……'，'此间权威人士透露……'，等等。实际上，这个所谓'观察家'、'消息灵通人士'、'权威人士'往往就是记者本人"。这种"假引述"的做法，只要是道出了真相、道出了本质，就可以在报道时加以运用。

第二节　新闻报道的写作原则

新闻报道的写作原则，主要是指记者写作新闻作品时应当遵循的基本规律，它包括短小性原则、可读性原则和创新性原则。

一、短小性原则

篇幅短小是新闻报道的一大特色，短小性原则就成为新闻报道写作的首条原则。

新闻报道写作的短小性原则，具体体现为篇幅短、段落短、句子短三个层次。

1. 篇幅短

篇幅短是新闻与生俱来的一大特点。"写新闻如发电报"是新闻写作短小性原则的形象说明。胡乔木同志曾经在《短些，再短些》一文中指出："新闻要五分之四是五百字左右的。"篇幅短既与早期电报传递要限制篇幅的做法有关，更重要的是能满足读者急于了解新闻、记者得尽快报道新闻的要求。一方面，从读者接受新闻的角度来考虑，据有的新闻研究部门调查，一般读者每天花在读报上的时间大约在10~30分钟之间，平均15分钟左右，这是目前我国城市居民的情况。另一方面，读者在读报时总是处于较仓促的心理状态，阅读方式以浏览为主。有相当多的读者只是在饭前、饭后，或在车上、船上，或一天的工作开始前，或在睡觉前翻翻报纸。篇幅过长的新闻是不容易吸引读者的。正如一位读者所说："翻开报纸，我总是拣短文读，看到长的心里就嘀咕：先放放吧，等以后有空再读。结果长文章积了一大摞，却难得有机会拜读。"① 从记者报道新闻的角度来考虑，新闻报道的任务就是报道新闻事实的或是报道事实中有新闻价值的部分。且新闻是特别讲究时效性的，故新闻报道一般是急就文章，拖了时间新闻就没有生命了。对此，人们有一形象的说法，即"新闻报道是记者站着写的，读者站着读的"。

篇幅短小的新闻最能满足新闻的本质特性，即迅速报道新近发生的事实。如毛泽东逝世的消息，中央人民广播电台是 1976 年 9 月 9 日下午 4 点广播的；时事社以"毛泽东逝世"五个字，在当日下午 4 点零 5 分发出；美联社以"毛泽东逝世"五个字，在 4 点零 7 分发出；路透社用了 20 个字，在 4 点零 9 分发出；法新社用 113 个字，于 4 点 15 分发出。由此可见，最精简扼要的文字抢得了时间。

正是因为遵循短小性原则，除一般的消息报道形式外，新闻界还创造了简讯、一句话新闻、标题新闻等报道形式，把篇幅短小这一特点推向极端，足以显示出新闻报道篇幅短小的可行性。

值得提出的是，厚报时代出现以来，一些报纸每天都要出个几十版，一个版面上配置一点点新闻，以搭配更多的广告。在这种情况下，一篇本来几百字可以写成的消息，一定要拉伸成上千字的文章，甚至还要加上小标题，将没什么信息量的事件过程细细描述。这些并不是为方便读者获取信息而考虑，更多的是为媒体搭载广告考虑。这种"长风"并不可取，我们并不能因为它存在就默认其合理。

2. 段落短

段落短也是在新闻写作中一个特别值得注意的问题。在倒金字塔式结构的消息中，往往是一句话作为一段。而现代西方报纸更是十分强调短段落，他们要求每段最好是三四十字，最多不超过一百字。请看下例：

塔斯社 1 月 10 日电 "救救蛇！"印度动物学家在广播电台和电视台向城乡居民不断发出不寻常的呼吁。

去年，大约有两百万条蛇成为猎人的猎物。

普拉杰什邦、西孟加拉邦、马哈拉施特拉邦、奥里萨邦各部落的人老早就以捕蛇为业。

猎捕这种爬行动物是最有利可图的事，因为国际市场上对蛇皮产品的需求在不断增加。

---

① 通力合作刹住长风. 人民日报, 1981 - 08 - 13

因此，印度近年来蛇的数量急剧减少。蟒蛇有绝迹的危险。印度政府正采取紧急措施，设法恢复这种动物的数量，其中包括根据保护自然法禁止出口蛇皮。

之所以要保护蛇，是因为蛇会消灭有害的啮齿目动物，包括老鼠。据一些专家估计，仅去年一年，印度的国家贮备粮就有10%被老鼠吃掉。

短段落的报道不仅便于读者阅读，而且也便于排版。读者如果面对黑压压一片的长段落，十有八九会产生一种沉重、压抑的感觉，唤不起阅读欲望。多分段可以使版面有虚有实，避免臃肿、闭塞，有助于美化版面。美国有新闻学者曾把空白、铅字和图片并称为使版面生动的三个重要工具。而多分段、分短段能使版面留有适当空白，因此是值得提倡的。

3. 句子短

句子是组成文章的基层单位。只有学会把句子写短，文章才有可能短小。西方新闻界普遍遵循的规则是"宁用短字，不用长字"，"宁用短句，不用长句"，"宁用简单句，不用复合句"，"每句最长不超过25~30个（英文）字"，等等。合众国际社曾就句子用词的长度问题拟了一个标准：

最易读的句子	8个词以下
易读	11个词
较为易读	14个词
标准句子	17个词
较难读	21个词
难读	25个词
很难读	29个词以上

短句给人一种简洁明快和轻松之感，其传播的信息量大，是时效的一种体现。

美国记者兼作家海明威曾在堪萨斯城的明星报工作过，当时这个报纸的写作规范小册子第一段便是："用短句子。开始的几段也要简短。"海明威对此原则评价甚高："这是我学习写作中所学到的最好的规则。"

大家之所以把写短句看得如此重要，是因为简短的句子往往要比拖泥带水的句子简明而富于表现力。在新闻语言中，句子并不是越长越富有表现力。

短小性原则是新闻写作中应当特别加以遵循的。以写短新闻著称的老记者

李普同志是这样介绍其经验的：①

一、一篇稿子，只谈一件事。如果一次采访涉及两方面的内容，就写成两篇稿子，不要墨守"一次采访，一篇报道"的程式。

二、如果是有关系的几个问题，可以化整为零，写成系列报道。这样，每篇的篇幅就短了。

三、无关紧要的，单独看再好，也要忍痛割爱删除掉。

四、新闻语言是简练的。用新闻语言写新闻。

五、不要企图一次把话都说完，有些话以后还可以再说。

六、该繁则繁，该简则简。简的地方，惜墨如金。

七、写得短也是政治水平、业务水平的综合表现，不只是文字工夫。理解得深，才能一语破的。

这是实践中得到的真知，值得广大新闻写作者借鉴。

二、可读性原则

新闻报道虽不追求文学作品那样的生动感人，但同样要注意其可读性。可读性通常包括形象具体、生动活泼，通俗易懂、亲切感人、遣词造句大众化等因素。

遵循可读性原则是新闻报道更好地指导受众和为受众服务的关键。毛泽东曾经说过，报纸要"多载些生动的文字，切忌死板、老套，令人看不懂，没味道，不起劲"②。我们有时在报纸上可以看到这样一些新闻，其报道的事实很有意义，内容真实，报道也很及时，而且写得比较活，能吸引人读完；有的则相反，写得套话连篇、干巴枯燥，令人难以卒读。这样，两者的宣传效果就大相径庭。新闻要让读者喜闻乐见，达到好的宣传效果，就应注意避免"死板、老套"，力求有较强的可读性。

遵循可读性原则，可以从内容和形式两方面实施。可读性要求新闻内容和新闻形式完美地结合。

1. 力求内容的吸引力

新闻内容的吸引力是个包含内容很广的概念，可以从多个方面来满足。概括来说，主要有接近性、趣味性和人情味等内容。

① 彭正普. 李普同志谈短新闻. 安徽日报通讯，1982（2）
② 毛泽东. 《中国工人》发刊词. 毛泽东新闻工作文选. 北京：新华出版社，1983.48

（1）接近性。

接近性是指新闻内容和读者自身利益的关联程度。越是读者关心、感兴趣的内容，越能吸引读者的阅读欲望。一位加拿大专家认为："判断一条好新闻的标准，必须看其在多大程度上回答了读者所关心和感兴趣的问题。"

努力缩小报道内容同读者在物理空间和心理空间的距离是实现接近性的最好办法。例如，同样是对 2005 年 7 月轰动全球的伦敦爆炸案，不同的人其感受肯定不一样，"本来，虽然身在英伦，但是因为这并不是自己的国家，所以看这里发生的一切，总有隔岸观火的味道。最热切关注的新闻——哪怕是八卦——都是来自国内的消息"①。不是说作者对发生在别的国家的恐怖事件就漠不关心，而是一种接近心理在影响他们的注意力。一般而言，如果新闻事件在心理上、地理上和利益上与受众越接近，受众就越感兴趣，这样的新闻就能越大地体现其价值；反之亦然。所以，即使人们对中国足球问题深重而缺乏信心，也从不看中超联赛，但一有世界杯的预选赛还是会关注有关中国队比赛的报道。

又如，美国林肯城所在的内布拉斯加州铁路当局决定提高车票价格，林肯城《日报》对此作了如下报道：

从 8 月 1 日起，本城每个成年人每乘环城火车一次将多付 15～20 美分，12 岁以下的儿童则需多付 10～15 美分。

这就是说，一个乘公共交通工具上下班的人，每月需多付交通费近 30 美元。

内布拉斯加州铁路局于本周四作出决定，火车票价一律提高 5%。

这则消息中，最后一句才是新闻事实。前面的内容是说车票提价对普通市民的影响，是接近读者、吸引读者的内容。

（2）趣味性。

趣味性是增强新闻内容可读性的重要因素。西方记者把对趣味性的重视提到了至高无上的高度，以至于达到了猎奇的地步。美国著名新闻学家和社会学家赫伯特·基·根思对美国哥伦比亚广播公司、全国广播公司、《新闻周刊》和《时代》杂志的新闻内容进行调查后发现，在报刊中，趣味性新闻约占新闻总量的 49%，而在电台和电视台的新闻节目中约占 56%。趣味性新闻之所以如此受宠，根思教授认为其中一个重要原因便是它的可读性能吸引众多读

---

① 姜丰. 感受 7 月 7 日. 南方周末，2005 - 07 - 21

者，帮助报刊打开销路，带来更大的盈利。

注重报道内容的趣味性，当然不能像西方记者那样一味猎奇。那种无聊透顶的耸人听闻或黄色故事只能满足人们的好奇心和迎合极小部分人的低级趣味，应当坚决摒弃。

（3）人情味。

人情味在新闻内容中往往体现为注重人间生活情趣。它把新闻的报道对象从名流、要员扩展到普通人，突出人们的活动、作用和思想感情。

人情味浓的新闻之所以具有可读性，是因为它的内容能广泛引起读者的共鸣，打动读者。近年来，我国的新闻作品比较注重人情味的描写，特别是注意表现正面典型身上的人情味，这是新闻理念的一个重要进步。获 2002 年度中国新闻奖特等奖的报道《公仆本色——追记湖南省委原副书记、省人大常委会副主任郑培民同志》中的一段很好地写出了人情味。报道提到司法干部曾令超双目失明后，听说兼任省残联名誉主席郑培民的名字后，写信去希望得到郑培民的题词。他打定主意只写一封信：如果郑培民不回信，那我也犯不上巴结他，管他是多大的官！谁知郑培民接到信后，马上给他打电话——

半个多小时的电话里，郑培民详细询问了曾令超的各种情况。他怕在纸框子里摸索着记录的曾令超不方便，把自己家里和办公室的电话重复了三四遍。

最后，郑培民一定要等到曾令超放下电话后，自己才挂电话。老曾实在受不了这等"待遇"，坚持让郑书记先放电话，推来推去，还是老曾拗不过书记。以后，在他俩的交往中，这已成为习惯，也成了默契：每次，郑培民都要听到电话那边"咔嗒"一声，自己才轻轻挂上电话。

这段描写，将这位身居高位的领导写得非常有人情味，真正体现了"人民公仆"的本色，其感染力不言而喻。

注重报道内容的接近性、趣味性和人情味，并不意味着报道内容的"软化"。一些重大严肃的题材，只要把握得当，也可以在接近性、趣味性和人情味上有所作为。

2. 追求表达的生动性

新闻的可读性除了体现在内容上外，在表现形式上还要努力做到笔调生动、引人入胜。根据新闻的内容，运用适当的表现方法，不拘一格，增强新闻的可读性。

有助于提高新闻可读性的写作方式多种多样。这里介绍最重要的两种。

（1）形象化。

形象化主要是指新闻报道中通过生动具体的描绘，让读者对所报道的对象有如见其貌、如临其境之感。如新闻报道中经常遇到写人物，有的新闻在较短的篇幅内，不仅叙述人物的事实，还要对人物的音容笑貌、性格特征进行适当描绘，使之栩栩如生。通过下面两例的比较，可以看出形象化的描写对提高新闻可读性的意义：

例1

新华社北京12月21日电　邓小平主席今天上午在人民大会堂会见印度总理拉吉夫·甘地时说："我们双方要忘掉两国关系中过去的一段不愉快，一切着眼于未来。"

邓小平说，总的国际形势在变，各国都在考虑新的政策和新的国际关系。中印共同倡导的和平共处五项原则是最经得起考验的。"我们向国际社会推荐这些原则作为指导国家关系和国际关系的原则。中印双方作为倡导者要首先实行起来，不仅两国的关系要按照五项原则来处理，我们同各自的邻国交往中也应实行这些原则。"

邓小平在谈到发展问题时说，人们议论，下一世纪是"亚太世纪"。其实，真正的亚太世纪要等到中国、印度和其他发展中国家发展起来才能实现。

例2

中新社北京12月21日电　今天上午十时半，邓小平满面笑容地走出他经常会见外宾的人民大会堂福建厅门口，同印度总理拉吉夫·甘地紧紧地握手。

邓小平微笑着说："欢迎你，年轻的朋友。"

拉吉夫·甘地说："谢谢你。"

邓小平又说："从你的访问开始，我们又恢复了朋友的关系，好的朋友、国家的朋友、人民的朋友、领导人之间的朋友，你同意吧？"

拉吉夫·甘地："同意，谢谢你的欢迎和热情友好的接待。"

接着，邓小平同拉吉夫·甘地的主要随同人员握手后，宾主步入会见厅。

邓小平说："你的外祖父我认识，你的母亲我也认识，但我们没说过话。1954年你外祖父尼赫鲁总理访问中国时，我也是中国的领导人之一，你母亲陪同你外祖父来访。"

拉吉夫·甘地："是这样的。"

邓小平："那时候我们两国的关系非常好。"

拉吉夫·甘地："是的。在一段时间里我们两国关系有过一些困难，我希望我们的关系能够恢复到以前的那样，克服困难。"

邓小平说："这是我们的共同愿望。这中间相当一段时间内的情况是彼此不愉快的，忘掉它，一切着眼于未来。"

拉吉夫·甘地："我们两国都有许多事情要做，有许多工作要做。"

邓小平："我1978年访问尼泊尔时见到你们的外长，我请他带信给你的母亲——当时的总理，我们应该改善关系，没有理由不友好，没有理由不改善我们之间的关系，以后两国之间就有了一些接触了。真正开始改善关系是你的来访。所以，谢谢你。"

拉吉夫·甘地："谢谢你。是你采取了很多主动的姿态使我们这次访问能够成功，是你对我母亲作出的这些表示才开始了以后的接触。我很荣幸也很高兴第一次就见到了你。"

至此，工作人员要求记者退场，因为时间已比通常允许记者采访的5分钟多了2分钟。

100多位中外记者采访了这一会见。

新华社的报道没有将会见的场面展开来写，而中新社的报道写得比较具体，邓小平与印度总理拉吉夫·甘地一来一往的对话记录详细，使读者仿佛身临现场，不少鲜活的信息特别能增添读者的阅读兴趣。

（2）抓细节。

细节所包含的信息量很大，其效果往往是一石数鸟：既富于表现力，又使新闻增加文采，富有吸引力。请看艾丰《温州奇人》中对全国优秀企业家滕增寿的一段描写：

1974年滕增寿带着一批待业青年创建玻璃钢建材厂。当时一批造反派说他"用生产压革命"，手持利斧、棍棒，要砸烂工厂设备。他闻讯，呼地冲出门，拦住来人大声喝道："谁要敢砸我的锅，我就砸烂他的头。"行凶者被吓退了。而他冲出门的当儿，关门过猛，一个手指骨折断，竟全然不知！

为研制产品，滕增寿和青年们在屋子里关了一百个日日夜夜，大腿上长了一个肉瘤，疼得钻心。他拿了一把消了毒的剪刀，一咬牙，划开了自己的裤腿，连脓带血带肉瘤，一次清除。

两个细节，就把一个敢于碰硬、敢于吃苦的倔汉子勾勒出来了。

新闻报道要求贴近读者，不少记者很注重从群众语言中捕捉新鲜活泼的细节。群众语言不仅具有很强的表现力，而且还因为它来自社会、来自生活，通俗易懂，为读者所喜闻乐见。1981 年 12 月 12 日《人民日报》的《夜宿车马店》巧妙地用群众语言表现出群众丰收后的喜悦心情，从而歌颂了党的富国富民政策，请看其中一段：

俺在店里干了十多年，天天跟庄户人打交道。过去庄户人眉头上挽着疙瘩，如今，个个腺得脸上放光。那些年住店的，多数人拿的是红（高粱）黄（玉米）面窝头，舀两碗开水就着吃，现在可不一般了，拿着白面馒头还嫌不顺口，还要到街上买块豆腐割斤肉，打二两白干。人家就图那个美气哩！

形式与内容两者是结合着的，遵循可读性原则应当从这两个方面同时进行。

可读性原则是实现新闻报道思想性和指导性的前提与基础。思想性和可读性的结合统一是新闻报道的规律和业务手段，也是一种宣传艺术。对可读性原则的重视，是记者业务水平和思想水平的综合体现。

三、创新性原则

创新可以说是一切事物生存发展的基本原则。按照耗散结构理论，一切事物的运动都是一个不断地向外界耗散物质和能量的过程。只有同时不断地从外界吸取物质和能量，使事物始终处于一种动态平衡，其才有存在和发展的可能。任何一种交流信息的表现形式，其表达方式、技艺、手段等因素每被重复使用一次，它的熵就增加一分。耗散结构理论认为，随着熵量的不断增加，自然界的发展便会呈现出从有序到无序、从复杂到简单的退化过程。这就是为什么第一个把女人比作鲜花的是天才，第二个重复此说的就是庸才，第三个再如此便是蠢材的原因。要克服这种退化过程，就必须不断地从外界吸收新的营养，以创新来抵制老化。

新闻写作之所以特别要把创新性作为一条重要原则来强调，是因为不少人有一种误解，认为文学艺术是不断创新的，而新闻报道则是有一定的写作模式可承守的。徐占焜先生在《新闻写作基础与创新》中批评道："我们现在新闻写作上的致命伤是太死，形成了一套新闻八股。写新闻报道，最忌照葫芦画瓢，模仿照抄。公式化、概念化、标准化，是许多新闻的通病。有些新闻是用组装法装配起来的，好像是用标准零件组装起来的机床，模样都差不多。有人说，工业部门需要实现标准化，但相当困难；新闻报道不需要标准化，却已经实现了标准化。要对调一下就好。"这一批评是十分中肯的。

的确，比起文学艺术来说，新闻写作有其自身的一些特殊要求。如从结构上看，它有"倒金字塔式结构"等，有导语、主体、背景、材料等构成因素。但正如任何文章体裁在写作上"定体则无，大体须有"一样，新闻写作有一定写作规律可循，但不等于它只能按公式写作。

徐占焜说："创新、变革，是各种新闻体裁写作的最显著的特色。新闻工作者的责任之一，就是不断探索，用新颖的写作方法表达新鲜的内容……创新和改革是新闻工作者的本色。既然我们是新闻工作者，就应该一切从'新'字出发，经常报道新事物，探求新的表现方法，创造出新的文体。"新闻写作的创新性原则可以从文体、结构和表达手法三个层次加以阐释。

1. 文体的创新

新闻文体发展史贯穿于整个新闻史当中。从最初的通信、电讯，发展到今日，据杭州大学1991年12月出版的《新闻报道形式大全》所举，我国目前新闻报道的形式不少于60种。且不去说这里所列举的分类是否确切，但至少可以窥见新闻报道文体发展创新的情况。单就消息文体发展情况而言，从最初的一事一报式的动态新闻，到后来增加了报道非事件性内容的综合性新闻，近些年来，深度报道这一文体又在崛起。随着文体的丰富，新闻报道拓展生活的深度和广度的能力也在不断提高。

新闻报道在文体上的创新，是与其他文体的渗透分不开的。我们知道，事物愈是发展，愈需要从外界吸收特质和能量。此文体向彼文体吸收养料的情况在任何一个领域都是存在的。从新闻领域里来看，徐占焜先生在《新闻写作基础与创新》里专列"边缘文体"一章，其中列举了"在通讯和散文的边缘上"的"散文式样的通讯"，"在通讯和政论的边缘上"的"政论式的通讯"，等等。这仅仅是就通讯的情况而言。消息中的"视觉新闻"、"新闻素描"等文体，都有一定的边缘性特点。随着时代的发展，报道时代的新闻文体势必会有更大的发展及更多的创新。

2. 结构的创新

自"倒金字塔式结构"出现以后，消息的结构似乎有了一定的"写作格式"。有一本关于新闻写作的书这样讲："文学写作的主要特点就是要有创造性，要写得生动活泼，要有形象。而新闻写作的主要特点就是按一定的格式去写……"对此，徐占焜先生批评说："持这种看法的同志对新闻写作根本没有入门。新闻写作是有规律的，但这指的是规律，而绝不是按照一定格式像填表似的去写。"①

倒金字塔式结构的确是在新闻报道实践中形成的一种优秀的文章结构，它

---

① 徐占焜. 新闻写作基础与创新. 北京：新华出版社，1984

有不少优点。但如果把它奉为唯一的经典，其单一的形式又将束缚多样性内容的表达。所以，不少记者总是根据不同的报道内容来安排不同的结构形式，并不断创造出更多的结构形式。例如，金字塔式结构、延缓式结构、积累兴趣式结构，等等。请看下面的一则报道：

一个英国儿童遭受残害

路透社伦敦 6 月 9 日电　人们发现七岁的帕特里克就居住在一间矮小狭窄仅能容身的鸡舍里。

他那失去了光泽的蓬乱头发遮盖着一张又黑又脏的脸。

他的脚趾甲很长，他不得不老是去抠脚趾甲。

他是一个有身份的家庭抛弃的私生子，他两岁的时候就被藏在这间鸡舍里。他吃的是面包皮和生土豆，食品是他母亲通过鸡舍的金属网格塞进去的。

他不会说话，只会模仿隔壁鸡舍里的母鸡发出的咯咯声。

英国全国防止虐待儿童协会收容了他。据协会会长艾伦·吉尔摩说，该协会每年要为 5 万名这样的儿童提供帮助。

吉尔摩在接受路透社记者采访时说，有人认为，英国人关心自己豢养的供玩赏的动物胜过关心儿童，这种说法也许是对的。帕特里克的母亲已被判处 9 个月徒刑。

上述这则报道采用积累兴趣式结构，一层一层地将事实逐渐展开，吸引读者一点一点地逼近整个事实真相。如果采取倒金字塔式结构，把结果在导语中突出，可能就没有这么吸引人了。

3. 表达手法的创新

表达手法创新是与文体、结构的创新紧相呼应的第三个层次的创新。穆青在同新华社四川分社负责人谈话时曾说过："我想，我们能不能提出这样一个口号，就是新闻报道要注意文采。也就是说，我们的新闻报道不仅内容是健康的、积极的、向上的，而且语言文字、表达形式也是新颖的，也是美的。"[①]这就是说，新闻报道在表达手法上要注意创新。

老记者穆青的报道本身就是很好的例子。他写的许多国际报道如《维也纳的旋律》、《三个向导》、《水城威尼斯》、《在斜塔下》等，不仅注意到了新闻的真实性要求，客观地报道了他在国外的所见所闻，反映了事物的本来面目，连细节也不虚构夸张，而且这些报道又都有浓厚的感情色彩，表达手法自

---

① 穆青. 同新华社四川分社负责人的谈话. 新闻业务，1982（2）

由，信笔写来，富有文采，吸收了散文笔法的优势。

从各种新闻体裁的写作手法上来看，一般来说，通讯、特写、人物专访比较放得开，消息的写作则比较呆板。而在消息的写作上，事件性、突发性新闻和人物新闻要稍微活泼点，会议报道、经验报道等则比较枯燥乏味。这样，如何创新的问题就显得尤为迫切。女记者郭玲春在这方面的尝试特别引人注目，她写的《金山同志追悼会在京举行》便是创新的典范之作。它突破了以追悼会进程为序的程式化的报道模式，以独特的构思、生动的文采，把追悼会现场隆重肃穆的情景简约地摄入笔下，使人如临其境，而新闻要素也自然融会在其中。

许多年前，邹韬奋先生就对只知模仿不会创新的写作手法提出过尖锐的批评，称之为"肉麻的模仿"："自从《胡适文存》出版之后，好了，这里出一部'张三文存'，那里又出一部'李四文存'。好像不印文集则已，即印文集，除了'某某文存'这几个字外，就想不起别的稍为两样一点的名称。我看了实在觉得肉麻！这种没创作精神的'文豪'，只怕要弄到'文'而不'存'！""还有许多作文章的人，见别人用了什么'看了……以后'作题目，于是也争相学样，随处都可以看见'看了……以后'、'读了……以后'的依样画葫芦的题目，看了实在使人作呕！我同见这一类题目，便老实不再看下去，因为'以后'的内容也就可想而知！"① 邹韬奋先生虽不完全是针对新闻界而言的，但他指出的这一现象足可让我们引以为鉴。

【思考题】

1. 为什么说把事实叙述清楚是新闻写作的首要要求？将事实叙述清楚要注意哪些方面？
2. 新闻写作如何突出事实的新闻价值？
3. 新闻报道中为什么要把观点藏起来？如何在事实的叙述中巧妙地融入作者的观点？
4. 新闻报道为何要提倡短小性原则？
5. 从新闻写作实证性要求的角度比较下面两篇同题报道。

好事多磨：点火两分钟

10 时 15 分，金钟敲响、古乐悠扬，伴随着天籁之音，17 名身着白色连衣长裙的少女面带微笑地从长城缓坡上款款走下。就在这时，一个小小的意外发

---

① 邹韬奋. 肉麻的模仿. 生活月刊，1928

生了，烽火台旁边的八达岭铁路上，一列"和谐号"动车呼啸而过，巨大的轰隆声打破了古乐的深沉，古老与现代的"撞车"让不少观礼的嘉宾也笑了。但训练有素的采火使者们并没有丝毫的慌乱，甚至连步伐的频率与脸上的笑容也没有丝毫的变化，将神圣与优雅之美展示得淋漓尽致。

10 时 23 分，康辰晨接过采火棒，与手持火种盒的上海姑娘杨蝉一起走到凹面镜前，轻轻俯身，开始采集火种。仅仅过了 20 秒左右，采火棒的燃料部分就冒起丝丝青烟和点点火星，大家都以为圣火马上就要燃起。可没想到的是，轻烟越来越淡，又没有了。于是，康辰晨耐心地转动了一下采火棒，让聚焦点更加精准。一分钟，两分钟，10 时 25 分 40 秒，随着采火棒上的烟雾越来越浓，黄色的火苗瞬间喷薄而出，引发现场热烈的欢呼和掌声。

（《广州日报》，2010 - 10 - 10）

两分多钟的"漫长"守候

新华社北京10月9日体育专电 耀眼的火焰在手中的采火棒上欢快地迎风跳跃，22 岁的昆明姑娘康辰晨努力保持着甜美的笑容，驱散由心底涌起的泪水。经过两分多钟的"漫长"守候，广州亚运会火种终于在亿万人的期盼中采集成功。

9 日上午 10 点 15 分左右，在悠扬的古乐声中，康辰晨和另外 16 位白衣少女从长城坡道上缓缓走向烽火台，康辰晨接过采火棒，微笑着向大家展示。随后，她缓缓半蹲在采火盆前，将采火棒放置在凹面镜聚焦处。

一切看起来都那么顺利，康辰晨笑得很灿烂。过了一分钟左右，一股轻烟飘起，康辰晨心中一喜。不料，采火棒并未完全引着，那股烟突然间又消失得无影无踪。

参加仪式的人群中有人扭头回望天空。天空灰蒙蒙，太阳公公的脸半露不露。康辰晨背对着太阳，她的心里有点紧张。

"本来以为着了，结果发现没着，有点紧张。"

康辰晨努力调整着采火棒的位置，让它的顶端尽可能对准取火盆的焦点。又经过了一分钟左右的等待，采火棒终于引燃，掌声响起。

采火仪式成功结束，领导们挨个跟康辰晨握手，姑娘努力控制着自己的情绪。有人发现，康辰晨哭啦。

（《新华每日电讯》，2010 - 10 - 10）

第二章

新闻报道中的信息选择

　　新闻报道是信息的传播，信息是新闻报道的核心。新闻报道中的信息有多种形态，如何选择好各种信息组织报道是新闻写作的重要技巧。

第一节 信息是新闻报道的核心

一、信息的内涵

新闻报道的核心是什么？从新闻报道最根本的功能来说，这个核心应当是"信息"。

在这里，我们首先有必要对"信息"这一概念作一解说。

广义地说，信息是物质的普遍属性，是一种客观存在的物质运动形式。一切体现事物内部或外部互动关系的东西都是信息。根据信息系统和作用机制的不同，我们可以将其分为社会信息、生物信息和物理信息。

社会信息同其他两种信息一样，也具有物质属性。但社会信息及其传播又有其他信息所不具备的特殊性质，那就是它与人的精神活动密切关联。社会信息是物质载体与精神内容的统一，是主体与客体的统一，是符号与意义的统一。正如德国哲学家克劳斯所指出的那样："纯粹从物理学角度而言，信息就是按一定方式排列的信号序列，但仅此一点尚不足以构成一个定义。毋宁说，信息必须有一定的意义……由此可见，信息是由物理载体和意义构成的统一整体。"①

由此可知，新闻信息属社会信息中的一类。

二、事实信息与附着信息

在这里，特别有必要提出的是，要对新闻报道中"信息"这一概念作宽泛的理解。在新闻报道中，除了有关事实本身状态的信息外，还有许多附加的、增值的信息。

新闻作品中所包含的信息分为两类：关于事实状态的信息和在传播过程中传播者和接受者在报道或接受事实信息时所依附的信息。美国学者赫伯特·甘斯在《确立新闻的决定因素》一书中特别提出"新闻背后的信息"这一观点，他认为，"新闻报道不只要公布现实的事件，还要有价值标准。它的陈述均有倾向性。这样，就使人们有可能从新闻背后看出一幅它所要显示的国家和社会的图画"，"我发现新闻背后还有表达的信息"。对此，中国人民大学新闻学教

---

① ［德］G. 克劳斯. 从哲学看控制论. 北京：中国社会科学出版社，1981. 68~69

授喻国明说，赫伯特·甘斯所说的"新闻背后的信息"，是指稿件没有直接说出、但又或明或暗地显示出来的那些蕴含于新闻事实之中的情感、道理或意境。可见，新闻报道中的"信息"，"它可以是一个独立的事实，也可以是蕴含于新闻事实之中的一种情感、一个道理或一种意境"①。值得指出的是，在新闻报道中，"情感"、"道理"、"意境"等信息都只能依附在事实信息之上。它们之间是皮与毛的关系：事实不存，"毛"将焉附？

这样，用"信息"既包括了那些体现出鲜明思想倾向的报道，也包括了那些如天气预报式的、"一只母鸡一次下三个蛋"之类的只提供信息而不"说话"的报道。并且，既承认了一些有新闻价值的信息但缺乏思想性的报道的合理性，又防止了为表达某种"思想"而将事实作削足适履式的改造，从而保证了新闻报道的客观公正和全面准确。

对于通讯一类的长篇报道，"情感"、"道理"、"意境"等信息要比消息中的更突出一些。

梁衡说："发布新闻、传播新闻是为了传播信息。传播新闻有诸种方式，其中，消息是最集中、最简洁、最直接的方式，是满负荷运载，信息含量高。通讯也是传播信息的一种形式，因此，它也必须含有必要的信息，就是说它要有起码的、最低的信息含量。既然消息是满负荷的信息，通讯是在信息基础上的延伸和开掘，所以通讯成立的先决条件，就是必得有一个消息的内核。不管一篇通讯文字有多长，形式有多么繁杂，像剥壳取核一样，剥到最后总有一个核心：这就是信息。""我们检验一篇通讯能否成立，最简单的、最基本的方法，就是看它是否传播了有用的信息。如果没有，它就不是新闻，不能叫通讯，而可能是一篇小说或者散文。""不管是人物通讯、事件通讯还是问题通讯，这人物、事件和问题中所含的信息，都是某一时期、某一地区读者所共同关注、亟待知道的信息。"②《湖南日报》名记者熊先志打比方说："今天早上7点半，门前一辆卡车压死了一个老太婆。8点不到，就有人把这件事告诉了我，这就是在写消息；到中午，有人详细地告诉我，那部卡车是什么牌号、什么型号、上面装了什么货，司机是什么模样，压死老太婆的详细情况，老太婆年龄多大、穿什么衣，等等，这就是在写通讯了。"③可见，从基本功能上来说，通讯同消息一样，都是以传播事实信息为己任的。

---

① 喻国明. 嬗变的轨迹——社会变革中的中国新闻传播与新闻理论. 北京：中央编译出版社，1996.25

② 梁衡. 从消息到通讯. 新闻战线，1997（12）

③ 熊先志. 新闻采写术. 北京：新华出版社，2000.36

当然，比起一般的消息，通讯类等长篇报道的思想性、感染力都要强一些，但这一切都只能建立在对新闻事实信息进行传播的基础之上。通讯与文学作品最简单、最本质的区别是，后者强调的是"为情而造文"，前者则是为事而著文。而通讯与消息，正如梁衡所说的，"共同之处是必须含有信息，要合新闻规则"。它们之间在这方面的区别是："在信息含量上，消息单一些，通讯丰满些"；"在信息深度上，消息浅一些，通讯深一些"；"在功能上，消息只求传递信息，通讯已有审美、教化功能的介入"。这里所说的"丰满"、"审美"、"教化功能"，指的显然是附着的"情感"、"道理"、"意境"等方面的信息。

第二节　新闻写作中不同信息的选择

一、主信息与次信息

所谓"主信息"，就是一篇新闻报道中处于主要地位的、报道者要重点传播的信息。

所谓"次信息"，就是一篇新闻报道中处于次要地位的、报道者在传播主信息时黏连着或附带出的信息，对主信息起辅助性作用。

举例来说。我国媒体曾转发过美联社的一则消息，报道美国总统里根之子小里根失业的事实。请看其导语：

美联社纽约 10 月 14 日电　就在罗纳德·里根总统对全国说"美国正在走向经济复苏"之前几小时，他的儿子普雷斯科特·里根却在这里同失业者领救济金。

这则导语所传达的信息显而易见，它用小里根失业这一事实来与里根宣扬的美国"走向经济复苏"的"政绩"构成对比，说明美国经济绝不像总统所说的那么好。但是，这中间又附带传递出了另一信息：美国总统的儿子失业了。这一信息虽然很不起眼，却真实存在。我们一些文章在谈反腐败问题时，就把这个次信息单独抽出来引用，说人家总统的儿子并不因为他老子的原因而能找好工作、发大财。

这类例子不胜枚举。这与"主题"的概念是不大一样的。即使是一篇内容丰富的报道，它也只允许有一个主题。这就是一些学者提到的新闻报道

"主题的单一性",新闻报道的主题是从新闻事实的丰富多义中选择到的单一。

新闻报道之所以会产生出"主信息"和"次信息",一方面是因为客观世界万物之间具有千丝万缕的联系,"拔出萝卜带出泥",当新闻报道对某一事实作出报道时,与之相关的其他事实与信息就会黏附着、伴随着;另一方面是由事物内部错综复杂的矛盾所决定的,事物在其运动过程中,主要矛盾与次要矛盾也是不断地进行转换的。在面对事实表现出几个方面的信息时,记者凭判断选择并突出的某一信息就成了一则报道的主信息;而未经强化的其他信息就成了次信息。以《上海严寒》为例:

新华社上海 2 月 12 日电 这几天上海街头积雪不化。春寒料峭,最低温度降到摄氏零下七点四度,上海人遇到了有气象记载的八十多年来罕见的严寒。10 日和 11 日,这里出现了晴天下雪的现象,晴日高照,雪花在阳光下飞舞,行人纷纷驻足仰视这道瑰丽的奇景。

"前天一夜风雪,昨晚八百童尸。"这是诗人臧克家 1947 年 2 月在上海写下的诗篇《生命的零度》中开头的两句。这几天要比十多年前冷得多,但据上海市民政局调查,到目前为止并没有发现冻死的人。民政局已布置各区加强对生活困难的居民特别是孤苦无依的老人的救济工作。为了避免寒冷影响儿童的健康,上海市教育局已将全市幼儿的开学日延迟至 18 日。

上海下晴天雪,阳光下雪花飞舞,是一道奇丽景观。可以此为主信息作一则社会新闻来报道。但记者了解到,在这样的严寒下上海百姓能平安无恙不受影响,是因为政府做了大量的工作,联系到旧社会的惨景,记者认为另一事实,即政府关心百姓这个信息更有报道价值,便将后者处理成主信息,而自然现象则成了次信息了。"晴天高照,雪花在阳光下飞舞,行人纷纷驻足仰视这道瑰丽的奇景"这一信息成了主信息的衬托。正如马克思所说,焦虑不堪的穷人对最美好的事物也是无动于衷的。在饥寒交迫的旧社会,谁顾得上以此为奇景来欣赏呢?

对于要报道的主信息,记者总是千方百计地加以强调突出,以加强人的印象;对于次信息,在不影响主信息传播的前提下,记者可以尽量做些弱化处理,以免喧宾夺主。

1. 强化主信息

新闻报道是一种信息的给定。一则报道成功与否,关键在于其信息是否成功地传播出去了。为此,传播者总是千方百计地对所要传播的主信息加以突出、强化,以给人强烈的感官冲击。报道中的主信息一旦确定,报道者总是努力将它做醒目处理。

在新闻报道中，强化主信息的策略主要有两种手法：一是前置法，二是重写法。这两种手法在不同的文体中有不同的表现。

在消息写作中，前置法是最为主要的策略。如消息写作中最为主流的结构方式——倒金字塔式结构即是如此。按《新闻学大辞典》的解释，所谓倒金字塔式结构，"即以重要程度或受众关心程度依次递减的顺序，先主后次地安排新闻中各项事实内容。一篇新闻中，先是把最重要的内容放在最前端；而在新闻主体部分，各段内容也是依照重要性递减的顺序来安排，较重要的往前放，较次要的往后靠，不大重要的放在最后面"。

前置法在消息写作中表现得尤为突出，这也是消息特别重视导语写作的表现之一。它要求导语包含并突出主信息。主信息在导语中越是前置，就越能给人强烈冲击。试比较以下两则导语的写法：

我国政府新近颁布了一项计划生育的新政策，即一对夫妇只准生两个孩子，最好只生一个。

一位外国记者将其写成：

生两个好，生一个更好——这就是中国政府和中国共产党制定的生娃娃的新政策。

两相比较，后者在对主信息的强化突出上用意更为明显。

相反，在某些消息中，由于没有对主信息做突出处理，结果让次信息唱了主角。请看下面这则报道《电影盛会已落幕　无名英雄始登台（主题）第三届金鸡百花电影节进行总结表彰（副题）》的导语：

第三届中国金鸡百花电影节组委会昨日在湖南宾馆举行总结表彰大会，省、市领导和电影节组委会负责人××、×××……出席。

谁是今天要登台的"无名英雄"？这应当是这则消息要报道的主信息，标题中已点明了，但导语中突出的却是哪些领导人出席了会议。这就将次信息放在了"主"的位置，把本该突出的信息弱化了。这则消息最后一段才把受表彰的单位和个人写出来，可谓是"整则消息已写完，无名英雄始登台"。

在通讯报道中，对主信息的处理主要采用重写法。所谓重写，就是浓墨重彩地写。在表达方式上，通常用细描、抒情和议论；在修辞手法上则不惜用排比、重复等。如西方记者写的人物报道《难忘的英格丽·褒曼》，为了突出这位女主人公的魅力，一开头就来了这么一大段：

> 她不施脂粉出现在银幕上，美国化妆品马上滞销。她在影片中演修女，进入修道院的女子顿时增加。一个影迷从瑞典把一头羊一路赶到罗马作为礼物送给她。多少封信只写"伦敦英格丽·褒曼收"便送到了她手中。

这段文字对人物的魅力可以说是做了很好的渲染。为了突出主信息，一些消息不惜做"重写"处理。请看《湖南日报》记者写的消息《只有一条横幅的庆典（引题）长永高等级公路全线通车（主题)》的导语：

> 没放彩球，没插彩旗；没放鞭炮，没有鼓乐声；惟有"隆重庆祝长永高等级公路第二期工程胜利竣工投产"的横幅标语悬挂在永安收费站的门楣上——8 月 20 日，这一被称为"省门第一路"的高等级公路悄无声息地举行了全线通车"仪式"。

这则消息报道的是一项工程的竣工。按一般的报道模式，这就是报道的主信息了，但这个简朴的通车典礼更引起了记者的注意。显然，他是将后者作为这条报道的主信息，所以在导语中不惜用排比句，从"没有"和"只有"两方面反复强调这一信息，收到了很好的效果。

特写性报道可以说是专门为了强化主信息而创造的文体。所谓特写，就是对报道对象做镜头化、局部化的放大展示，使得这一部分内容凸显，给人以强烈的视觉冲击。

2. 弱化次信息

次信息是指与主信息虽有联系，但是处于次要地位的信息。次信息在新闻报道中可分为两种情况：一种是在消息中起辅助作用的，通常如消息中的背景材料；一种是在生活中存在联系，但在报道中对主信息无辅助作用的内容。

前一种次信息在报道中虽有一定的必要性，但与主信息相比，它是处于"宾"的地位。处理得好，则"宾"、"主"相安无事，相得益彰；处理得不好，则有可能喧宾夺主，扰乱视线，分散读者对主信息的注意力。为了不让它对主信息产生干扰，对它做弱化处理是十分必要的。

对这类信息的弱化处理通常有两种方法：一是后置法，二是简缩法。后置法，如前面提到的倒金字塔式结构。它采用先主后次的策略，将重要内容前置,对次要的内容则按其重要程度后列,将最不重要的内容置于最后。简缩法,如新闻界流行的"掐枝去叶法":将主要新闻事实与辅助性的背景材料喻为"红花与绿叶"的关系——少量的绿叶可衬托红花,过多的绿叶则可能掩盖红花。故有必要对过多的绿叶做掐枝去叶的删节处理。且看下面这则消息:

桥头"鬼市"干扰居民　依法取缔非法贸易

每当天色将晚,在西直门高梁桥头便聚集起上百人,这就是被人们称为"鬼市"的旧衣物交易场所。在那里,地摊满地,人声嘈杂,吵闹、殴打的现象频频发生。住在附近的一位女居民向记者反映:"'鬼市'每晚不到7点钟就开始聚集人,到深夜11点人还不散。这些人经常顺手牵羊偷附近住户的东西。那天,我刚打院门出去,迎面飞来一块砖头,好险!差点儿打着我。我们住在这儿,天不黑就得大门上锁,连外出上厕所都不敢。"另一位中年男子也说:"这集市出卖的东西都破破烂烂,又脏又臭,每早我们一开门,在门前、河边、花架下到处可见一堆堆的破布烂鞋,既影响市容,又不卫生。"

据调查,在这里经营的多是外地人。他们中间有小商贩、工人、农民,也有无业游民。因集市秩序很乱,所以一些不法分子趁机来此销赃。记者了解到,这里的旧物价不高,但有假。那些外地进京的临时工郊区农民是这里的常客。

9月9日,海淀区北下关街道办事处组织了一支联合热潮队与海淀区大钟寺派出所民警依法取缔了这个黑市。市容、工商、综合治理、城管4个部门对非法买卖的269人进行了批评教育,其中罚款处理了230余人。

这则报道中,"取缔非法贸易"是新近发生的事实,是主要信息;"'鬼市'干扰居民"是"取缔"的原因,是辅助性材料。报道将辅助性的背景材料写得很足,置于篇前。所以无论是从后置法,还是从简缩法来看,都是不当的。没有对次信息做弱化处理,极不利于主信息的突出和强化。

另一种次要的信息,当处于素材的情况时,它与主信息有联系,但由于写作行文时没有将两者之间的联系表现出来,故在报道中显得与主信息无关。对这样的信息,视情况需要,要么将其删除,要么进一步将其与主信息之间的必然联系挖掘出来,以将其转化为有用的辅助性信息。请看下面的报道:

端午给下岗者带来商机

本报讯　过端午,长沙菜市和食品市场为之一旺。猪肉回升到每500克5.5元上下;鳝鱼卖到了15元半公斤;走亲戚送礼用的粽子、盐蛋更是一篮一篮地被顾客提走；"德园"的包子，购买者排起了长队……

今年长沙市场供应的粽子花色品种大大多于往年，肉粽、果粽、八宝粽等，甜的咸的一应俱全。据了解，不少下岗职工办起了做粽子的家庭临时作坊，卖不完就送亲戚朋友或留着自家吃。市民反映，出自下岗职工之手的这种家制粽子，用料精，制作卫生，很讲究口味，特别受欢迎。端午节另一畅销的大路货便是咸鸭蛋，今年长沙市场货源准备充足，价格并未上扬，端午节前便已销出 20 万吨。

如果不看标题，这条消息的主信息当是报道长沙端午节市场的火爆场面，但标题突出的却是节日消费给下岗者带来的商机。在生活中，这两者有着紧密的联系，但由于报道中只提到下岗职工包制粽子，没有把物价上涨与"给下岗者带来了商机"这一信息联系到一起，故明显地游离于主信息之外。这样的次信息，读者就不容易看出其与主信息的联系，不如删除。

二、必要信息与冗余信息

信息可以减少或消除不确定性的内容。要减少或消除不确定性就必须交代必要的信息，使得所传播的信息更为明晰。在报道中，我们不但要注意突出主信息，而且也要注意交代相关的信息，消除受众对所接受的信息可能产生的疑惑。同时，我们还要适当保持和控制好冗余信息，使得报道所传播的信息既简明又饱满，能给受众留下深刻印象。

1. 交代必要信息

所谓必要信息，就是指能消除主信息的不确定因素，明确与主信息相关内容的信息。它能使所传播的信息成为有效信息，真正为受众所掌握。

具体来说，必要信息的功能主要表现在两个方面：①使所报道的事实清楚、所传达的信息明确，读者读后不生疑惑；②使事实的新闻价值体现出来，加强读者对事实意义的理解。

实践中，某些报道由于必要信息交代不清，读者读后反生疑问，这样的报道就是不成功的传播。如 1981 年 6 月 18 日《人民日报》关于江西庐山修筑"观瀑路"的一段报道："为了使游人真切地观看'飞流直下三千尺，疑是银河落九天'的奇景，专门修筑的一条通往庐山秀峰黄岩瀑布的道路，于 5 月中旬完工交付使用。这条观瀑路宽 1.8 米，长 1 800 多米，沿此路步行 45 分钟即可到达瀑布崖。"

由于这则报道对一些必要的信息交代不够，对读者了解这一工程的情况造成了障碍。著名语言学家吕叔湘批评道："这一则报道有两点没交代清楚。首先，这条路光有终点没有起点。1 800 米从哪算起？其次，1 800 米的路步行要行 45 分钟，合 25 分钟 1 公里，如果修的是现代化的道路，步行 1 公里要不了 25 分钟，只要一半时间。如果修的是爬山的石级路，应该说明，免得读者疑惑 45 分钟这个数字有错。"

吕叔湘先生所批评的现象在一些报道中还不少见，原因不外乎两个：或报道者在采访过程中虽然对新闻事实的方方面面有了了解，但报道时没有从受众的角度出发，将一些本该向受众交代的信息省略掉或故意隐去；或报道者自己也没有把一些相关信息弄清楚，以己之昏昏，自然不能使人昭昭。

2001 年 3 月 8 日《北京日报》刊登的《媒体，你到底怎么了》一文，表示了对新闻报道缺少对必要信息交代的不满。文章说，前些天的报纸上有则消息，说华南沿海某户人家，看了 7 年的电视机突然爆炸，一个 10 岁的男孩死于非命。尽管这则报道有地名、人名，有事发始末，但让作者感到疑惑的是：这则消息把读者最想知道的一点——这电视机到底是哪里生产的——有意地"忽略"掉了。这样做给人的感觉是为生产厂家留面子，却是对受众的不负责任。可见交代必要信息的重要性。

在一些报道中，必要信息说明或暗示着事实的价值，帮助读者对报道信息作深层次理解。这类必要信息大都表现为对相关背景的交代。请看下面这则导语：

一位 29 岁的美国留学生今晚在这里主演了中国京剧优秀传统剧目《贵妃醉酒》。京剧是一种只有中国演员才演得了的戏。主角魏莉莎出生在美国的堪萨斯州，现在在南京大学学习。

这里的主要新闻信息是美国留学生表演京剧，其他的都是背景材料。这些相关信息交代得非常有必要。读者如果将它与主信息联系起来理解，自然就能加深对这一事实价值的把握及对其意义的理解。

《湖南日报》记者熊先志说："有些事很平淡，如果不加解释，不讲背景，你就听不出这是新闻。但是一旦解释，就成了重大新闻。比如我在怀化通道采访，主人在餐桌上摆出一种野菜，称作'薇菜'，样子平平，味道也平平，看不出什么特色，嚼不出什么口味，大家吃上两筷子也就觉得够了。这时，主人说道，第二次世界大战期间，美国在日本丢了两颗原子弹，爆炸所及的地区，所有生命、所有绿色植物都炸死了，惟独有一种小草仍保持着绿色，这就是我们餐桌上的这种薇菜。如今，这种薇菜畅销韩国、日本，卖价很高。通道办起了薇菜加工厂，效益甚好。主人这样一讲，背景一衬托，我们又将筷子伸到了薇菜碗，而且也激起了我采写薇菜稿件的劲头。背景就这般神奇，它不仅衬托主题，渲染主题，有时候简直要靠它来决定新闻是否有价值。"①

在长篇报道如通讯中，必要信息常常是理解主题、理解人物的重要参照系数。如郭梅尼等人在写《生命的支柱——张海迪之歌》时，为是否要将张海迪想自杀这一内容作为报道的必要信息而犹豫过。因为这一点看起来与"做生活的强者"这一思想内容相抵触。后来，作者认识到，从张海迪的成长来看，这无疑是一个重要的转折点，反映了她怎样经受住了困难和挫折的考验，更加懂得了活着的意义，对于读者理解张海迪精神、引导身处逆境的青年走向自强，都是有积极意义的。因此，记者用了占整篇文章 1/4 的篇幅来加以表现，突出了"战胜消极悲观，你就是生活的强者"这一思想。

由上述可见，聪明的记者为了让读者全面了解事实、深刻地把握事实，总是在报道中恰到好处地插入适量的必要信息，使信息的传播更为有效。

2. 控制冗余信息

冗余信息又称多余信息，是由信息论创始人申农（Shannon）首次提出来的，它是指信息中根据使用规则所必需的、而传送者又不能自由选择的部分。

提到冗余信息，有必要先说说学界流行的关于新闻作品信息量的计算公式，该公式的简要表述是：

$$新闻作品的信息量 = 新闻信息/信息符号$$

照此计算，在信息不减少的情况下，作品的篇幅越短，其信息量就越大，这是不错的。但在使用此公式时，一定要注意对"新闻信息"这个概念作宽泛理解。如前所述，新闻作品中所含的信息包括了事实信息和附着、增值的信息两类。在一些著述中，将公式中的"新闻信息"简单地理解为"事实信息"，这样，一些篇幅较长、附着信息较多的报道就有可能被认为是"信息量不大"，而那些附着的信息也会被视为"多余的话"。正如喻国明先生所言："倘若新闻信息仅仅存在于'告之以事'这样一个层次，那么，增大作品信息含量的任务就会变得异常单纯，只要在不损伤原意的情况下尽量删词减句就可以了。实际情况却完全不是这样。"②

冗余信息对于一篇报道来说并不是必不可少的，因为少了它，报道仍然可

---

① 熊先志. 新闻采写术. 北京：新华出版社，2000. 341~342
② 喻国明. 嬗变的轨迹——社会变革中的中国新闻传播与新闻理论. 北京：中央编译出版社，1996. 26

能是完整的或能够使之完整的。但冗余信息可以抵消传播渠道中的干扰，因此即使信息受到干扰，也可以纠正其中的误差。在传送渠道受到干扰时，为了保证传播效果所作的重复也是一种冗余信息。一篇报道中冗余信息愈多，其所包含的信息量就越少，但有时增加冗余信息也能提高传播效果。一个优秀的传播者要在信息编码时找出最佳的冗余度，以抵消传播渠道中的干扰，提高信息的传播效果。

语言具有冗余性，这是一个客观事实。有人计算出英文的冗余度为67%～80%。一般认为，各种发达语言的冗余度显著地超过了50%。由于冗余信息在传播中具有两面性，因此，适当控制报道中的冗余信息就显得十分必要。这就涉及语言冗余信息的容忍度，"语言冗余信息的容忍度，是指语言使用人运用、控制语义性冗余信息时所掌握的分寸。释放适当的冗余信息，或者说掌握冗余信息的分寸，便是适当冗余信息策略"①。

语言冗余信息的容忍度可分为以下三种情况：

第一是容忍度为零，力求简要，彻底删除多余信息。最典型的情况如发电报，七个字能写完的电报，一般不会用八个字。一则外国故事说，一个贫困的青年给他的情人发电报，因为手头拮据，缺三个字的电报费，只好将"亲爱的"三字割爱。这三个字便可视为冗余信息。这方面的例子还可以举中央人民广播电台报时用语的变动情况。1985年以前，在报时信号最后一响之后，播音员说的是"刚才最后一响，是北京时间××点整"；1986年开始，对"刚才最后一响"采取不容忍态度，将其删去，只报"北京时间××点整"。完全不容忍冗余信息并不就等于一定是适当的。如果容忍度为零但交流不成功，这个容忍度就不适当。上例中那位外国青年在给情人的电报中删去"亲爱的"三字，电报营业员就认为不妥，于是自己掏腰包给这位贫困潦倒者补上了这三字。

第二是容忍度很大，对语言冗余信息采取纵容态度。这种情况最典型地表现在文学作品里，大量的冗余信息可以制造出一种特殊的语言环境，传达一种言外之意。且看王蒙的小说《来劲》中的一段文字：

您可以将我们的小说的主人公叫做向明，或者项铭、响鸣、香茗、乡名、湘冥、祥命或者向明向铭向茗向冥向命……以此类推。三天以前，也就是五天以前一年以前两个月以后，他也就是她它得了颈椎病也就是脊椎病、龋齿病、拉痢疾、白癜风、郛腺癌也就是身体健康益寿延年什么病也没有。

---

① 钱冠连. 汉语文化语用学. 北京：清华大学出版社，1997. 216

有人说这是一种语言瀑布，也有人斥之为语言垃圾。不管怎样，它还是取得了一种特殊效果。但这种泼墨式的语言现象，在新闻报道中是不能容忍的。

第三是较小容忍度。新闻报道中常出现这种情况。它追求的是用语的简练。啰唆、冗长是报道的大忌，这一点在消息报道中尤其突出。有人做过比喻，写消息如发电报，所以控制篇幅是很重要的。胡乔木曾经在《短些，再短些》一文中指出："新闻要五分之四是五百字左右的。"追求简短，惜墨如金，这是一个方面；另一方面，为了避免信息在传播过程中的耗损或为了强调某一信息，报道者也往往要多给一定的冗余信息。如前面提到的《只有一条横幅的庆典（引题）长永高等级公路全线通车（主题）》，主信息就是"只有一条横幅的庆典"，导语中一开始那段"没有……"的叙述，就是一段可容忍的冗余信息，它起的强调作用是很重要的。

适当控制冗余信息，一方面能使新闻报道简短明了，另一方面又能让报道内容血肉丰满，增强可读性和感染力。请看下面这则消息：

新华社北京 11 月 16 日电　河南洛阳近日出现百年不遇的奇观，洛阳耐火材料研究院办公楼前花坛内的一株赵粉牡丹在雪中怒放。

时值全国评选"国花"步入紧锣密鼓之际，这株已有 10 余年花龄的越冬牡丹似地下有知，在今年第一场瑞雪中盛开。

历史上曾有武则天责令百花在冬季开放惟独牡丹无视淫威不肯从命的故事。牡丹也确未有过冬季开花的记载。但在争评"国花"的今年，洛阳牡丹开了先例，不仅耐火材料研究院的这株赵粉牡丹在雪中开放，而且洛阳的东关和邙山已有三株洛阳红在九十月份开放……

这段文字中除报道有牡丹在入冬时开放这一主信息外，还加了"评选'国花'"、"武则天责令百花在冬季开放"两个材料。这是作者的神来之笔，大大增添了报道的情趣和内涵，其传播效果不言而喻。

在一些报道中，为了强化读者对主信息的印象，常常要将一些抽象性的内容变成形象可感的信息。如曾有记者报道中国有 10 亿人口，这"10 亿"是个怎样的概念呢？记者写道："如果 10 亿人都玩老鹰捉小鸡，从头到尾可绕地球 25 圈。如果把 10 亿人的出生证叠起来，有 12 个珠穆朗玛峰高。"类似这样的信息，完全是对主信息内容的换一种说法，以加深读者的印象。虽没有增加新的信息，但它对读者理解报道内容却产生了很好的效果。喻国明教授形象地将此称为"酶"，他说："为了提供给读者借以'消化'新闻信息的'酶'，消除相对熵，我们常常要多费一点笔墨，信息论把这叫做'多余度'。显然，这种多余度对信息的有效传播是必需的，最有效的方式便是最经济的方式。"①

在不同的报道中，因为信息表达的需要而对冗余信息的容忍度也有所不同。通讯及一些篇幅较长的深度报道对冗余信息的容忍度要大于消息类的短篇报道。这是因为这类报道在报道事实的基础上往往还要更多地表达情感和思想。喻国明教授将"新闻中最小的可以自由运用的基本单位"称为"单元新闻信息"，并指出，"它可以是一个独立的事实，也可以是蕴含于新闻事实之中的一种情感、一个道理或一种意境"。显然，新闻报道中如果想在事实之外还要多说点"话"，就会增加冗余信息的量，作者就不惜用铺陈、渲染和衬托等手法，这在通讯类报道中特别明显。人们对此有过比喻，即写消息如发电报，写通讯如写信。电报总是努力以最少的文字传递信息，而书信则可以通过适量的文字来传情达意，增强传播效果。

行文到此，很有必要讨论一下消息写作中的"三重复"问题。

所谓"三重复"，是指报道的主信息简单地在消息的标题、导语、主体中重复。请看下面这则消息：

我国选手获得奥运会第一块金牌

新华社洛杉矶 7 月 29 日电 中国在奥运会历史上"零的纪录"的局面在今天 11 时 10 分（北京时间 30 日凌晨 2 时 10 分）被中国射击手许海峰突破。许海峰以 566 环的成绩获得男子自选手枪冠军，夺得了奥运会的第一块金牌。

中国体育代表团副团长陈先在许海峰获得金牌后对新华社记者发表谈话说，这对中国运动员是极大的鼓舞。这是中国在奥运会历史上得到的第一枚金牌，实现了"零"的突破，在中国体育史上具有深远的意义。他表示感谢运动员和教练作出的艰苦努力。

许海峰今年 17 岁，是安徽省供销社的职员。他在获得金牌后对新华社记者说，这还不是他最好的成绩，只不过是正常发挥技术。他最好的成绩是 583环。他表示要不骄不躁，继续努力，争取今后取得更大成绩。

对这则消息，严介生先生指出它"美中不足"之处："导语已写明了许海峰夺得这枚金牌的意义，即既是中国奥运史上金牌的'零的突破'，又是本届奥运会所有金牌中的第一块。紧接导语的第二自然段，转述陈先副团长的谈话时，又把这些意思复述了一遍。这样，读者从标题读起，到第二自然段结束，

---

① 喻国明. 嬗变的轨迹——社会变革中的中国新闻传播与新闻理论. 北京：中央编译出版社，1996.31

两百多字中，三次读到'第一块金牌'，两次读到'零的突破'。尽管这些词语是令人振奋的，但由于是不必要的重复，还是会使读者感到腻烦的。"①

　　复旦大学李良荣先生在谈消息"头重脚轻式结构"时，说到这种结构存在的"重复"现象："在一条消息中，标题必须概括全文的精华和主题，而导语的使命也是这样（事实上，编辑做标题往往从导语中概括出来）；主体部分再作详细的铺叙，常常是导语的扩大和延伸而已。这样，在短短的一条消息中，造成标题、导语、主体的三次重复，而信息量并未增加，既浪费版面又空费读者时间……这并非是作者的写作技巧问题，而是这种结构本身的缺陷。"②

　　两位学者都对这种"重复"现象持否定态度。不同的是，严先生认为这是某则消息的个别现象，而李先生则将其作为"头重脚轻式结构"与生俱来的毛病。我们认为，严先生对这则消息写法上的批评是有一定道理的，因为它在文字表述上过于简单地重复；但如果在表述上做点变化，将"得到第一块金牌"这一信息在不同的地方换成不同的方式说出来，那就不应视作重复。而李先生认为用"头重脚轻式结构"方式必然造成"重复"，并对此持否定说。对这一点笔者保留不同意见。我们知道，"头重脚轻式结构"是将消息中最重要的信息加以突出的处理方式，它符合人们快速获取信息的要求。标题是对新闻中最主要的信息的概要突出，导语在对这一主要信息加以突出的基础上再稍加展开，而消息的主体又是对导语内容的进一步展开和补充。表面上看来这的确会造成"三重复"，但是，从信息冗余的容忍度来看，这不是一种无用的重复。还以上面这则消息为例，如果将冗余信息的容忍度降为零的话，那么只需发一条标题新闻"我国选手获得奥运会的第一块金牌"即可；或者发条一句话新闻也行，即只报道导语的内容。但事实上，读者是不会满意这种处理方式的。读者需要一定的冗余信息变换着角度充分地理解主信息的含义。"头重脚轻式结构"对主信息的"重复"问题，笔者认为只要不是如严先生所批评的简单的重复，或是将某句"得意话再说一遍"，而是在貌似重复、实则步步围绕主信息而扩大相关必要信息的范围内，让读者加强对主信息的深入把握——只要控制在冗余信息的容忍度之内——是完全可以的。

　　新闻传播中，如何控制好信息的冗余度，还有待我们在实践中做进一步的探索。施拉姆等人曾提出："冗余度的数量是传播遇到的伟大战略决定之一：多长时间必须重复一次，应详尽到什么程度？"我国也有学者指出："一则新

---

　　① 严介生. 美中不足——评析七十二篇好新闻的疵点. 北京：中国广播电视出版社，1993. 160～161

　　② 李良荣. 中国报纸的理论与实践. 上海：复旦大学出版社，1992. 116

闻没有必要的冗余度，就不能提供有效的信息；如果冗余度过大，则是对于节目时间和受众精力的浪费。"① 可以说，根据不同信息、不同文体而选择不同的信息冗余度，是新闻传播中的重要艺术之一。

第三节　信息净化与信息组块

主信息是一篇报道的中心，对信息做净化处理，有利于主信息的清晰；将一些相关信息组织到一块，往往能充分体现主信息的深层内涵。因此，信息的净化与信息的组块同样是信息传播中的重要技巧。

一、信息的净化

为了让传播的信息准确清楚，对夹杂在信息中的杂音、噪音进行净化是十分必要的。早在1946年4月23日，新华社总社在发给各分社的《电讯要简练》的信中就指出新闻报道中信息杂乱的情况："材料不知取舍。一条新闻什么都有，这也要，那也要，琐碎的事实堆了一大堆，成为一篇流水账和一盘杂货摊；而不知撷其精华，弃其糟粕，文字冗长啰唆。而真正典型和重要内容反无法突出。"

新闻报道中的杂音、噪音可分为四类：一是有损主信息的负信息；二是与主信息完全无关的信息；三是由表达不简练而造成的累赘信息；四是没有实质性内容的空信息。

（1）报道中的负信息与记者所要报道的信息产生抵触，大大影响了信息的传播效果。记者在使用时并未意识到这些负信息，但读者结合一定的社会语境，就有可能读出与记者传播意图相悖的信息来。徐光春先生称之为"正打歪着"现象②。范敬宜在谈关于"铁法官"谭彦的报道时说："铁法官谭彦的事迹，确实很感人。但是我认为过多地描写了他如何有病不肯休息、不肯治疗，坚持工作这一方面。最近有好几个典型人物也突出了这一方面。这就会在导向上出现一个问题。一方面，我们大力呼吁要保护中青年知识分子、干部的健康，指出近几年英年早逝的知识分子过多；另一方面却赞扬他们有病不治。这在宣传上是矛盾的，而且也容易给读者造成领导对他们太不关心的印象。比如这位谭彦，办公室在四楼，'上一层楼像爬一次长城'，既然如此困难，领

① 方毅华. 有效传播论. 现代传播，2000（3）
② 徐光春. 注意正面宣传中的负面效应. 新闻战线，1995（12）

导为什么不把他的办公室调到一楼呢？谭彦的肺'已烂得像蜘蛛网'，领导怎么还让他继续工作？而且，这种开放性的肺结核，对周围人的健康不构成严重威胁吗？"① 可见，负信息不仅会干扰主信息的传播，还会产生负面效应。

（2）与主信息完全无关的信息使得报道"空壳"。这样的信息要坚决删掉。下面这则报道《分众传媒客户总监聂晶来我院进行专题演讲》是新闻专业学生给其学院网站写的。初稿中的导语是这样的：

3月4日下午，分众传媒客户总监聂晶在刘佩老师的陪同下步入E205教室。经过短暂的设备调制后，刘佩老师简单介绍了聂先生及分众传媒的情况。在剩下的时间里，聂晶先生给在座的同学灌输了他在广告行业里面的经验。

笔者将它做了删减，成了这样：

3月4日下午，分众传媒客户总监聂晶应邀来我院讲学。他结合自身在广告行业多年的经验，出语新奇，给听众耳目一新之感。

显然，初稿中无关信息不少。如"在刘佩老师的陪同下步入E205教室"、"经过短暂的设备调制后"，这些信息对于主信息来说没什么关系，应该删去；"在剩下的时间里"这样的表述极不准确，本来就是让聂晶作演讲的，却把演讲时间说成"剩下的时间"，主次颠倒。

（3）累赘信息不同于冗余信息，它既不能增加报道的信息量，也没有起到强化信息的作用，相反，它只会冲淡报道的信息含量，使报道变得臃肿而失去活力。请看下面这则报道：

涉嫌收受巨额贿赂（引题）
湖北省政府原秘书长被起诉（主题）

北京讯 记者昨天从湖北省武汉市检察院获悉，湖北省政府原秘书长焦俊贤因涉嫌收受巨额贿赂，日前已被该院依法提起公诉。

焦俊贤现年52岁，曾担任湖北省计划委员会副主任、荆门市市长、荆门市市委书记、湖北省政府秘书长。

据武汉市检察院指控，焦俊贤在分别担任湖北省计划委员会副主任、荆门市市长和市委书记、湖北省政府秘书长期间，利用职务之便，于1995年初至

① 范敬宜. 总编辑手记. 北京：人民日报出版社，1998. 251

41

2000 年 2 月期间，每次多则 10 万元，少则 5 000 元共收受……

这则报道中，焦某曾担任的职务在上下两段文字中接连提及。第二段中除了焦某的年龄这一信息外，其他信息完全与第三段重复，删去这段会使报道更为精练。这种"低水平的重复"完全是由作者表达能力有限造成的，即使是在冗余信息容忍度很大的文学作品中，也是不可取的。

（4）一些记者喜欢以套话、大话、空话来填充报道，结果一篇报道尽是空信息，读者读完后不知所云、一无所获。有人撰写《看不懂的报纸》批评道：有香港朋友拿起一份内地报纸直摇头，问他为什么，他竟然说"看不懂"。一句话使我突然意识到自己平时看报也会摇头，许多报道文学也看不懂。例如，"××在会议上强调，要按照'强化一个意识，完善两种机制，实现三个转变'的工作思路，牢牢把握'一个中心'、'两个职责'、'三个原则'、'四个要求'和'一个提高'……"与会者是否明白另作别论，作为报纸的读者来说，既说不明白其中的"一个××"、"两个××"、"三个××"、"四个××"所指的是什么，也说不明白它按照什么"工作思路"和要"牢牢把握"什么东西。这话说了等于没说，成了一句空话。

这并非个别现象，值得引起我们注意。毛泽东在批评"党八股"时说，这种长而空的文字是"下决心不要群众看。因为长而且空，群众见了就摇头，哪里还肯看下去呢"。我们一定要杜绝这种现象。

二、信息的组块

信息组块是指报道中由几个单位信息构成的一个信息组织。它通过信息与信息之间不同的组织方式构成一个新的信息系统，传达出新的信息意义。它是新闻报道中基本信息单位的升级，可以增大信息的容量，丰富信息的含义。

按照信息组块的结构方式，可将信息组块分为同类合并式和相关黏合式两种。

（1）同类合并式是由若干同类信息集合而成的组块。一些零散的信息可能无法单独构成报道价值，但一旦构成组块，其价值就表现出来了。道理同独木不成林，众木成森林一样。量的增加达到一定的度，就有可能产生质的飞跃。如消息《我国影坛崛起一代女导演》就是将一些零散的信息聚拢而成的。许多人看过电影《泉水叮咚》、《原野》、《夕照街》、《红衣少女》等，但谁都没有去注意其导演的性别。一些报刊也曾分别介绍过好几位女导演，但都是分别在一个人身上做文章，从来没考虑到将这些信息组合起来。而《文汇报》发表的这则消息，通过对信息进行组块，发掘了一条重要新闻。多事一报式的综合性报道大都采用了这一组块方式。

（2）生活中有些信息之间的联系并不是那么明显，需要通过发掘才能找到它们之间的联系点。相关信息的黏合就是在联系中去阐发事实之间的意义。通过黏合，往往会产生两种效果：一是强化了主信息；二是产生出新的信息。

从正的方面黏合有关信息，可强化主信息。如《"聂旋风"扫倒加藤正夫"王座"》，其主信息是聂卫平赢了日本名将加藤正夫，结尾时附带交代了下次与日本另一位棋手藤泽秀行决战一事。"藤泽原来说过，这场比赛，他如果输了就剃光头。这次表示'已和理发员约定好了，准备剃头'"。这一黏加信息大大渲染了"聂旋风"的威慑力，仿佛在说，"聂旋风"下败了一个，也吓败了另一个。

通讯和一些集纳式、综合性的报道，大都采用这一方式来形成一个意义鲜明的信息板块。如通讯《"平潮"不平凡——记平潮饭店的生财之道》（《人民日报》1990 年 4 月 17 日）其中的几个细节非常鲜活，黏合在一起，产生了很强的说服力。例如，同样的鲜虾，为什么他们能比别家便宜？原来，他们把流失的虾籽细心地收集起来晒干。每公斤干虾籽至少售 24 元。这样，鲜虾的售价就可降低了。又如，厨师原先爱用场上剥好的毛豆，每公斤成本 2.2 元。后来，他们自己剥壳，每公斤比原先节省 1 元钱。他们实验，1 公斤干粉丝用开水浸泡半小时，可以变成 4 公斤多，但一捞就断，不好吃；用冷水浸泡两小时，只能出 2 公斤多，但质地硬，而且不好吃；用温水泡一小时，质量最好，可出 3.5 公斤。土豆皮用刀削与用毛竹片刮哪样损耗更小？这样的小事他们同样看得很重，如此等等。这些信息组织在一起，该饭店独特的生财之道就表现得很充分了。

多个信息的黏合不在于单元信息的数量之多，而主要在于信息的质量和形成信息组块后的结构特性。以叠床架屋式地组合同一内容的单元信息，信息再多也只是简单的重复。集纳式报道《"一厘钱"精神》与《谁是最可爱的人》的写作都说明了这点。如报道《"一厘钱"精神》，据作者介绍，"原来计划用三个材料，即节约一厘钱、一克纸浆、一滴药水。在采访过程中，我们发现，这三个材料表现主题的角度重复、单一，讲来讲去，还是在节约财物这个圈子里转，不能充分、深刻地表现主题。也还是在采访之中，发现了'一根火柴'和'一分钟'这两个材料，分别从重视质量和节约时间方面表现主题的角度，从而使主题扩大和深化了一步"[①]。又如《谁是最可爱的人》，据作者魏巍说，初稿《自豪吧，祖国》写了 20 多个例子。"例子堆得太多了，好像记账，哪

---

① 李峰. 矛盾、细节、提炼. 新闻业务，1963（9）

一个也说得不清楚，不充分"，几经删除，最终留下三个。"事实告诉我，用代表一般的典型例子来说明本质的东西，给人的印象是清楚明白的，也会是突出的。"①

从正的方面黏合相关信息可以产生出新的信息。请看下面这则消息：

中国和英国关于香港问题的第二阶段第二十二轮会议今天上午在钓鱼台国宾馆开始举行。

上午九时，中国代表团团长周南和英国代表团团长伊文思等进入会议室。周南说，再过五天，中国人民就要欢庆一年一度的中秋节了，这是个亲人团聚的日子。他说，中国有句俗话："人逢喜事精神爽，月到中秋分外明。"

周南说，大使先生是今年来北京上任的。你已经经历了冬、春、夏三个季节，现在到了收获果实的秋天了。

伊文思说，英国人在9月也有庆祝秋收的传统节日。

孤立地看周南和伊文思的话得不到多少明确的信息，倒有点像寒暄的味道。但将其组成信息块后，读者自然就能从中读出对会谈情况的暗示信息。

从负的方面组合有关信息也会产生出新的信息。请看2005年11月20日《参考消息》登载的一则外电《日最高法院驳回中国妇女性侵害诉讼》：

路透社东京11月18日电 日本共同社今天报道说，日本最高法院驳回了多名中国妇女提出的诉讼请求，这些妇女要求日本政府对她们在"二战"之前和期间遭到日本军人强暴的事实作出赔偿。

此前，低一级法院拒绝受理此案，最高法院的这一判决成为终审判决。该诉讼是由10名来自山西省的妇女提出的，其中包括已经过世的受害者的亲属，她们要求日本赔偿2亿日元。

虽然低一级法院拒绝了她们提出的赔偿要求，但法院在2003年4月和今年3月作出的判决都承认，这些当年一二十岁的年轻女子在1940年到1944年期间多次遭到日本军人的强奸。

共同社说，这些女子有的是在家中被强暴的，有的则被带到日军基地遭到蹂躏。其中一些人从此疾病缠身，有的人失去了生育能力。

低一级法院称，根据战前的日本宪法，日本政府没有义务对战争期间的行

---

① 魏巍. 我怎样写《谁是最可爱的人》. 见：蓝鸿文等. 中外记者经验谈. 北京：中国人民大学出版社，1983.321

为作出赔偿。

这篇报道先说日本最高法院驳回中国妇女的诉讼，但报道的后三段所加的背景材料告诉读者，此前法院的判决都承认中国妇女惨遭蹂躏的事实，日本媒体共同社也证实了这一事实。这样，"日本政府没有义务对战争期间的行为作出赔偿"这一说法就让人感到日本的"宪法"和"最高法院的判决"坚守的是强盗逻辑。

信息组块构成必须讲究信息之间的黏连性。实践证明，这种黏连性越强，其传播效果也就越强。而这种黏连性的实质就是信息之间存在着的内在联系。如果不注意各信息单位之间的内在联系而随意搭配，就等于是在信息组织中掺入了杂质、增加了噪音，不仅不能强化传播效果，反而会形成内耗，使传播的效果大为衰减。

第四节　报道角度与信息选择

一、报道角度的内涵

报道角度是指新闻工作者在采写报道时的观察点与侧重点。从报道角度来看，选择什么样的报道角度直接关系到怎样处理报道的信息问题。一篇报道中，强化什么信息，弱化什么信息，突出什么信息，隐藏什么信息，都受制于报道角度的选择。显然，不同的报道角度会形成报道中不同的主信息。所以，报道角度选择说到底是信息选择的问题。重视报道角度的选择，对于新闻报道的信息处理有着非常重要的意义。

微观地看，报道角度与记者个人对新闻事实所作的价值判断有关。记者选择什么样的报道角度，实际也反映着他对某个事实的认识水平，在新闻报道中，也就决定了他以事实的哪方面的信息作为主信息加以突出处理。他所站的角度正确，看问题就不会囿于一隅，对报道中的主信息就会把握准确；反之，如果他本身的认识水平有限，报道的角度就难以选准，对事实的信息处理就难免会出偏差。不妨来剖析以下这个例子：

水泥送进总理故乡

本报讯　6月17日上午，长沙县安沙镇和平村公路建设工地上出现动人一幕：宁乡县金桥水泥有限责任公司负责人慷慨地将6卡车水泥（共计60

吨）赠送给朱镕基总理的故乡——和平村。

安沙镇和平村是朱总理祖辈生息劳作的地方，据当地农民介绍，朱氏祖先是早在280多年前从安徽搬迁来此的。此次正逢京珠高速公路从和平村不远处通过，该村的公路将成为输送公路建设材料的通道。该村决定把过去的简易公路修建成水泥路面。正当建设资金紧张时，宁乡县金桥水泥有限责任公司无私地伸出了援助之手。

这则报道的信息很简单：一家水泥公司送水泥给一个村子。但记者可能觉得这样表述不能把事实的价值体现出来，便故意强调这个村子是"总理故乡"。这样，"水泥送进总理故乡"就成了报道的主信息。并且，为了强化这一主信息，短短的消息中特别强调该村是"朱总理祖辈生息劳作的地方"。从新闻价值要素来看，这个村子因为是"总理故乡"，故有显著性，因此，送水泥之举也跟着有了显著性。但这则消息的信息处理是否准确呢？这就与记者对事实的认识水平有关了。记者认定"送水泥"与"总理故乡"有因果关系，是否想告诉读者这是公司对总理有感情而爱屋及乌呢？但是，记者没有站在一个更高的角度看问题：这对人们理解朱总理严于律己、理解党风廉政建设是否会有负面作用？可见，由于记者的认识水平不高从而影响了报道角度的选择，以至于在信息处理上，把不必要的信息当成必要的信息而加以强化了。

宏观地看，报道角度的选择还与社会环境、文化背景有着深层次的联系。有人曾对新华社与美联社的报道做比较，发现双方在报道角度的选择上都深受各自传统文化和思维方式的影响。例如，美联社记者所写的《美国大兵比卡尼克和他的妻子成了住房短缺的牺牲品》这篇报道讲述的是一起危房倒塌的灾难事故，其中写道：

他们一家（指比卡尼克一家——引者）住在凑合着搭起来的房子里。昨天大雨倾盆……被泥水泡松了的山坡塌了下来。泥土压在他们的房子上，两个孩子——12岁的艾利森和他3岁半的小妹妹朱迪安被活埋在12英尺厚的废墟下面。

……比卡尼克像发了疯似的用手扒又湿又重的泥土。

消防队和铁路抢险队闻讯赶到，他们动用推土机干了12小时，才把废墟的泥土清除干净，找到孩子的尸体。在被砸坏的床上，两个孩子并排睡在一起，男孩子用胳膊护着小妹妹。两个孩子的身上盖着床单，看来，他们在生命的最后一刻想用这床单挡住不断落下来的泥土。

比较者作了设想，如果换成新华社记者会选择怎样的角度报道呢？"他一定会突出营救人员如何克服困难进行抢救，一定会突出遭受打击的比卡尼克夫妇如何得到安慰和帮助，从而弘扬一种道德风尚。但在美联社记者笔下，新华社记者可能突出的部分全部被一笔带过，而对于后者可能弱处理的事故现场则在触目惊心的细节和场面都做了强处理，让人心中充满一种绝望的毁灭感。"新华社记者高晓虎写的《在烈火的考验面前》可作为参照比较。它讲述云南安宁县发生的森林大火，在救火中，有 56 人牺牲了。文中写道："事后人们在收拾烈士烧焦的遗体时，发现他们有的手中还紧攥着砍刀，有的双臂高举过头，都保持着奋勇扑火的英姿……"文中虽然也有关于灾难场面的描述，但不会使人产生恐怖的感觉，且最后落脚在英雄烈士的高尚人格上。文章的结尾写道："这就是我们的人民，他们在烈火中用信念、勇气、忠诚谱写的壮美的歌，永远回荡在云南高原的大地上……"

因此，比较者进而认为，美联社记者面对灾难造成的悲剧，常常注重极其仔细地描摹事实，他们用大量笔墨赤裸裸地表现灾难对人的摧残，强烈地、直接地表现出人的痛苦、悲惨的境地以及被毁灭的命运。而新华社记者却习惯于"哀而不伤"，他们虽然也揭露人的悲惨处境，但着眼点却是反映灾难中的人的精神，用人的"战天斗地"去消解事件的悲剧性质，实现一种"事实的悲"向"精神的乐"的转换。①

由于报道角度的选择既与记者个人的认识水平有关，也与社会的要求有关，因此可以说，选择好报道角度是记者业务水平与政治水平的综合体现。

二、报道角度的选择

新闻报道如何选择报道角度？这要从宏观与微观两个方面来加以讨论。

1. 观照宏观世界的角度

从宏观世界的角度来说，世界之大，范围之广，"新近发生、发现的事实"之多，不可能一一加以报道，这就需要选择。选什么？选标志点、切入点和相关点。这些都是报道角度的具体体现。

（1）选标志点。

所谓标志点，就是某一事实在同类事实中极具代表性，具有标志性的意义。我们说"以一叶知全秋"，这"一叶"就是"全秋"的标志。生活中这种标志性的事实比比皆是，它们所蕴含的信息量是同类事实中最大的。如我国

---

① 李楠. 历史的追寻，文化的沉思——新华社与美联社新闻写作比较. 现代传播，1996（6）

20 世纪 50 年代的消息名作《上海把最后两辆人力车送进博物馆》。我们知道，人力车是旧中国落后交通的象征，而人力车工人更是生活在旧中国最底层的最贫困者。不少文学作品都以此作为创作素材，如胡适、沈尹默的同题诗《人力车夫》，又如老舍先生的长篇小说《骆驼祥子》。如今上海把最后两辆人力车送进了博物馆，这无疑标志着一个旧时代的结束和一个新时代的到来，所以这最后两辆人力车就是一种标志，具有象征性的意义。

又如我国京九铁路全线铺通，1995 年 11 月 17 日的《中国青年报》头版头条新闻的主标题为《京九拧上最后一颗螺栓》，中央电视台对拧这最后一颗螺栓还做了长时间的现场直播。突出这一具有标志性意义的一个点，比起诸如《京九铁路全线竣工》之类的标题来要醒目得多。

又如外国名作《150 年来伦敦泰晤士河第一次出现海豹》：

路透社伦敦 5 月 1 日电 最近，一只海豹沿着泰晤士河逆流而上，游进了议会上下两院所在地。此事引起极大的轰动，电视台向全国播放了海豹吞食河鱼的镜头，报纸也作了报道。

这是 150 年来人们第一次看到海豹出现在这个一度有毒的历史名河的河水中。

人们对此兴高采烈，认为这是对这条污染了几百年的河流治理了 20 年后，终于完成的世界上同类工作中最为成功的一项工作。

泰晤士河管理局把死去的泰晤士河变成了一条令人喜爱的河，吸引来成千上万的钓鱼爱好者和游泳爱好者。许多人原先都说，这项任务是无法完成的。

在 20 世纪 50 年代中期，这条河从生物学的角度上说是"死亡"了的。它的含氧量为零。今天，这条河流处于最宜生存状态，氧气含量达 98%，适宜于 100 多种鱼生存。

泰晤士河大规模污染是从 18 世纪末开始的。

在 19 世纪，人口愈来愈多，工业污染更为严重，加上伦敦沼泽地排放积水以建造码头，结果使这条河成了一条肮脏、毫无生气的臭河。

从 1849 年到 1854 年之间，几次发生霍乱，约有 4 万人死亡。1856 年是特别糟糕的一年，当时以"臭气熏天年"而著称，泰晤士河的气味腐臭难闻，以至于面临泰晤士河的议会大厦的窗子都不得不悬挂用消毒水浸泡过的窗帘。

伦敦人开玩笑说，掉进泰晤士河的人还没被淹死就被毒死了。

1964 年开始了首次大规模的河流整治工作，当时通过了立法，委托伦敦港当局控制排放工业污水，这些工业污水占总污染的 30%。

一项调查表明，1 200 万人口和数千家工厂每天向河中排污水 418 万立方米。专家制订了计划，重建和延长伦敦的下水道。

整个泰晤士河流域现在同453个污水处理厂连接在一起，每天处理9.4亿加仑污水，变污水为清洁水。

垂钓爱好者争相捕捞到泰晤士河产卵的大鲑鱼，当局已难以控制甲壳动物的繁殖，甚至连海马也回到了泰晤士河。

泰晤士河管理局承担了泰晤士河的控制污染、保持水中含氧量和废水循环，使之成为饮用水等全部任务。管理局已在为技术援助和培训提供国际性咨询服务，它已向24个国家提出建议，同时还参加了另外20个国家的研究项目。

从消息中我们可以看出，泰晤士河的治污成功，既可从数据指标中反映出来（氧气含量达98%），也可以从453个污水处理厂的工作情况反映出来，还可以从垂钓者和游泳者的行为中反映出来，记者选择这只海豹的回游作为标志性事实，它标志着泰晤士河已由一条有毒的河彻底变成了水生动物的家园。

这类例子不胜枚举。报道所选的标志性的点往往是衡量某一社会变动内容的尺度。通过它，我们可以直接感受到事物最新发生的质的变化。

（2）选切入点。

切入点即记者把握报道对象的一个接触点，犹如医生号脉时的一个触脉点。对生活有着敏锐眼光的记者，往往可以从一些不起眼的小事中感受到时代的巨变。这些小事不一定有标志性意义，但同样与社会某些本质的东西联系在一起。

我们从1980年、1981年的优秀新闻作品中抽取四篇为例。这四篇作品分别是《会计伢嫌我的壶小》（《湖北日报》1980年1月4日）、《买缸记》（《河南日报》1981年12月31日）、《从邮局看变化》（新华社1980年1月17日电）、《夜宿车马店》（《人民日报》1981年12月12日）。这四篇报道都是以党的十一届三中全会以来，我国农村改革初见成效为背景的。

《会计伢嫌我的壶小》以一位农村老汉去生产队分油为切入点，"我"拿去年的油壶去领油，但今年不同于往年，油多了，旧壶装不下新油了。由此可见，改革开放所带来的成效之显著，已超出了农民的期望值。

《买缸记》以农民买装粮食的大缸为切入点，表现的是改革开放以来农村的粮食多了，家家户户都增购装粮的大缸，以至于大缸一时成了紧俏商品。通过"我"的买缸经历，生动地展示了农村粮食丰收、经济活跃的新景象。

《从邮局看变化》报道的是春节将至，记者在新疆维吾尔自治区邮电管理局里，看到了跟一年前大不相同的情况：过去忙于分拣从内地寄来的大批副食品包裹，而今年却忙于收订大量报刊。从邮局看变化，邮局成了人们了解改革之初新疆维吾尔自治区农业生产发生喜人变化的一个窗口。

《夜宿车马店》报道的是记者晚上投宿内蒙古自治区的一个集镇，正遇上来此地赶集的农民，看他们吃饭，听他们聊天，谈吐中无不流露出"丰收的喜悦"。

这四篇作品都是从很小的侧面入手，却传递了非常重大的信息，即自改革开放以来，我国农村在短短几年之内发生了较大的变化，生动地体现了中央提出的"一年初见成效，三年大见成效"目标的实现。

新闻报道要选好切入点，从艺术的角度来说，就是一种以小见大的手法。新闻报道中以小见大的优势在于：首先，它能将人们身边发生的一些小事与更大范围内发生的大变化密切联系起来，故具有接近性；其次，它能将重大的主题巧妙地寓于具体而生动的事实中，故报道内容具体而不空泛，可读性强；最后，正因为是以小见大，所以，惟其"小"，故篇幅不长，惟其大，故信息重要。这样一来，作品的信息密度就会增大，更有令人回味之处。

寻找一个好的切入点，为的是以一种更巧妙的方式去接近事物的本质。面对同一报道范围，从不同的切入点入手，最终会产生英雄所见略同之妙。如上述四篇报道，写的是四个地方：湖北、河南、新疆、内蒙古，其切入点各有不同，通过一件小小的事、一个小小的窗口，都触摸到了改革开放后农村经济好转这一重大变化，真可谓条条大道通罗马。

（3）选相关点。

相关点或相关系数，是指两个或两个以上的变数之间所存在的关联性。这种关联性牵制着变数的各方，它们互为依存，某一个变数增加或减少，另一个也跟着发生变化。选相关点就是要利用事物之间的这种联系，通过对此事物的报道，由此及彼地去间接表现彼事物。此即古人说的"以烟霞写山之精神，以草树写春之精神"。有些事物从正面直接表现往往费力不讨好，从侧面间接表现，着墨不多，却能获得事半功倍的效果。请看《中国青年报》发表的小通讯《罗小红帮了省长一个忙》：

湖南省长沙市民政学校15岁的学生罗小红不久前做了一件好事，连她自己也没想到，这回会帮到省长头上。

4月27日上午，罗小红和20多名同学一道来到长沙火车站协助长沙市公交二公司检查公共汽车。罗小红和同伴郑勇波一道上了一辆12路公共汽车。上车不久，罗小红看到身边站着一个60多岁的老人，老人穿得很破旧，提着一个破烂的蛇皮袋。售票员过来要老人买票时，老人听不懂售票员的普通话，售票员也听不懂老人的湘西土话。罗小红见状，马上将座位让给老人，并在老人面前连连打手势，老人终于明白了售票员的意思，抖抖索索地从口袋里掏出一张皱巴巴的五角钱钞票。在与老人交谈时，老人说他叫杨正清，要去省政府找一个叫杨正午的弟弟。

老人是第一次从乡下来长沙，也不知道弟弟杨正午在省城干什么工作。罗小红也不知道"杨正午"是什么样人，但想到这位老人是第一次来长沙，人生地不熟，罗小红决定与同伴一道将老人送到省政府，尽管她也不知道省政府在什么地方。

经售票员提醒，罗小红与同伴搀扶着老人在省政府门口下了车。武警战士拦住了他们，要他们出示身份证或介绍信，可他们都没有。值勤的战士听老人说要找"弟弟杨正午"，杨正午可是现任的省长呵。他们看到老人这身打扮，一点也不相信。便问："你弟弟在省政府干什么呀?"老人直摇头。杨正清老人一辈子没出过远门，他只知道弟弟杨正午在省城当大官，可具体当什么官，他从没有听弟弟讲过。

值勤的战士被罗小红缠不过，便说："杨省长今天休息，住在省委，你们去找吧!"

罗小红与同伴领着杨正清老人来到省委大门口时，再次被值勤的战士拦住，值班室一位同志说："一个乡里老头，关你什么事，把他丢在这里嘛，快走!"罗小红的同伴郑勇波受不了这种斥责，气得一个人独自走了。

值勤的战士被罗小红纠缠得没办法，便将此事向保卫科领导作了汇报。没多久，保卫科出来了几位同志，他们要杨正清老人回答一些问题。保卫科的同志听了，就往杨正午省长家挂了个电话。杨正午省长的爱人彭文翠接到电话后，马上就跑出来接杨正清老人。老人连忙把蛇皮袋松开，从里面抓了两大把花生，硬要塞给罗小红，嘴里一个劲地说："好人呐，好人呐。"

当罗小红跑回长沙市公交二公司时，已是下午1点了。她领着老人跑了整整3个小时，公司领导正为罗小红去向不明着急呢。

原来，杨正午省长于26日接到大哥的电话，知道哥哥杨正清在26日会来长沙。当天早上，他便叮嘱妻子彭文翠去火车站接第一次来长沙的大哥。彭文翠早上6点半就在火车站等，一直没见杨正清老人的影子。

罗小红做了这件事后，从来没有跟任何人讲过，直到5月28日她跟一个同学聊天，偶尔谈起了这件事，被班主任成奋华老师听到了。

5月29日，长沙民政学校打电话将此事告诉了杨正午省长的妻子彭文翠，此时杨正午夫妇还在寻找这位不留姓名的小同学。6月3日，彭文翠执意要酬谢罗小红，罗小红红着脸脑腆地说："我只是做了一件我应该做的极普通的小事。"

该报在发表这则报道时说："罗小红无意间帮了省长杨正午一个忙。对于罗小红来讲，这只是她做过的许多好事中的一件，然而，透过这位15岁少女的眼睛，我们似乎可以看到一些更有意味的东西。"这些"更有意味的东西"是什么？那就是报道中始终未露面的省长身上所表现出的我党的优良传统。这篇报道显然是抓住了党风建设这样一个大的主题。但报道并未直接表现，读者是从省长的哥哥身上读到这一点的。在报道中，我们可以看到这位省长的哥哥"穿得很破旧，提着一个破烂的蛇皮袋"，"从口袋里掏出一张皱巴巴的五角钱钞票"，等等。谁会相信他是省长的哥哥呢？无怪乎他在省政府大门口要吃闭门羹了。这个相关点的表现力显然远远强于直接写省长本人。

通过相关点去报道事实，由此及彼，往往是由小窥大，以具体来表现抽象。一个好的相关点如同阿基米德支点。通过这一支点，报道能以四两拨千斤之势，从小角度举重若轻地写出大主题。所以这类报道篇幅虽小，但信息量大，并且贴近读者，可读性强。如解放战争期间的报道《桌上的表》、《西瓜兄弟》等，分别以手表、西瓜作为相关物，来表现我军战士爱护群众财产，严守"三大纪律八项注意"的风采，其信息量不亚于长篇巨著。

2. 观照微观世界的角度

具体对某一个事实，也有不同的观察角度问题。一个事实所包含的意义可能有多个，一篇报道不可能全面涉及，报道者必须对事实中所含的诸多信息作出选择。这不仅是必然的，也是必须的。正如我们从众多新近发生、发现的事实中，挑选出某一个事实来报道一样，报道者对一个事实所包含的多个信息也会作出主次选择。

怎么个选择法？可以从以下四个方面入手：

（1）选与社会语境最相谐和的点。

记者有时面对事实，虽然觉得很有报道价值，但从何入手却颇费周折。这时候，首先要考虑的是如何与社会语境相谐和的问题。所谓社会语境，就是广大受众最为关心的话题。新闻工作者常说要"吃透两头"，即既要了解党和政府的意图，又要了解人民群众的意愿。据《湖南日报》记者熊先志说，该报曾收到一篇通讯员写来的稿子，标题为《德才兼修　品学皆优　湘大寝室七女毕业生全入党》。报社一见此稿就认定这是新闻，应该见报，但觉得报道角度还要调整。"因为，当今大学生要求入党已成大势，不算什么新闻，当然，在党的生日'七一'前后发一发也可以。当今大学生的热点话题是分配难，特别是女大学生分配难。"因此，编辑经过与通讯员沟通，将报道角度作了调整，改标题为《不怕找不到工作　就怕自己没本领（引题）湘大一寝室七名女生品学兼优分配很俏（主题）》。熊先志说："我到中班时见到这个标题，首先的印象是改得好，觉得是条鲜活的新闻。但细一想，觉得还可以改，第一可以简练点，去掉'品学兼优'四个字并不损其意；第二，现在的标题是站在校方说的，'湘大一寝室七名女生品学兼优'这是校长的话、同学的话，要改一改角度，站在社会的角度说话，就更客观更好了。我建议将'分配很俏'改为'分配走俏'，中班的老同志接受了这个意见，就有了第二改的见报标题。两改标题，实质是两改角度，将角度从'全入党'改为'分配很俏'，又从学校认为的'分配很俏'改为社会认定的'分配走俏'。这一改就提升了新闻的价值。"①

新闻报道角度之所以要考虑与社会语境相谐和，这是由新闻的本质所决定的。新闻报道对社会的感知是最敏感的，新闻作品被人称为"时代的艺术"，其意也在于此。郭梅尼回忆她刚参加新闻工作时的情况说："为什么我积累了那么多材料却写不出来？我和笔下的人物那么近却并不了解他？后来我注意总结自己失败和成功的经验教训，逐渐明白了，并不是每一个好人任何时候都可以拿到报上不定期宣传的。生活中可歌可泣的人很多，报纸上要歌颂的人物，是能促进解决时代存在的主要思想矛盾、能够代表时代精神的人物。这些经验教训使我懂得了作为一个记者，首先要有一双时代的慧眼，心中要有一杆时代的秤，要把你所采写的人物放到时代的大背景下来衡量，放到时代的天平上来称称，才能比较准确地判断出它的新闻价值。"

可见，选择一个最能展示事实的具有时代特征的角度显得尤为重要。穆青等人写作《一篇没有写完的报道》的经历很有启示。植树劳模潘从正20多年来抛家离舍，一直坚守在自己的岗位上，风沙吹不跑他，断粮逼不走他，就是生了病他也不肯离开，是个出了名的"老坚决"。穆青等人开始打算从"老坚决"的精神入手来表现。但通过比较，他们考虑到这种"缀网劳蛛"的精神不足以反映1979年的时代特征。因为对工作的这种执著、坚决的劲头，不仅在当时值得提倡，往前推15年，往后推15年，同样值得提倡，不能给人以强烈的时代感。于是他们重新分析潘从正植树的经历，看出他尽管是"缀网劳蛛"，却由于各种干扰，总是劳而无果。20世纪50年代植树碰上"共产风"，60年代碰上"造反风"，70年代又碰上所谓"反击右倾翻案风"。这些人为的"政治台风"给潘从正老人奋斗了大半辈子的事业造成了极大的损害。从这个角度表现潘从正老人的植树经历，实际上正好反映了中国社会的一段历史。"老坚决"对安定团结的渴望正是亿万人民共同的意志与心愿。这一点与当时人心思定、人心思治的时代精神一拍即合，因而引起了广泛的共鸣。

---

① 熊先志. 新闻采写术. 北京：新华出版社，2000. 326

选择一个合适的角度充分体现新闻事实的时代特征有一个前提，就是必须充分尊重事实，千万不能牵强附会地给新闻事实贴标签。艾丰将新闻报道中那些不能说明问题、不能说明事物的本质的材料称为"废象"。"如一个农村丰收了，可能丰收的原因主要是今年的气候比较好。但是记者非要把这个丰收的成绩记到某项工作的账上。在'文化大革命'期间这类报道很多，一会说丰收是批林批孔的胜利，一会说是'反击右倾翻案风'的胜利……其实都不是，是老天爷帮忙。"① 这种乱戴帽子、乱贴标签的做法是严肃的记者所不屑为之的。熊先志说，1995年2月他去大型企业涟钢，在该厂建安公司采访，发现这里的焊接培训中心越办越好，面向社会招生，特别是还办了几期扶贫班，为乡镇企业培训了人才，挽救了几家濒临倒闭的乡镇企业。考虑到当时的社会语境，他认为从"技术扶贫"这一角度来写最有新闻价值，标题为《"老大"为"老乡"培训人才（主题）涟钢"技术扶贫"使多家乡镇企业重现生机（副题）》。但采访单位领导反复表明，这个培训班不仅仅是为乡镇企业培训人才，90%是为大中型企业培训人才，为乡镇企业培训人才只是很小的一部分，且多在两三年前。"这就向记者提了一个问题，要处理好巧选角度与尊重客观事实的关系。无疑，对于记者来说，巧选角度是至关重要的，但选角度又必须要尊重整体事实，甚至有损整体事实，如果角度新，又符合整体事实，那是上等；如果角度不符合整体事实，则应该放弃这个角度而另选符合整体的角度。从这个意义来说，应该是事实第一，角度第二。"②

（2）选最能体现事实价值的点。

我们常以苏东坡《题西林壁》中的两句诗"横看成岭侧成峰，远近高低各不同"来描述不同的观察角度可以得出对事物的不同认识。从什么角度来观察才能最大限度地体现事实的新闻价值，这也是记者在选择报道角度时要特别考虑的问题。请看下面这则消息：

长沙有人开"自杀"玩笑

一名女青年爬到一栋8层楼顶上，叫嚷着跳楼自杀，引来数百人围观。110接到报警后，立即调动警员赶到现场，在群众协助下救出了该名女青年。这是7月5日下午5时至6时，发生在长沙市石油宿舍区的一幕。

据指挥救援的110干警介绍，女青年叫周艳，今年19岁，系长沙市县伍龙村人。这次是她今年以来在长沙城内的第4次"自杀"。今年5月30日

---

① 艾丰. 新闻写作方法论. 北京：人民日报出版社，1994.105
② 熊先志. 新闻采写术. 北京：新华出版社，2000.304

（端午节）上午9时30分，开福区公安局110处接到上级指令，奔赴松桂园人行天桥搭救欲跳桥自杀的女青年，她是周艳。在干警们的说服下，她从栏外跨回到天桥上，干警当即把她带回部队，安排梳洗后，问她为什么要"跳"。她拒绝回答，但流利准确地讲述了个人基本情况和家庭地址。干警们好言相劝，耐心细致地开导她。中午饭后，她情绪基本稳定。应她的要求，同意她自己回家。下午1时左右，110中心又接到有女青年准备在湘江二桥上跳桥自杀的电话。汪建国中队长忙再次率人赶到现场，发现仍是周艳。带回处警大队后，她还是不讲为什么要"跳"。副大队长唐建国见状，征得她的同意，和队友曾长明一起来回驱车80多公里，把她送回安沙镇家中。据唐建国讲，她家里很清贫，一家4口，弟弟念中专，父亲务农，母亲双目失明。她极不安心于农村生活。据悉，原先有人怀疑过她是否有精神障碍，后经精神病医院检查鉴定正常。6月份，市第四巡警大队也因为同一原因，通知她在长沙城内的亲戚接过她一次。

这次搭救她时，110干警史军被她掀了一巴掌，吐了一口痰。当晚，周艳已被强制送到市收容所。唐建国说，面对这样的"疯女"胡闹，他们真有点说不出的滋味。

这篇报道的事实是长沙县一名农村女青年四次来长沙城"自杀"，被干警搭救。报道还特别指出，这位19岁的女青年经精神病院鉴定并无精神障碍，只是极度不安心于农村生活。显然，她的种种举动有"胡闹"性质。如果是从她开"自杀"玩笑这点来报道，其报道价值不大，也就不必有闻必录。因为它对于农村青年的成长，对人们理解农村生活可能会产生误导。但仔细观之，这一事实中最有新闻价值的内容却因受报道角度的限制而没有突显出来，那就是110干警的高度负责的精神。他们为搭救这位女青年付出了很多，表现出高度的人道主义精神。如换成这个角度报道，其意义就不大一样了。

（3）选最能接近百姓利益的点。

我们知道，新闻价值中一个重要的要素就是接近性。具有接近特质的新闻最容易获得受众的青睐。因此，选最能接近百姓利益的点入手，其报道无疑就获得了一个最佳的视角。

过去，由于受众意识不强，一些报道特别是有关政府工作的报道、经济报道等，纯粹从工作的角度出发，结果把一些本来与读者利益息息相关的新闻事实弄得仿佛与之很遥远，读者产生不了兴趣。这已经引起了新闻业界的高度重视。范敬宜在担任《人民日报》总编辑时，多次提到要"从距离群众最近的角度来报道经济工作"，"找到最贴近群众的那个'点'"。他以《人民日报》

上的一个头版头条《节日追踪问菜价》为例，指出从群众最近的角度报道经济工作是搞活经济宣传的重要一环。像菜价这样的问题，如果单纯从政府工作的角度来报道也未尝不可，但体现不了与群众的心心相印。而该报1995年8月23日的《我国杂交小麦育种获重大突破》在这方面就做得不够，因而其价值就没有充分体现出来。范敬宜说，这是一条与亿万人民有密切关系的重要新闻，但是写法上过于专业化，与群众贴得不紧，读起来很枯燥，恐怕很少有人能读完。其实，这样的报道完全可以写得很贴近群众，写得亲切、有味。范敬宜鼓励记者们都来琢磨如何找到最贴近群众的那个"点"，并提出自己如果写这则报道，其导语可能是这样的：

几年前，一位农业技术员告诉农民，现在国家正在培养一种麦穗一尺多长、亩产可以达到千斤的杂交小麦，当场遭到一阵讪笑，认为这又是"大跃进"式的吹牛（这不是虚构的情节，而是记者亲身经历的场面）。可是今天，这种神话般的麦子对西北地区农民已不陌生。①

又如1999年初湖南主要媒体关于长株潭一体化的报道，不少媒体从长沙、株洲、湘潭三城一体化的规划、设想以及一些政策上和技术上的问题等方面加以报道。这些虽然告诉人们有关三个城市一体化的规划情况，但大都说的是政府行为，让普通百姓感到与自身利益联系不大。但另一家不太起眼的报纸却以"三市'融城'究竟能给老百姓带来哪些好处"入手，以系列报道的形式分别告诉读者"居民用电更便利"、"居民出行更便捷"、"居民存取款更快捷"、"拨打电话更简便"、"就业机会更多"，等等。这样老百姓就能感到省委省政府这一决策是一项造福于民的工程，读者对这样的新闻也就特别关注。②

（4）选人无我有的最新颖之点。

新闻记者常常面对的是同一个信息源，如果都按常规思维，写出来的报道极有可能千篇一律。这样的报道，让读者感觉不到新意，作为一个有创新精神的记者也是不愿为之的。因此，怎样才能不重复他人的报道角度是记者们经常思索的问题。《经济日报》记者詹国枢曾谈到他采写"人大"开幕式的一次经历。报道这样重大的会议，各路记者云集一堂。他心里很清楚，这是各大媒体都要尽显身手的采写活动。为了不重复他人的报道角度，他苦苦思索着新的角度。结果他别的不写，专记总理作政府工作报告时，哪个段落能在大会堂引起

---

① 范敬宜. 总编辑手记. 北京：人民日报出版社，1998. 194，198
② 郭光华. 舆论艺术论. 长沙：湖南人民出版社，2000. 206

掌声、掌声响亮的程度和持续的时间等，并将之写成特写——《大会堂里的掌声》。通过这一角度，既写出了大会堂里的气氛，又把代表们关心什么、拥护什么、迫切希望解决什么等问题间接地表达出来了。

选人无我有的新颖之点必须打破常规的思维定式，用求异思维和逆向思维来看待事物。求异思维是指向事物的非似性与差异性方面的一种思维方式。它力求发表与前人、众人不同的见解。当别人习惯于从某些角度去观察某些问题时，求异思维总是设法从新的不同的角度去观察事实。这种另辟蹊径的做法往往是对人云亦云的思维方式的挑战，是一种积极的创造性思维方式。

2004年11月7日，湖南省人民政府召开庆功会，庆祝袁隆平院士获世界粮食奖。这件事情是颇具新闻价值的，省会长沙几家媒体都对此作了报道。对于这样的会议新闻，如何报道会更好？比较四家媒体的报道，可以分出其高下。

先看四家媒体报道突出的是什么。第一家：《50万元奖给"杂交水稻之父"（主题）省府为袁隆平获世界粮食奖庆功（副题）》。第二家：《湖南50万元奖励袁隆平》。第三家：《省长三祝袁隆平（主题）省政府为袁隆平荣获世界粮食奖庆功（副题）》。第四家《三湘都市报》：《袁院士，请您坐中间（主题）省府庆祝袁隆平获世界粮食奖 周伯华省长亲自为功臣换座（副题）》。谁的标题做得最活？显然，四家中要数最后者。第一家与第二家强调的是50万元的奖励。重奖科学家，当然可以作为报道的价值依据，但如今这样的报道已不鲜见，无新鲜感，何况这一信息已通过所配的大幅照片表现出来了（照片就是袁院士双手接过50万元的大支票）。第三家和第四家的报道并没有在标题中将这一元素写入，前者突出的是"省长三祝"，后者突出的是"省长让座"，倒是给人耳目一新之感。而在"省长三祝"和"省长让座"之间比较，"省长让座"要更胜一筹。

从四篇报道的内容看，第一篇报道《50万元奖给"杂交水稻之父"》完全是按旧式会议报道的写法，导语先说省政府在哪儿开了一个什么会，然后就是说哪些领导参加了，在列举完省领导名单后，才提到"袁隆平以及广大科技人员代表参加了庆功会"。省政府为袁隆平庆功，主角是谁？当然是袁隆平！但这篇报道突出的是省政府的领导。这种主次不分的做法在强调改革会议报道的今天，已经显得很不合时宜。这则报道的主体部分也完全是程式化的会议报道写法，先是报道袁隆平获奖励后发表讲话，然后是领导讲话，最后才用背景材料介绍袁隆平所获奖项的地位。第二篇报道《湖南50万元奖励袁隆平》比起第一篇报道来，虽然也是一种程式化的写法，但它有了些进步。进步在哪？它没有在导语中罗列某某领导参加会议，而是让袁隆平唱了主角，说袁隆平得到了什么奖励，等等。第三篇报道《省长三祝袁隆平》抓住省长的"三个祝愿"为报道的主信息，比起前两篇来，其在信息选择上有了新意，它打破了会议报道程式化的老套路。值得注意的是，它的导语中已经有了省长给袁院士让座的内容，可见记者还是能抓住新鲜的事实写入报道，遗憾的是未能将它在标题中突出。因为"让座"比"祝愿"更有表现力。第四家媒体的报道《袁院士，请您坐中间》抓住了这一点，可说是独具慧眼。既在导语中突出来，又将它作为主标题，更是独具匠心。这则报道获湖南省好新闻一等奖，请看全文：

袁院士，请您坐中间（主题）

省府庆祝袁隆平获世界粮食奖　周伯华省长亲自为功臣换座（副题）

本报 11 月 8 日讯　　"让我们请袁隆平院士坐中间。"今天下午，省政府隆重召开袁隆平院士获世界粮食奖庆功大会，周伯华省长走上主席台时发现袁院士的座位未在中间，马上亲自动手把写有"袁隆平"三字的座位牌放到主席台正中，并恭请袁院士入座。看到这一幕开场插曲，会场上响起热烈掌声。

周伯华省长在庆功会上发表了热情洋溢的讲话，他祝贺袁隆平院士获得世界粮食奖、祝贺由其主持的超级杂交稻课题组提前一年实现了超级稻中稻研究第二期目标（即育成大面积亩产 800 公斤的水稻品种）。

周伯华强调说，为了选拔培养一批像袁隆平一样的世界一流专家院士，湖南的科技工作在资金使用上将突出重点项目、突出重点人才。

会上，省政府对袁隆平院士奖励 50 万元。袁隆平院士在致辞中说，自己仍有老骥伏枥的雄心壮志，争取在 2010 年完成超级杂交稻大面积亩产 900 公斤的第三期攻关目标。

今天，袁隆平还正式将世界粮食奖的 12.5 万美元奖金悉数捐献给了袁隆平农业科技奖励基金会。

采用逆向思维也是获得新颖的报道角度的有效途径。它是从相反的方向或角度来考察事物，从而发现人家没有注意到的新鲜事物和新颖内容。逆向思维对认识对象所采取的态度是否定性的，它敢于在众人诺诺之中，发谔谔之言。2006 年"三·八"妇女节前夕，境外某媒体登出一条爆炸性新闻《湖南 78 岁老妇第九次怀孕》，国内某网站也登消息《涟源 78 岁老太出现怀孕反应，自信是老来得子》。一时间，这一离奇的"新闻"迅速引起众多媒体和广大受众的关注。从写法来看，境外媒体的这篇报道通篇都是在营造一种真实可靠的语境：首先标题言之凿凿——"湖南 78 岁老妇第九次怀孕"。再看导语，一开头就是"可喜可贺！湖南省涟源市一名 78 岁的老妇朱玉梅第九次怀孕了"。将本该"可疑"的东西当成已认定的事实来贺喜了。并且，"当地计生委"已经在考虑"此次怀孕是否违反计划生育法"。再看主体及结尾，也是努力表明老妇人有妊娠反应，"已怀孕"这一"事实"已经由当地医院妇产科"初步确诊"，同时也获得了其子女的认可。国内某网站上所登的报道题为"涟源 78 岁老太出现怀孕反应，自信是老来得子"，同样也是在极力营构真实可靠的语境。不过它的话语策略稍有不同。它交代了"怀孕"的症状、"怀孕"的原因（与丈夫年前曾经同过房）、当事人的经验判断（已有过 8 次怀孕生育的历史），等等。但同城的另一家媒体《潇湘晨报》敢于对此持怀疑态度，通过核实，写出了一则很有影响力的报道正了视听。报道发布之后，反而成了独家新闻。记者请到了权威机构的权威人士作了鉴定。"记者邀请长沙市妇幼保健院VIP 国际妇产中心主任丁虹来到周玉梅家一探究竟，经过查证，所谓怀孕原来是滋补品作怪，周的肚子鼓胀只是脂肪堆积所致。"

【思考题】

1. 怎样理解新闻报道中的事实信息与附着信息？

2. 什么是新闻中的主信息和次信息？如何处理好主信息与次信息的关系？

3. 什么是新闻报道中的必要信息与冗余信息？它们对于新闻报道的意义分别是什么？

4. 信息组块的方式有哪些？其意义是什么？

5. 报道角度对于新闻报道有何意义？如何选好报道角度？

6. 比较下面两篇同题报道，分析它们在信息选择与信息组块上有何不同。

报道一

华农五山校区一中年男子被撞死

校方有关人士称，男子疑为肇事车在校内带路

新快报讯 昨天上午 8 时 30 分许，华南农业大学南门处发生一起交通事故，一辆黑色小车在进校时将一名中年男子撞倒，致其当场身亡。据校方有关人士称，肇事者和死者均不属校内人员，具体情况有待警方调查。

昨天上午 10 时许，记者赶到现场时，被撞男子的遗体已被运走，事发地面被清洗干净，但仍有残留的血迹。据目击者郭同学称，由于昨天是该校全日制自考新生报到日，所以人流量较大。事发时，他正坐在新生迎新点里，突然听到"砰"的一声巨响，转头望去看见一名男子倒在了马路边，血流满地。"那个男的 40 多岁，当时没有走在人行道上。"郭同学说，肇事车辆的速度很

快,撞人后又开出了十多米才被学校保安拦停。

郭同学称,肇事车辆的车牌为"粤H",被拦停后,一名身着黑色衣服的20多岁男司机下车查看,车上还有一名满头白发的老年乘客。"他们可能是参加东七实验楼职业考试的吧,开得比较急,人一多没留意就撞上了。"郭同学说,医护人员到场后证实被撞男子已死亡,而肇事者随后被警方带走调查。

校方有关人士表示,死者生前疑为肇事车辆在校内带路,但不知何故被撞死,肇事司机和死者均不是学校的学生或校工,与学校并无关系。而记者昨日驾车进入该校时,直接发卡驶入校区,并未有保安询问进校原因。

事故发生后,记者采访了该校学生刘同学,他表示,校区内有对进入车辆限速15公里/小时的规定。"校园内人来人往,如果超速行驶,将会造成严重威胁。"刘同学表示,希望学校能加强对进入校区的车辆管理,避免事故再次发生。

目前,事故的具体原因仍有待警方进一步调查。

报道二

华南农大校园车祸　男子被撞身亡

信息时报讯　前日上午8时30分许,华南农业大学南门处,一辆黑色本田雅阁轿车在进校时,将一名中年男子撞到,男子当场死亡。

记者调查发现,校园内虽然有交通警示标识,但由于学校没有执法权,这些标识没有法律效力,形同虚设。省人大代表朱列玉呼吁,交通管理应该延伸到校园。

事发在华南农业大学刚进南门20米处,记者赶到现场时,死者的尸体已经被殡仪馆车拉走,肇事车辆也被警方扣留,现场只留下冲洗现场的水迹。

事发时,郭同学正坐在校门内迎新点迎接新生,他说,8时30分左右听到一阵闷响,看见一名中年男子倒在了地上,鲜血直流,而肇事的黑色本田雅阁车撞人后还冲出了一二十米。120救护人员赶到后,证实男子已死亡。

"那辆车速度非常快,过了关卡后冲进校门。"另一名目击同学称,肇事车挂的是粤H肇庆牌照,开车的是一名穿黑色T恤的年轻男子,车上还坐有一位老人,昨天东七实验楼正进行某场职业资格证的考试,"他们可能是赶考场"。

事发后,肇事男子及车辆均被警方扣留。校方有关人士称,死者并非华农学生或职工,肇事车是肇庆车,司机也不是在校人员,而死者是给肇事车带路的,死者的具体身份也未查明,具体情况有待警方调查。

这起华农校园车祸并非唯一一例,2006年6月20日中午,一名骑自行车的女大学生被一辆小客车撞倒死亡。

昨日记者走访了多个大学校园，发现虽然校园内都有限速的标识，如限速、禁鸣喇叭、禁止停车等，但是因为这些交通标识没有法律效力，几乎变成了摆设。一进入校区内，司机行车快慢全凭自觉，校园内的交通安全也因此存在隐患。

昨日上午，记者来到暨南大学，一进校门就能醒目地看到限速20公里和禁止停车、禁鸣喇叭的图案。而在体育路上，一辆车在下坡快速驰过，时速也不低于20公里。

在中山大学南校区逸仙路上，一进门就可醒目地看到禁止停车图案，但在外国语学院门口却停着四辆小车，堵塞了出口。一名保安骑着摩托车巡逻发现后，在这四辆车上贴警告条。警告条上的落款是"广州市城市管理执法支队海珠支队中山大学中队"，并盖有中山大学综合治理监督办公室的公章。而记者了解到，由于学校没有执法权，并不会对车主进行罚款等处罚，车主去认个错便可放行。

在大学城的周同学说，大学城的道路非常宽敞，虽然有限速标志，但车的行驶速度非常快，看到路上有学生还会鸣喇叭。

第三章

新闻语言

　　传播离不开语言。新闻传播，不管是通过电子媒介还是纸质媒介，都离不开语言。特别是纸质传播，文字语言成了最为重要的载体。所以，谈新闻写作，就必须重视新闻语言的使用。

第一节　新闻语言的含义和特点

一、正确理解新闻语言

新闻语言即新闻作品的语言。从传播学的角度来讲，新闻传播是传者与受众之间的双向互动，这种互动就是以信息符码（Code）为媒介的编码与解码过程。通过什么样的文字语言把有价值的信息传达出去，从而让受众理解和接受，是新闻语言的艺术。然而，在相当一部分作家的眼里，新闻语言是一个贬义词，它成了公式化、概念化语言和大话、套话、空话的代名词。如语言大师老舍先生就对"新闻笔调"提出过尖锐的批评，他说，什么叫做"新闻笔调"呢？就是写得很肤浅。什么事都只写上几句，对人物思想感情缺乏深入的分析，甚至很庸俗。他举例说明新闻语言的贫乏：凡是说到火光时，必定说"火光熊熊"；凡是说到天亮时，必定说"天空已作鱼肚色"。我们的记者往往都有这一套修辞，大家都这样用，所以报纸上的语言看起来很贫乏。

老舍先生的批评是公正的。的确，有相当一部分新闻作品的语言非常糟糕。著名语言学家吕叔湘先生就曾经多次从像《人民日报》这样高级别的报纸上找出过一些语言方面的如用词不准、词语搭配不当的错误。

但是，这些都不是我们要提倡的新闻语言。新闻作品在语言方面存在的毛病，只是新闻语言中的毛病而已，不应该看成是新闻语言本身的问题。

要明确"新闻语言"的内涵，首先应把它与"新闻腔"加以区别。美联社编辑雷内·卡彭在一本书中将新闻报道的语言分为两类：一类是夸夸其谈、装腔作势的语言，一类是平易朴实的语言。他把前者称为"新闻腔"。他主张新闻报道应取后者，即用平易朴实的语言，坚决抛弃那种夸夸其谈、装腔作势的"新闻腔"。在我国新闻界，"新闻腔"具体表现为一种浮夸的、装腔作势的"大话"、"套话"，如"在……形势下"、"在……鼓舞下"、"在……基础上"、"大家一致认为"、"受到一致好评"等，这类"新闻腔"与我们所说的新闻语言是格格不入的。

新闻语言应当是在表达、传播新闻事实时的规范化语言，它有自己鲜明的特点。

二、新闻语言的特点

新闻语言的特点体现在三组两难困境的取舍之中，或者说，新闻语言的特点是由三组矛盾的要求构成的。这三组矛盾具体为：

（1）报道对象的专门性和报道传播的广泛性的矛盾。

新闻报道的对象取材于个别事实，往往限于某一专业、行业或部门，而报道的受众面却是跨行业和跨部门的。这组矛盾反映到新闻语言中则表现为：一方面，新闻语言如没有专门化色彩，则往往难以准确地报道新闻事实；另一方面，如果过于专门化又会使众多读者看不懂，从而影响传播效果。在这两难困境中，新闻语言当然得优先照顾受众广泛性这一点，因此不得不在语言的"专门性"上作出某些牺牲。

《经济日报》曾刊登过一篇报道《从煮饺子说到规模经济》，其是这样来介绍"规模经济"和"产品经济规模"的：

朋友，如果我向您提一个小的要求，请您帮我煮一个饺子，地道的韭菜、肉末、虾仁做馅儿，精白粉做皮儿的三鲜饺子；但不要多，只煮一个。您一定会说，别开玩笑了，要吃，咱就好好地下一锅，只煮一个，谁那么傻？

是的，即使只煮一个饺子，也得买菜、剁馅、擀皮儿、包馅、生火、烧水、下饺子……一道程序不能少，饺子虽然还是饺子，那"成本"恐怕就高得令人咋舌了。

但是朋友，您可知道，在咱们一些地区、一些企业、过去、现在（或许将来）还在干"只煮一个饺子"的傻事呢！

不过那不是煮饺子，而是办企业，出产品。

这就引起了"规模经济"和"产品经济规模"的话题。

"规模经济"与"产品经济规模"是经济学方面的专业性话题，如何向一般读者解释其含义就需要动动脑筋了。作者詹国枢巧妙地将它与老百姓日常生活中的"煮饺子"联系起来，使之变得通俗易懂。

施拉姆认为，有效的传播必须依赖于传受双方的经验范围。将专业性强的内容转换成通俗的内容，巧妙地以受众的经验为桥梁，从而完成新的信息传递。

（2）内容的准确性与语言的生动性的矛盾。

新闻报道的语言首先应当为内容服务，即准确真实地把握报道对象，不能有任何虚构和夸张。从这一点来看，新闻语言在生动性上是不及文学语言的。但新闻作品同样要讲文采，在表达上也要追求感染力，否则也不能算是好的新闻作品。在新闻语言中，准确性与生动性是对立统一的，当两者处于对立状态时，准确性应放在首位。

（3）报道的时效性与表达的精练性的矛盾。

新闻作品是"站着写"的作品。在报道过程中，往往是争分夺秒地抢时间把信息传播出去。在这种情况下，语言表达上要做到反复推敲、反复修改显然是不现实的，语言的粗糙也就在所难免。但我们不能以此为由而不考虑表达的精练性。对于读者来说，新闻作品同样是"站着读"的作品，只有那些用精练的语言表达的新闻作品才能真正为受众接受。报道的快速与报道语言的精练虽然也构成一对矛盾，但实际上是既求速度又求质量的高标准要求，解决这一矛盾的根本，在于作者平时要多练语言基本功，临阵时才得来全不费工夫。

第二节　新闻语言的基本要求

新闻语言的基本要求是由新闻报道的特点所决定的。我们知道，新闻报道的时效性强、篇幅有限、读者面广。为满足新闻报道的这些基本特点，不少人对新闻语言提出过不同的要求。我们将其归纳为五个方面，即准确、具体、简明、通俗和生动。

一、准确

语言准确是指新闻作品必须用准确的语言表达事实，既不能添枝加叶，也不允许措词不当的现象存在。

准确是新闻语言最明显的特点之一。新闻界历来把"准确、准确、再准确"奉为写作格言。新闻报道中的准确包括事实准确、思想准确和措词准确三个方面。措词准确与否直接影响到其他两个方面的准确性。新闻语言的准确性与新闻的真实性是密切相关的。

新闻语言要准确，必须注意以下三个方面：

（1）少用形容词，多用动词。

"少用形容词"，"要像挑选宝石与情人一样挑选形容词"，这是外国新闻学教授给学生立下的新闻写作规则。在新闻写作论著中，忌用形容词的警告很常见，如"形容词太多是危险的"，"只有懒惰而又蹩脚的记者才会在报道中堆砌形容词"。有一位报纸主编甚至对一位新手说："你若要使用形容词，事先必须得到我的同意。"

为何要提倡少用形容词呢？因为形容词往往带有主观感情色彩，对事物的把握一般是从量上着眼的。在使用时如失之分寸，在效果上则会走反面。诸如"极大的鼓舞"、"深刻的教育"等，往往被读者斥之为"空话"、"套话"，令人反感。

《美联社语法和用词的十条规定》就曾明确规定："牢记一个句子中至少有一个实体动词，这个词语应该是句子中最重要的词"，"通常的规律是尽可能选用及物动词，并用主动语态……"因为形容词用来表述事物的性质和状态没有动感，只有把动词用好才能增强行文的流动和变化，从而使文字展示出生动和优美的气韵，提高感染力，调动受众的感觉和阅读兴趣。毛泽东在解放战争时期所写的消息就是这方面的经典，请看其中一则：

我三十万大军胜利南渡长江

新华社长江前线 4 月 22 日电 英勇的人民解放军 21 日已有大约 30 万人渡过长江。渡江战斗于 20 日午夜开始，地点在芜湖、安庆之间。国民党反动派经营了三个半月的长江防线，遇着人民解放军好似摧枯拉朽，军无斗志，纷纷溃退。长江风平浪静，我军万船齐放，直取对岸，不到 24 小时，30 万人民解放军即已突破敌阵，占领南岸广大地区，现正向繁昌、铜陵、青阳、荻港、鲁港诸城进击中。人民解放军正以自己的英雄式的战斗，坚决地执行毛主席、朱总司令的命令。

消息仅 200 来字，却叙事清楚、内容丰富，把动态的美、战斗的激烈蕴含于字里行间。全篇气势澎湃，波澜壮阔，动静结合，画面优美，情景生动，激动人心。其中词语的斟酌特别是动词的运用恰到好处。

用准确的动词表现对象，这一情况同文学写作的要求是相通的。陀思妥耶夫斯基曾把"有一个小银元落在地上"改成"有个小银元，从桌上滚了下来，在地上叮叮当当地跳着。"用一个简单的动词和平常的象声词把句子稍加扩充，有了动感，增加了声音，韵律和美感也就出来了。

（2）注意词义的本义，分辨词义的差别。

一些记者在报道用词上，既爱套用旧说和典故，但又往往不顾词的本义，牵强附会，造成表述的不准确。如某人在体育比赛中得了冠军，报道就说"某某问鼎冠军"；某队失利，就说"某队未能染指金牌"，如此等等，经不起推敲。由于历史的积淀，一些词语的意义是不能轻易乱作变动的。举某报两例：一篇名为《学法为犯法 "卧虎"卧囚笼》的报道，写到绑架犯骆晓勇被湖南省桂阳公安局的民警抓获时，所用的小标题为"虎落平阳"。"虎落平阳遭犬欺"是有固定含义的，用在这里，就暗含了犯人与公安人员的关系是虎与犬的关系，显然是站不住脚的。又如报道《希波肉串"绿帽"名不副实》，说该产品不是绿色食品，自称绿色食品只能是"自带'绿帽'"。这也是词语乱用。"绿帽"一词有固定含义，将其与绿色食品标志等同，既不准确，也有失严肃。

福楼拜曾说过："不论我们所要描写的东西是什么，只有一个词可供使用。用一个动词要使对象生动，一个形容词使对象的性质鲜明。因此就得去寻找，直到找到了这个词。这个动词和形容词，而决不要满足于'差不多'，决不要利用蒙混的手法。"新闻语言的准确也要注意措词，不能以"差不多"来搪塞。有时即使一字之差，也会造成失真。

（3）不用含混不清的、笼统的词语。

新闻报道中，尽量不要用"不久以前"、"长期以来"、"最近"等打马虎眼的时间概念；尽量不要用"许多"、"难以计数"、"极少"、"广大群众"等比较笼统的词语；尽量不要用"差不多"、"也许"、"可能"等模棱两可的词语。

应当指出的是，新闻语言要求准确，一就是一，二就是二，但并不排斥模糊语言。这里的模糊语言是指语义所体现的概念外延，即概念的边缘区域没有泾渭分明的界限，而在中心区域，此概念与彼概念的区分是清楚的。如"早晨"与"中午"、"青年"与"中年"、"胖"与"瘦"等，这些词语所表示的概念外延，虽然没有可以"一刀切"的明确界限，但他们的中心区域是分明可辨的。在所有的文章和口语中，都存在模糊语言，新闻语言也概莫能外。例如，"南京市的绿化工作搞得好，近来到这里学习绿化的人越来越多。""前些天，北京的街头巷尾都在议论，酱油为啥脱销?"其中，表时间的词"近来"、"前些天"，表程度或范围的"越来越多"、"街头巷尾都在议论"、"搞得好"等，都是模糊语言，但用得都很恰当。可见，模糊语言并不等于模棱两可，它是依靠语义的模糊性而获得思想表达的确定性，是模糊与精确的辩证统一。

二、具体

所谓具体，就是原原本本地描述出事物的情况。新闻是对事实的报道，它要求把新闻六要素具体地说出来，有的还要求有现场感，如果语言表达不具体，这些要求都无法做到。

新闻语言要做到具体，就必须克服概念化的毛病。概念化的语言是缺乏表现力的。如"气温高达38摄氏度"就远比"天气很热"要明确有力；"掌声持续达10分钟"比"掌声经久不息"更具体化。试比较下面两则消息：

路透社北京12月7日电　"啊，新娘子，让我看看你的脸蛋吧!"正在中国访问的大平首相夫人大平志华子，7 日下午访问北京动物园，看望赠给日本的熊猫"欢欢"……

新华社北京 12 月 7 日电 大平首相的夫人大平志华子，今天下午由邓小平副总理的夫人卓琳陪同，到北京动物园观赏中国人民的礼物——大熊猫"欢欢"……

这是 1979 年 12 月日本大平首相夫人访华时两家通讯社发的消息，所报道的内容基本一致，但就报道的具体程度而言，前者显然要强于后者：它有场景，充满了生活气息和生动的感觉；而后者相对显得呆板些，缺少立体感和新鲜感。

具体的语言是血肉丰满的语言，概念化的语言是干瘪无力的语言。新闻语言要具体，在写作时应注意：

（1）尽量化抽象为具体。

在消息报道中，适当的概括是必要的，但如果通篇消息都是由一些概括性、抽象化的语言组成，读者读后可能留不下一点印象。如"中共××市委从本地科技战线的实际出发，踏踏实实地贯彻全国科学大会精神，使全市科技战线出现了朝气蓬勃的新局面"。这样的语言不具体，苍白无力。又如，有一位记者报道我们进行的人口普查工作，这次普查的确在世界范围内是规模空前的，如果记者光说"规模空前"则较为抽象，但他巧妙地将抽象化为具体："光是进行人口统计的人就住满一个大城市。7 月 1 日等着五百万人口普查员去完成的任务在规模上是空前的：统计世界上人口最多的国家中大约 10 亿人口。"这样就具体形象多了。

（2）多用子概念，少用母概念。

母概念外延较大，内涵较小；子概念则外延较小，内涵较大。一般来说，越是小的子概念，就越具体；越是大的母概念，也就越抽象。例如：

①一个人在吃东西。
②一个孩子正在吃水果。
③一个婴儿正在吮吸杨梅。

这三句话，一句比一句具体，原因在于两组概念：人——孩子——婴儿，东西——水果——杨梅，由母概念不断走向子概念。子概念通常是实指的，而实指的则能给人具体可感的印象。

普通语义学奠基人、波兰裔美国哲学家柯日布斯基曾提出著名的"抽象阶梯"（Abstraction Ladder）原理。他以苹果为例，对此作了如下说明：

①放在桌上的那个苹果。

②一般性的苹果。

③水果——由苹果、橘子、梨等抽象出来的共同点。

④食物——由水果、蔬菜、肉类等抽象出来的共同点。

⑤生活程度——从食物、房屋、汽车等抽象出来的共同点。

⑥经济制度——为生活程度、机械化金融事业等的共同点。

可见，语言可以在不同的层次上展示，从比较具体到越来越抽象，层次愈高愈抽象。新闻语言应该多用具体可感的概念，亦即抽象阶梯低的用语，以增强文字的感染力，最大限度地实现传播的效果。例如，美国联合通讯社的《美联社日志》用了一个示例来说明该通讯社对语言的具体要求：

不要去说"乔治·华莱士神经紧张"。要像某一篇稿子那样描写："在一次40分钟的飞行中间，他嚼了21根口香糖，他洗了一副牌，数了数。又洗了一遍。他看了看头上和脚下的云彩，系紧安全带，又把它松开了。"

（3）从写实出发，不轻易给报道对象作一般的评语。

有一位记者在报道原子弹爆炸时，完全从写实出发，说"用以放置原子弹的纲塔完全被融化"，"强光把整个试验地照得比最明亮的白天还要亮"，爆炸气浪把10千米外的两个人"猛地推倒在地上"，等等。这样写比"巨大的威力"一类的评语要具体得多。新华社有一位老同志在评价这篇新闻时说："这样写，比用一千个一万个形容词更有力、更能说明问题。"

新闻语言的具体不是细描式的，而是白描式的。白描的特点是用朴素、洗练的笔法将描写对象的主要特征表现出来，重在传神。但是，语言的具体并不等于取消概括，而是好的具体的新闻语言以一当十。获2002年度中国新闻奖的消息《楚米镇一封村民举报信从垃圾堆回到村民手中》，报道村民联名写信举报某些村干部侵占集体财产。举报信于6月15日交县纪委信访室，结果被一个小孩从镇党政办公室里的垃圾堆里捡到。消息抓住了这样一个细节：举报信上加盖了"中共桐梓县纪委信字76号2002年6月17日"的红章，并写有"转楚米镇党委某某书记阅"。本应在6月19日就摆在楚米镇党政主要领导案头处理的举报信，却大约在6月20日被一个小孩捡到。这里具体提到了红章与批示，文字不多，却具有很强的实证性和表现力。

三、简明

简明包括简洁、明了两方面的要求。新闻语言的简明要求体现了新闻简短性的原则，适用于一切新闻体裁。

简洁、明了的特点，在新闻报道中随处可见，例如：

欧洲大战于昨天拂晓爆发！
德国于今日黎明时分对荷兰、比利时、卢森堡不宣而战！
日本投降了！
人类今天登上月球。
伦敦瘫痪了！

这些都是记者写的一句话导语，相当简洁、明了，最适合新闻快节奏的传播。

简明是新闻语言长期形成的文风，它的精髓在于要言不烦。如何做到简明？可以从以下三个方面下工夫：

（1）在思考的能力上下工夫。

能准确把握事物的本质和要害，像医生扎银针一样找得准"穴位"。把重要的内容突出来了，不重要的东西就可以去掉。清人刘熙载在《艺概·文概》里说："约其辞文，去其烦重。""当无者尽无，当有者尽有。"记者的思考能力对于语言简明的意义在于能准确地区分"当无者"和"当有者"。正如鲁迅所说的"把可有可无的字、句、段删去"。如果分不清轻重主次，眉毛胡子一把抓，那么就无法做到删繁就简了。

（2）相信和尊重读者。

读者一看就懂的内容就不必反复解释，读者一猜就中的内容则只需点到为止。要学会省略，相信读者能把省略的部分补充完整。

（3）加强语言基本功的训练，努力学会用最简短的文字去表达较多的内容。

有一家晚报的某则新闻，其导语长达百余字：

市委纪委筹备昨天就长宁粮食局长、党委委员董耀祖利用职权，伙同他人非法取得20余套公房的支配权，并私自处理，从中收受贿赂，并将公房交换到的私房出售，与他人共同侵吞售得的赃款，以及盗卖公家建筑材料、贪污公款的典型案件发出通报。

有人做了修改，字数大大减少：

　　长宁区粮食局原副局长董耀祖，利用职权，伙同他人私分公房 20 多套，从中贪污受贿，得到了可耻的下场。市纪委（筹）昨天就这一典型案件发出通报。

　　两则导语相比，后者显然简明些。

　　语言是内容的载体，新闻语言的简明不仅指用字少，而且还要求负载的信息量要大。在追求简明的同时，一定要学会扩大语言的信息量。干巴巴无内容的语言，简是简了，但信息也少了，这不是简明，不算是好的新闻语言。

四、通俗

　　新闻语言是要让广大受众接受的语言，是要向千家万户传播的语言，如果不通俗，则"行之不远"，无法完成传播的任务。

　　新闻语言的通俗要求，鲜明地体现出一种受众意识。从受众的角度考虑，语言的通俗可从以下三个方面实施：

　　（1）尽量采用群众口语中新鲜活泼的语言，但不能乱用方言。

　　群众语言不仅富有表现力，还在于它来源于受众，既为受众所喜闻乐见，又给人以亲切感。记者在采访过程中必须留些心思。《人民日报》老记者刘衡在《新闻战线》1980 年第二期上撰文《用群众语言写稿》，将记者的语言和采访对象的群众语言对比：

　　我说："猪为六畜之首，养猪工作太重要了！"

　　他说："养了三年猪，田里旺得不可知。养猪，可以肥田。""种田不养猪，等于秀才不读书。不养猪，就要荒田。"

　　我说："养猪，饲料问题是第一位的。"

　　他说："养猪，首先要抓饲料。人不给猪吃，猪就不给人吃。"

　　我说："这猪养得真好！又肥又大。"

　　他说："你看这猪，滚瓜溜圆，肚子拖地。看见人走到跟前，都懒得动弹。"

　　我说："那个饲养员的责任心十分薄弱，把猪养得又瘦又小。"

　　他说："他呀，进门一把火，出门一把锁。饥一顿，饱一顿，喂得母猪缺奶，小猪像猴子。肉猪养了十多个月，还是皮包骨头，上不了秤。"

　　两相比较，群众语言通俗易懂、鲜活生动。

　　使用群众语言要注意控制方言土语的滥用。方言土语的通俗是局部的，超出一定的范围则变成了难以交流的语言。如上海人的"发嗲"（撒娇），广州人的"雯气"（麻烦），长沙人的"了难"（解决难题），若不加解释地搬上报纸，是无法令外人读懂的。

（2）对专业性、技术性很强的语言，要尽量作些通俗的解释、说明，不要生搬硬套进新闻中。例如：

中国辽宁省东沟县气象站不仅能够基本上准确地作出短期、中期和长期预报，而且还能作出超长期天气预报。

这其中"短期"、"中期"、"超长期"等意思，一般读者不易准确把握，法新社在转发这则消息时，就将它通俗化了：

法新社北京2月2日电 绝大多数气象站可以告诉你，今天、明天甚至两个星期内是否下雨，然而中国一个县气象站不仅可以做到这一切，还能相当有把握地对今后10年内的气象变化作出预报。

经过这一改动，内容进一步具体化，读者也易看懂了。

（3）尽量用读者熟悉的词语来表达，不用或少用读者生疏的词，更不要任意生造词语。

《中国电视报》曾刊载一篇题为《站定一个大字》的文章，文中好几处叫人读后摸不着头脑。例如，"采访，他交流日本去了。只好路访或电话晓得他的人，也只一分钟请一句话说潘小杨，算块口碑。"这种标新立异的表达语言，似乎成心让读者读不懂。用这样的传播语言，怎能产生好的传播效果？

五、生动

说到生动，也许有人会认为生动是属于文学语言的，新闻语言只要把事实说清楚即可。其实，新闻语言同样追求生动，当然，它不同于文学语言的生动。它通常是以朴实无华的语言去表现事实本身所包含的生动活泼的因素。如"最后一个英国士兵撤离埃及"，如果加上"默默地"改成"最后一个英国士兵默默地撤离埃及"，马上就生动了。"默默地"是英国士兵撤走时的神态，同时也令人联想起埃及人民的扬眉吐气。这种生动，从文学上来看很平凡，但在新闻中，它形象地表达出了对象的特征，既通俗又生动，非常富有表现力。

为了使语言生动，写作时要注意以下两点：

（1）要形象化，即通过形象化的语言去报道事实，努力使新闻报道有

"可视感"。请看 2004 年 10 月 7 日《长沙晚报》发表的《文家市的秋收》中的两段描写：

> 驻足在先辈们战斗过的高升岭战壕远眺，金灿灿的大地蓄满了醉人的稻香，花园般的工厂在绿色山林中洋溢着焰火般的喜悦……这一切，都让我们深切地感受到了老区的变化。

> 距广源饭店不远，就是秋收起义文家市会师旧址。在毛泽东当年住过的小院中，一棵百年石榴树顽强地展现着它的葱郁。我们眼前仿佛又出现了一代伟人奋笔疾书的场面："军叫工农革命，旗号镰刀斧头，修铜一带不停留，便向平浏直进。地主重重压迫，农民个个同仇。秋收时节暮云沉，霹雳一声暴动。"

这两段文字，前一段是将实景诗化，后一段是将虚景实化。虚实之间产生的意境既能让人产生身临其境的感觉，又能让人感受到字里行间流淌出的诗情画意。

（2）要寓庄于谐，表现生活中的情趣。这一点，在西方的新闻报道中表现得尤为突出。如《基辛格——三面人》中的一段：

> 基辛格夫妇仔细观赏从古墓中出土的文物，中国向导说："墓中的骨头表明，墓主人有不止一个妻子。"还说："中国古代，有的妇女可以有一个以上的丈夫。""一个妻子有几个丈夫吗？"基辛格瞧着妻子说："我们可不喜欢那个时候！"基辛格夫人大笑起来。……一位摄影记者请他在一匹同真马一样大小的陶马前摆好姿势照张相，他说："是不是要我骑上它跑到大门外？"在场的中国人无不捧腹大笑。当基辛格夫人中途告辞去商店购物时，基辛格把脑袋凑上前去，对夫人的中国向导说："请你们把贵重商品统统藏起来好吗？"

身居要位，又从事严肃国事访问的基辛格，谈话却充满幽默与生活情趣。记者敏锐地抓住了这一点，朴实地将其言谈记录下来，恰到好处地表现了基辛格的另一面。这样的内容十分生动，可读性极强。

【思考题】

1. 如何理解新闻语言的特点？
2. 新闻语言的基本要求有哪些？
3. 怎样才能使新闻语言准确？
4. 新闻语言讲求具体，其根本原因何在？

第四章

新闻报道文体

新闻文体大致包括新闻报道文体和新闻评论文体两大类。本书只涉及前者。

新闻报道文体是新闻文体中最为活跃的一个大类，它是指新闻体裁中以文字表现的各种报道形式。

第一节　新闻报道文体的内在规定性

一、从"新闻六要素"谈起

新闻的"要素说"起始于美联社记者约翰·唐宁和编辑梅尔维尔·E. 斯通。1889 年 3 月 30 日，唐宁向美联社发回一则长消息，其开头部分将新闻事实的梗概交代得很清楚：

萨莫亚·阿庞亚 3 月 30 日电　南太平洋沿岸有史以来最猛烈、破坏性最大的风暴，于 3 月 16 日横扫萨莫亚群岛。结果，有 6 条战舰和 10 条其他船只要么被掀到港口附近的珊瑚礁上摔得粉身碎骨，要么被掀到阿庞亚小城的海滩上搁浅。与此同时，美国和德国的 142 名海军官兵有的葬身珊瑚礁上，有的则在远离家乡万里之外的无名墓地上，为自己找到永远安息的场所。

在这一部分，时间、地点、人物、事件、原因都有交代，给了读者一个相对完整的事实信息。这一写法得到美联社主编斯通的倡导。他将时间、地点、人物、事件、原因等要素称为新闻要素"五 W"，即人们所说的"新闻五要素"——"何时"（When）、"何地"（Where）、"何人"（Who）、"何事"（What）、"为何"（Why）。斯通认为，一则新闻必须具备这五个方面的信息，才算把新闻事实说明白。并且提出，美联社记者所发的每一条新闻报道都必须具备五个"W"。20 世纪 20 年代以前，"五 W"是新闻写作的基本原则。1932年，美国新闻学者麦格杜戈尔又提出了新闻的第六个要素"如何"（How），从而形成 五个"W"和一个"H"的新闻六要素。

五个"W"和一个"H"这六要素对于一则新闻的确十分重要，但并不是说每一个要素在每一篇报道中都扮演着同样重要的角色。按照它们在新闻报道中所起的作用，我们将它们分为两大类，如下表所示：

标识要素	中心要素
何时（When）	何事（What）
何地（Where）	为何（Why）
何人（Who）	如何（How）

（1）标识要素。

所谓标识要素，就是该类要素在报道中只具有功能性的意义，这个功能就是标明事实的实有性。新闻六要素的"何时"、"何地"、"何人"三个要素，它们的功能实质上就是对事实真实性所作出的一种标识，是对事实实有性的确定。这三个要素仿如三条缆索，将新闻事实这一船只牢牢地锚定在"真实、实有"这一区间。

正是因为何时、何地、何人等要素有着标明"真实、实有"的功能，所以，写作时总是要求这些要素非常精确具体。任何打马虎眼的标识，都会直接影响人们对新闻事实真实、实有性的认可。这个道理，当年延安《解放日报》上的《从五个"W"谈起》就有过论述。文章对那些在时间、地点、人物等指示性标识上打马虎眼的做法提出了尖锐的批评："说到时间，就常常可以看到'不久以前'、'上旬'、'日前'、'同时'这类笼统的话头，有时甚至连这些'大概'的日期都没有一个"，"说到地点，许多村庄、小据点，属于何县，居何方位，常常不加标明，有的虽然标了一下，但范围很大"，"说到人名，往往有名无姓，有姓无名，有头衔无姓名，有姓名无略历"，这样的报道"道听途说，信笔撰写，可以不花多大力气"，"可是，新闻的确实程度却因此大大打了折扣"①。

在新闻报道中如果这些标识要素不明确，事实就会给人欠真实之感。以曾获全国好新闻奖的报道《马下双驹》为例。"马下双驹"是罕见之事，为了让人确信其事，更应该在具有标识性功能的要素上严格加以确认，但这篇作品提供的地点是"内蒙古自治区正镶白旗草原上"。"旗"相当于内地一个县的建制，下面还应有公社、大队、生产队，但都没标出。对此，《人民铁道》报高级编辑严介生提出了很中肯的意见："奇事珍闻报道中的一个重要问题是置信度，写明白具体地点，对增加置信度来说是相当关键的。"严先生还对作品未交代马的"归属"问题提出了批评："它是哪个生产队的或哪位牧民家的？作品只标出正镶白旗草原上一匹甘草黄骒马生下了双驹"，"好像报道的是一头无主的野生动物产仔"②。

（2）中心要素。

所谓中心要素，就是该类要素在报道中处于中心地位，是报道所要传播的

---

① 从五个"W"谈起. 解放日报，1945－12－13
② 严介生. 美中不足——评析72篇好新闻的疵点. 北京：中国广播电视出版社，1993.258～259

主信息。

标识要素客观存在于事实之中，不受记者主观因素的影响，记者只需在报道中如实记录即可。也就是说，同一事实中的这三个要素，不管是在哪个记者的报道中都只能是一样的，除非他的报道失真。中心要素则不然，它可能会因记者的观察角度而有所差异。例如，对某一事实（"何事"）进行报道，记者可选择不同的角度报道之；对事实过程的展示，不同的报道在某些环节上的详略取舍是不完全一样的。又如，对某一事实的原因（"为何"）的探析，有些报道抓的是直接原因，而有些抓的是间接原因；有些报道抓到了主要原因，有些则只是抓到了次要原因。如此等等。

二、中心要素与报道文体

"何事"、"如何"、"为何"三个中心要素总是分别在不同的报道中扮演中心角色。

有学者对新闻的六要素从认识的角度作了三个层次的划分：

"何事"与"何人"、"何时"、"何地"要素是属于第一层次的。它们确定一事物的几个基本特征，规定了一事物在时间、空间的具体存在。

"如何"是认识的第二个层次，叙述事物的运动轨迹和状态。

"为何"是认识的第三个层次，所探寻的是事物之间的本质联系。对促成事物的内因和外因进行推测解释，溯其根源，求其真相，判其出路。

"同认识上的这三个层次相适应的，在新闻写作中便出现了不同的新闻体裁：侧重于全过程概括的消息、侧重于事物发生原因探索的新闻调查和解释性新闻以及侧重于运动状态描述的通讯。"[①]

很明显，"何事"、"如何"、"为何"三个要素在不同的报道中都分别处于中心地位。并且我们还可以看到，报道中的中心要素实际上形成了报道的旨趣，它与报道文体关联密切。也就是说，消息类的报道以"何事"为中心，通讯类的报道以"如何"为中心，而解释类的报道则以"为何"为中心。

下面不妨分别对三个中心要素与不同报道文体的联系情况作一简单的分析：

（1）以"何事"为中心要素的报道。

这方面，洪天国先生有过精当的描述，他将以"何事"为中心的报道中新闻六要素之间的关系设计成"太阳系图式"。他认为："在通常情况下，'何

---

① 胡欣. 新闻写作学. 武汉：武汉大学出版社，1998.14；樊凡. 中西新闻比较论. 武汉：武汉出版社，1994.229

事'和'何时'两要素最为重要，两者又以'何事'最突出，它是新闻的核心，就像太阳系中的太阳；另外几个要素次要些，常常是补充、解释'何事'的，是太阳系中的行星。"① 洪天国先生所确定的以"何事"为中心的报道很切合纯客观报道的情况。在纯客观报道的五个"W"和一个"H"中，前四个"W"能构成一个完整的信息，传递事实的现状，How 处于次要地位，Why 处于从属地位，往往可以简略。美国老报人乔治·A. 霍夫在《新闻写作》一书中指出，纯客观报道中的六要素，What 最重要，紧接着是 Who，再其次是 Where 和 When，Why 和 How 虽也重要，但一般隶属于其他四个"W"。②

以"何事"为中心的报道，一般都只满足于事实表层信息的传播，以动态类的事件性消息最具代表性。以下面这则消息为例说明之。

印度尼西亚热卖印有本·拉登头像的 T 恤衫

在美国要求阿富汗塔利班交出本·拉登的同时，本·拉登竟在印度尼西亚成了人们的偶像。印有本·拉登头像的 T 恤衫现在在印尼成了抢手货。

一个印制并销售 T 恤衫的 30 岁女人穆提亚告诉路透社的记者说，自从9·11事件后美国开始谴责本·拉登以来，印有本·拉登头像的 T 恤衫就卖得特别快。

穆提亚头戴面纱，她经营的商店里不仅卖这种 T 恤衫，还销售各种伊斯兰教的书和磁带。她说："这些 T 恤衫代表了我们的想法。本·拉登是个英雄，是伊斯兰和人权的保卫者。"

印有本·拉登头像的 T 恤衫分三种样式。其中一种上面写着："伊斯兰是我的生命。"但是并不是所有来买 T 恤衫的人都要表达这种想法，有很多年轻人只是觉得新鲜，赶个时髦而已。24 岁的学生塞提阿万说："我早就听说这个商店了，但是我从来没来过，这是我第一次光顾，我的好多朋友都买了。"

印度尼西亚是世界上人口最多的穆斯林国家。

这则消息中，"印有本·拉登头像的 T 恤衫现在在印尼成了抢手货"是其主信息。这一信息中，何时、何地、何人、何事囊括其中，消息的主体部分均是围绕这一主信息而展开的。消息结尾提到"印度尼西亚是世界上人口最多的穆斯林国家"，可视为是有关这一事实的"为何"内容，但只是一笔带过，点到为止。

---

① 洪天国. 现代新闻写作技巧. 北京：中国新闻出版社，1986.4
② 樊凡. 中西新闻比较论. 武汉：武汉出版社，1994.223

（2）以"如何"为中心要素的报道。

无论是中国的通讯，还是西方的特写类报道，"如何"这一要素在详细展示事物的过程方面有着特殊的功能。按照通行的说法，通讯即"运用多种表现方法比较深入而又详细地报道真实的客观事物的新闻文体"。特写则是"以形象化手法，将新闻事件、人物、场景、动作等具体、生动地再现出来的报道"①。显然，这类报道的旨趣在于充分展示对象的"如何"。

从信息层次上来看，有关报道对象"如何"这一层次的信息比起关于"何事"的信息来要深入了一层。梁衡在谈到消息与通讯的异同时说，能写成通讯的内容，必定能写出一则消息，这是因为"通讯中必须有一颗消息的内核"；但能写成消息的内容，却未必能写出一篇通讯，其中一个重要原因就是通讯比消息更集中、更典型。"消息可以是某一点刚露头的信息，可以是事物的一瞬，是枝叶花絮；通讯则无论长短必须有完整的思想、形象和过程，是一个独立的整体。消息是靠信息的真实、新鲜、适用而取悦读者的，而通讯在完成这层功能时，又特别强调个性的魅力。说到底，通讯是更集中化、个性化、典型化的信息。但相对消息来说，我们不能要求它每一条都是典型，它的主要任务是要新、要广、要快，而许多也许符合新、广、快标准的信息却不能拿来写通讯，因为它不典型，不反映深层规律和本质。例如，许多突发事件、珍闻、趣闻就是这样。"② 显然，仅仅报道"发生了什么事"而没有深入到"事实是如何发生的"这一层次，是难以反映出其深层次规律和本质的。通讯特写类的报道，其旨趣就在于将报道对象的"如何"展示得详细生动，以吸引读者。因此，有些报道以时间顺序为结构线索，为的是清晰地展示出事物的发展过程；有些报道着意设置悬念，为的是将事物发展过程写得波澜起伏、引人入胜；有些报道抓住某一典型的生活片断进行精雕细刻，以充分发掘这一生活片断中每一处细节的信息。写作者的兴致与能力在这方面可以说是作了毫无保留的投入。

（3）以"为何"为中心要素的报道。

这类报道围绕六要素中的"为何"展开解释，以解释性报道最为典型。刘明华教授指出，回答"为何"，是解释性报道的基本特征。也就是说，与传统的客观报道相比，两者的重心不同。传统的客观报道要求说明五个"W"和一个"H"；在这种消息中，重心是"何事"，而"何时"、"何地"、"何人"以及"为何"这几个新闻要素都是用来说明"何事"的。"为何"、"如

---

① 甘惜分. 新闻学大辞典. 郑州：河南人民出版社，1993.158，160
② 梁衡. 从消息到通讯. 新闻战线，1997（12）

何"两个要素一般只作简单的交代，解释直接的或部分的原因，用来补充新闻中的"何事"这一要素。而解释性报道则是以"为何"为中心，说明造成某一事实的根本原因。①

以"为何"为中心要素的报道还有分析类报道和调查类报道，它们都以揭示事物深层次的原因为报道旨趣。如果说以"如何"为中心要素的报道在努力再现事物的运动轨迹，让人产生如临其境的真实感觉，就像一道数学题一样，以"何事"为中心要素的报道只告诉读者运算结果，而以"如何"为中心要素的报道则重在将演算过程演示给读者，那么，以"为何"为中心要素的报道则重在揭示事物的成因。可以说，"何事"、"如何"类报道是"务实"性的报道，而"为何"类报道则是"务虚"性的，它绝对不能是简单地摆出事实，而是要作进一步的解释、分析或是作深入的调查研究以解剖事物的实质。

从上面的分析中可以看出，中心要素与报道文体关联密切。反过来说，不同的文体正好适合以不同中心要素为重心的报道。

以"何事"为中心要素的报道，其重心就在于快速报道事实最新变化的现状和面貌。它注重事物发展过程中的某一个"点"，所以它通常不去展开事实过程。其报道行为指向一是明确事实，二是反映动态。这一点从标题上就可看出，如《我三十万大军胜利南渡长江》、《"梁山伯"结婚了》、《中国政府恢复对香港行使主权》、《北约野蛮轰炸我驻南使馆》，等等。

以"如何"为中心要素的报道，其重心在于展示报道对象发展变化的过程和轨迹。不能只报道对象发生了怎样的变化，而应清楚地表现出是怎样变化的。从报道的标题也能看出这一点，如《为了六十一个阶级兄弟》、《东方风来满眼春——邓小平同志在深圳纪实》、《十亿元大骗局的破产》，等等。

以"为何"为中心要素的报道，以深刻揭示"新闻背后的新闻"见长，或着重解释新闻事实形成的原因，或分析事实发展的走向和产生的意义，或调查研究事实背后的复杂原因，等等。同样，其目标指向在报道的标题中也昭然若揭，如《渤海二号钻井船翻沉事故说明了什么》、《贝京为什么要辞职》、《美国黑人寿命连续缩短，一些官员认为是里根经济政策所致》、《触目惊心，发人深省——晋江假药案初析》，等等。

---

① 刘明华. 西方新闻采访写作. 北京：中国人民大学出版社，1993. 82

第二节　新闻报道文体沿革

一、消息的沿革

消息是新闻报道文体中的主角，是新闻报道中运用得最广泛的报道形式。

消息作为一种文体，是新闻事业发展的产物。中国古代的"邸报"等报纸，上面的文章都是皇帝的诏书谕旨、起居言行及宫廷的法令、公报以及大臣的章奏疏折、官员的升降调动等，谈不上是今天所说的消息。

明朝中叶出现的"京报"，内容与邸报相似，但也偶尔刊登一些探报人写的社会新闻等篇什，其中有的作品在形式和写法上已初具消息的某些素质。如明熹宗天启六年五月初六（1626 年 5 月 30 日），北京王恭厂火药库爆炸，京报对此详加报道，时间、地点、人物、事件经过、事发原因等新闻要素均交代得十分清楚。但这类文章极少，没有形成独立的新闻文体。

19 世纪初，诞生了近代中文报刊。1815 年 8 月 5 日，英国传教士在马六甲创办了《察世俗每月统计传》，这是历史上第一家近代中文报刊。它所刊内容大半是传教文字，在为数有限的"新闻"中，一般也是模仿中国古典散文的表述方式。

此后，随着《申报》、《新闻报》等商业性报刊的创办，新闻信息受到重视，旧的写作模式开始有所突破。1862 年 9 月 6 日《上海新报》有一则关于太平天国的消息是这样写的：

克复嘉前一日，已经官兵攻打一仗。次日西兵攻城约有二点一刻，其城即破。英华众兵同时进城，城内发贼无多，杀伤者不过二百余名。英军受伤十六名，阵亡一名，法兵受伤四名，常胜军死亡受伤十二名。

这则消息新闻要素基本齐全，已具消息写作的雏形，但文体特征还不十分明显。而在同一时期，国外消息文体已趋成熟。1861 年 4 月 12 日的《纽约世界报》上已经出现倒金字塔式结构的消息：

炮弹开花，内战爆发。今晨四时，沙利文岛、英里斯岛以及其他阵地的炮台向萨姆特要塞开火，萨姆特要塞予以还击，炮轰激烈，经久不息……

这则消息已把最重要、最新鲜的事实突出地摆在了文章的开头，突出了其新闻价值。

消息文体的变革与其传发手段有很大关系。在我国，1881 年 12 月铺设了天津到上海的有线电报线路，时隔不到一个月，《申报》驻京记者就由天津向上海发回一则专电。电报业务的发展给新闻传送带来了方便。但由于电报费用昂贵，记者对电讯字斟句酌，尽可能地删去一切空话和议论，只简洁朴实地直陈其事，这对消息文体产生了一定的影响。随着报纸上新闻专电的逐渐增加，叙述加议论的消息却逐渐减少，议论和新闻分离的趋势日渐明显。可见，新闻专电的出现是消息文体走向成熟的一个标志。

"五四"运动前后，西风东渐，西方的新闻写作方法被介绍到中国。20 世纪 20 年代上海的《商报》、《新闻报》，北京的《晨报》等开始运用新闻导语。到了 30 年代，新闻导语的普及程度大大提高。并且，随着新闻信息的增加，开始出现了一些综合性消息。这样，消息这一文体已基本上众体兼备：既有适合于报道突发事件的一事一报式的动态性消息，也有适合于组织较多内容的综合性消息。

二、通讯的演变

通讯产生于电讯事业之前，当时记者或通讯员要向报社传递外埠新闻，一般采用书信传递的方式。因此，这一类报道最初被称为"某地通信"或"某国通信"。有了电讯事业之后，由于电报费用昂贵，所发的电讯稿只能用字简短，故往往难以表达详尽的内容。在这种情况下，驻外埠的记者在发电讯后，有时还另著文详述事件始末，通过邮政寄回报社。虽不及电讯来得快，却比电讯内容详尽得多，也很受读者欢迎，故逐渐发展成一种与消息相互独立又相互补充的新闻文体。到了 20 世纪 20 年代，"通信"正式被改名为"通讯"，而后沿用至今。

据新闻学史料记载，1870 年我国著名报人王韬出游西方国家，目睹普法战争情况后，写了《普法观战记》；后又赴日本，写了《扶桑游记》。文章叙事详细、文笔生动，令人大开眼界；可以说是我国最早的通讯。辛亥革命后，著名记者黄远生任《申报》驻京记者，1912 年为上海报纸写"北京通信" 168 篇，正式奠定了通讯这一文体的地位。

早期的通讯，品种较为单一，以纪实性通讯与旅游考察通讯居多，人物通讯极少。到了 20 世纪 40 年代，解放区报刊出现了大量的人物通讯和一些事件通讯。后来，旅游考察通讯逐渐演变为能展示社会面貌的风貌通讯。此后，专访的勃兴也突破了人物通讯的固有模式，展示出了新的活力。

20 世纪 50 年代,我国经济建设日益发展,产生了工作通讯。工作通讯是记者报道生活、思考现实工作中某些具有全局性意义的问题的一种特殊通讯文体。它除了新闻性外,还有一个很重要的特征,即指导性。因此,它除了一般的叙述新闻事实外,还带有一定的研究和评论色彩,写法上有述有评、虚实结合。20 世纪 70 年代末,工作通讯进一步发展,出现了"采访札记"、"记者见闻"等新的报道形式。

工作通讯在报道问题和经验的同时,还特别注意对它们加以深刻的分析,努力找出带规律性的东西来,使得其理论色彩、研究特色都显得比较强,给人以高屋建瓴之感,如《经济日报》发表的工作通讯《发展看"九"稳定看"十"——关于两个百分比的思考》就是这样的范例。这篇通讯首先讨论 1993 年国民经济和社会发展的两个百分比,即国内生产总值比上年增长 13.4%,零售物价指数比上年上涨了 13%。这两个百分比是一喜一忧,经济高速增长是好事,但高速度的后面有"经济过热"的隐忧。然后引用经济学家的意见对此进行了分析,提出"9% 是速度与效益的最佳结合点","10% 是一般通货膨胀与严重通货膨胀的分界点"。文章结合权威的意见分析,指出发展速度如果超过 10%,我们就会为持续的超高速增长付出代价;另外,以通货膨胀刺激经济增长的理论已被实践证明是行不通的,我们不可过高地估计群众的承受能力。文章最后还分析了投资率不宜超过 30%,这是"另一个关键的 30%"。这篇工作通讯的政策性、理论性都很强,能将权威的意见与记者的分析融为一体,对于回答当时人们议论最多的话题——"速度与物价问题"有很强的说服力,从而起到了较好的导向作用。

需要说明的是,工作通讯的这种深刻性是与它所揭示的问题的普遍性联系在一起的。工作通讯在对某一问题或某种经验作分析、研究时,既要深入研究,把它弄懂钻透,又必须从全局出发,对全部的材料进行科学的综合、分析,挖掘其中蕴含的思想意义。从这个意义上讲,工作通讯已经突破了那种泛泛而谈的叙事形式,逐渐向深度和广度方面拓展。也就是说,工作通讯实际上已经演变成为深度报道的一种形式。在今天,工作通讯越来越多地承担着解释性任务。如前所言,工作通讯与经济生活息息相关,经济的发展和经济建设的全面展开也在推动深度报道在此方面的探索。复旦大学的张骏德教授在分析我国深度报道的发展前景时认为,"经济领域的深度报道在数量上增加、质量上提高","中国加入世贸组织以后,全球化视野的经济领域深度报道将是深度报道的一个持续热点。'新生代'财经媒体,主要报道品种就是深度报道,以入世后的中国经济的变革作为总的报道对象，加强了宏观分析"①。可以说，在今天，将工作通讯纳入深度报道这一大类来介绍，更符合实际情况。

三、深度报道的兴起

"深度报道"一词译自英文 In-depth Reports，也有译作"深入报道"的。它本来是一种西方通用的新闻术语。"深度报道"是与客观报道相对而言的。日本学者武市英雄在《日美新闻史话》中说："在美国，虽然重视客观报道，但进入 20 世纪，特别是 20 世纪 30 年代起，也开始感到了客观报道的局限性和矛盾。尽管如此，人们并非采用主观报道方式。"深度报道出现后，西方整个报道文体遂构成二分天下之势：一是动态报道，即西方的所谓纯客观报道；二是深度报道。

关于西方深度报道的兴起，学界有不同的说法。不少学者认为，一些外在因素，如第一次世界大战、1929 年美国经济危机等复杂的社会变动导致了人们对社会事件的困惑，纷纷要求新闻报道提供新闻事实的内情和意义。美国著名的新闻学家李普曼就指出，面对复杂的、不断涌现的诸多事实，新闻报道"如果不加说明，它本身的意义将是不清楚的。于是一个时期开始了。在这个时期，'为什么'变得同'什么'一样重要。如果一个华盛顿的记者只告诉人们发生了什么，而没有告诉原因并指出意义，那么他只干了他工作的一半"②。

报纸媒介作解释性报道，的确是"理想的角色"。它在运用背景材料时不受时空限制，捭阖自如；深入浅出，游刃有余。因此，在实践当中，以解释性报道为代表的深度报道获得了极大的发展，深度报道成了与消息、通讯并立的一大类文体。日本创价大学教授新井直之早就预言："今后的报纸，解说的重要性将日益增加。如果说报业史的第一阶段是'政论报纸'的时代，第二阶段是'报道报纸'的时代，那么，今后即将到来的第三阶段就可能是'解说报纸'的时代。"③

中国的深度报道起源于何时，这在学界存有争议。一些学者认为，20 世纪 80 年代美国高普鲁来中国介绍深度报道，只是一个强大的外在推动力，加速了中国深度报道的发展，事实上，中国的深度报道早已有之。例如，有学者认为，中国在辛亥革命前后就已经出现以解释性、述评性新闻为代表的深度报道。辛亥革命时期，为了适应当时纷繁复杂的形势，在新闻报道中就有了夹叙

---

① 张骏德. 深度报道的运用与发展态势. 中国记者，2003（7）
② ［美］麦尔文·曼切尔. 新闻报道与写作. 北京：中国广播电视出版社，1984. 166
③ ［日］和田洋一等. 新闻学概论. 北京：中国新闻出版社，1985. 70

夹议的新闻分析和对同一类重大事件的综合报道。蓝鸿文先生也认为，如按中外学者对深度报道的解释来看，我们过去有些写得有深度的报道也可列入深度报道的范围。

还有学者认为，民初著名记者黄远生的通讯就可以看作是解释性通讯，也就是今天的深度报道。李良荣先生在《中国报纸文体发展概要》一书中将黄远生的"通信"称为"解释性通讯"，他说："把黄远生的通讯称为解释性通讯，是因为他的大部分通讯不像纪实通讯那样平实地报告一件事，而是围绕一个新闻事件，提供大量的背景材料，揭示事件的本质，分析其利弊得失，预示其发展趋势，不仅报告'是什么'、'怎么样'，重点在揭示'为什么'。这在当时是新颖的表现手法，很像目前西方流行的解释性新闻。"

邵飘萍的一些通信侧重于分析国内外局势和纷繁复杂的战事，以分析事件的发展趋势和走向为主，这类报道实质上也具有了深度报道的特性。例如，《国会问题变化真相》（1917 年 9 月 3 日）、《西南问题之真相》（1917 年 9 月 17 日）、《西南形势与纠纷》（1917 年 10 月 19 日）、《两广形势之复杂》（1917 年 10 月 23 日）、《两广之今后》（1917 年 10 月 29 日）、《主战主和之里面》（1917 年 11 月 26 日）、《时局之过去现在未来》（1918 年 1 月 17 日）等文章。在这些文章中，邵飘萍详细分析了湘粤、川滇、两广的局势，对各地战争发生的内部原因进行了分析，并对时局的未来进行了预测。

毛泽东等人写作的一批调查性报道与今天深度报道中的调查类报道十分相似。如《湖南农民运动考察报告》，文章对湖南农民运动的现状及形成原因、形成过程和发展趋势都作了详尽的调查分析；又如，1931 年 10 月 1 日《申报》上刊登的杜重远的调查报道《景德镇瓷业调查》，文章讲述了景德镇瓷业的历史，展现了景德镇瓷业的现状，用大量数据说明景德镇瓷业正在走向衰退，揭示了瓷业衰退的原因，并提出了振兴景德镇瓷业的措施。

虽然我国有部分学者已经认识到深度报道起源于辛亥革命时期，但是对这段时期深度报道起源没有进行详尽的论述，因此大部分人还是倾向于将深度报道看成是起源于 1980 年代。一个标志性的事件是 20 世纪 80 年代初，美国内布拉斯加大学新闻学院尼尔·高普鲁的《深度报道论》介绍到我国。这个时期出现了一大批优秀的深度报道。1987 年第八届全国好新闻评选时，增设了"深度报道"这一新体裁，标志着深度报道作为一类新的报道体裁已经登上了领奖台。随着实践界的探索和理论界的推动，近 20 多年来，深度报道在中国获得了进一步的发展与完善，形成了一个颇为壮观的新闻文体新家族。

第三节　新闻报道文体类型

一、消息的类型

对消息类型的划分一般有三种方式。

按报道分工的范围可划分为经济新闻、科技新闻、军事新闻、文艺新闻、体育新闻、会议新闻和社会新闻等。

按篇幅长短可划分为一句话新闻、简讯、短消息和长消息等。

按报道的内容可划分为动态新闻、综合新闻、经验新闻、人物新闻和社会新闻等。

三种分类方式虽各有其方便之处，但也有不尽如人意的地方。关键是它们都较少从文体的内在规定性上来考虑问题。

还有一种分类方法，其将新闻分为"动态类"和"综合类"两大块。这种划分有点接近西方的划分方式。

西方以是否具有"事件性"为标准，将新闻分为"事件性新闻"与"非事件性新闻"两大类。这种划分看上去虽然比较粗线条，但它抓住了两者之间实质性的区别。

按《新闻学大辞典》的解释，所谓事件性新闻，是指"以一个独立的新闻事件为核心而展开的新闻报道。它十分强调新闻的时效，其新闻价值与生命力同及时密切相关，要求迅速地反映新闻事件的发生、发展。事件性新闻包括大量的动态消息和现场特写性新闻等。它要求记者有高度的新闻敏感，闻风而动，尽快、准确地把握事件的个性特征和本质，迅速、简明地加以报道。必要时可用连续报道"。

所谓非事件性新闻，是指"对一段时间内或若干空间里发生的诸多事实、情况、事件的综合反映，揭示带有分析性、启发性的总体情况、倾向或经验等。非事件性新闻的特点是点面结合，以点证面，以面为主，反映事物发展变化中的阶段性、倾向性、经验性或典型性。典型报道、综合消息、经验消息、述评消息等属之。非事件性新闻的时效要求较为宽松些，但也要尽力找寻和体现新闻根据（由头），善于利用新闻发布的契机"①。

----

① 甘惜分. 新闻学大辞典. 郑州：河南人民出版社，1993. 161～162

事件性新闻是指以报道事件为主的新闻。事件性新闻与我们所说的动态新闻涵盖面基本接近。它要求迅速而准确地反映一个以报道事件为主的新闻，以及该新闻事件的现状、产生原因或影响情况。它可以在事件结束后报道，也可以在事件发展中的某一阶段报道，其新闻性、时效性都较强。这些特征与动态新闻是吻合的。由此可见，动态新闻是最为典型的事件性新闻。

按前面所引《新闻学大辞典》所说，典型报道、综合消息、经验消息和述评消息都可列入非事件性新闻中。它们之间的确有不少相似的地方。它们通常是对多种情况或多个事实的综合分析，一般不详述某一事实。如果说动态新闻是一事一报式的消息，那么上述新闻体裁则大都是多事一报式的，且它们的时效性不如动态新闻强，写作时都要努力去寻找和体现新闻由头，掌握好新闻发布的契机。这些特征典型地体现在综合消息之中。综合新闻以报道面广见长，它着重反映某一个整体全局的现状、趋势、成就或问题，以开阔视野、开拓认识为目的。

事件性新闻按报道的次数，可分为一事一报式和一事多报式。一事一报式大致对应以往的动态消息；一事多报式则包含了连续报道与分段报道。

非事件性新闻包括多事一报式和多事多报式两种。多事一报式以综合消息为代表，多事多报式主要是系列报道这一形式。

二、通讯的类型

通讯的类型在划分上比消息要简单一些，一般按其报道对象来划分，主要有人物通讯、事件通讯、风貌通讯及工作通讯。

人物通讯、事件通讯、风貌通讯分别以人物、事件、景物为报道对象。人物通讯着重报道某些具有典型意义的人物，让读者了解人物的事迹和性格；事件通讯以报道某些有影响的事件为己任，向读者展示事件发生及演变的过程；风貌通讯由早期的旅途通讯发展而来，风物人情仍是它展示的主要对象，但它的现实性和时代特征更明显，更适合于反映时代的风貌；工作通讯，按现在的情况，我们认为它的主要功能在于分析解释，故将其放入深度报道中介绍更为合适。

一些教科书还有专门章节介绍特写、专访，将它们作为与通讯和消息并列的大类加以介绍。笔者认为，特写、专访与通讯一样，都是以展示报道对象演变发展过程为旨趣的，它与消息、通讯的差异还构不成排他性和独立性。此外，作为一个大类，它的分支也不及消息、通讯等那样丰富。鉴于它比较侧重于展示事物的过程，本书还是将它列在通讯这一大类之中进行介绍。

三、深度报道的类型

深度报道被视为高级报道业务。美国《底特律新闻》的社论作家杰克·海敦在其为美国高等学校新闻专业撰写的新闻学教材《怎样当好新闻记者》一书中指出,新闻专业的学生应掌握两门基本课程——基础报道业务和高级报道业务。

什么是深度报道?它是指报道文体,还是报道方式?对于这些问题,人们的认识不一。有人将它视为新闻体裁,如四川大学张惠仁先生说:"深度报道是一种以'深'见长的新闻体裁。"① 也有人将它视为报道方式,如张骏德先生说:"深度报道是题材重大、报道面宽广、全息组合、深刻透视新闻事件或社会问题、富有理性思辨的一种报道方式。"②

深度报道"方式论者"认为深度报道能系统地反映重大新闻事件和社会问题,揭示其实质,追踪和探索其发展趋向。它把报道对象作为一个整体、一个过程来把握和报道,而不是独立地作一事一报、一人一报、一时一报。"方式论者"对深度报道实际上是一种广义的理解。他们将连续报道和系列报道等一事多报、多事多报的报道方式均归入深度报道之中,并且将这些方式称为"集合式的深度报道"。

深度报道"文体论者"注重其文体意义。对由多次多篇构成的连续报道和系列报道,"文体论者"认为它们只具有报道方式的意义而不具有文体意义,所以,他们主张将其划出深度报道之列。"文体论者"实际上是一种狭义的深度报道论者。

我们认为,"文体论者"重视了深度报道的文体意义,体现了深度报道以解释"为何"为主的旨趣。与"纯新闻"相比较,深度报道与"纯新闻"虽然都离不开新闻六要素,但它们的侧重点却大不相同。前者以显示事实的"为何"要素为主,对时间、地点、人物、事件等因素都提出了不同的要求:在时间上,不仅要说明今天,还要说明昨天与未来;在地点上,不仅要说明报道现场,还要注意到地点的延伸与波及;在人物上,不仅要采访当事人,凡直接与当事人有关的人员都要进行采访;在新闻事实上,要详尽地揭示其结果形成的来龙去脉。所有这些,势必导致内容及文体形式的变化。美国新闻学教授卡尔·林兹特诺姆说:"深度报道在一般新闻报道基础上补充下列事实:历史性的(来龙去脉和因果关系)、环境性的(左邻右舍横向联系)、简历性的

---

① 张惠仁. 新闻写作学. 成都:四川人民出版社,1986.583
② 张骏德. 深度报道的运用与发展态势. 中国记者,2003(7)

（性格特征和轶闻趣事）、数据性的（统计数字和相关数字）、反应性的（外界反应和分析评价）等。从这个角度说，深度报道的基本写法就是充实背景材料，深度报道就是'背景报道'。"①

深度报道的文体类型主要包括解释性新闻、分析性新闻、调查性新闻，等等。

西方新闻界将解释性报道严格地限定为"一种给新闻加背景以揭示更深一层意义的报道"②。这种报道严格依靠背景（另一些新闻事实）来说出"为何"，这是继承了客观报道的写作思维，以尽量减少作者直接的说三道四。但实践中也有不完全依靠背景来解释"为何"的现象，如我国的一些解释性报道，往往以述评的方式、以理性的分析来完成对"为何"的解释。这种情况虽然存在，但要适当加以控制，防止它脱离"报道"这一"家族"而滑入"评论"的范畴。

从表面上看，分析性报道的"解释"色彩不如解释性报道强烈。从时间取值上来看，解释性报道的着眼点在事物已经发生的过程——"来龙"上，剖析其深层原因；分析性报道的着眼点在将要发生的情况——"去脉"上，分析其走向规律，由已知推测未知。给人的错觉是，分析性报道的重心在"将会如何"上。然而，简单地说出"将会如何"是没有说服力的，分析性报道要把大量的笔墨放在"为何会这样"上，所以，它的重心还是定在"为何"上。在分析"将会如何"这一点上，有两种做法：一是直接预测事实发展的结果，二是分析事实的发展走向。

调查性报道在西方又称"揭丑性报道"，专门以揭露丑闻为目的。在我国，调查性报道的含义要比西方的更广泛。除了深入揭露一些在社会上产生了负面影响的事件外，还对一些社会发展中存在的问题作深入调研，揭开其症结所在，以期引起有关部门的关注，为有关部门提供决策依据。据此，调查性报道也可分为事件型调查报道和问题型调查报道两类。前者基本上是针对"一事"，后者则涉及"多事"。

本节用浏览的方式介绍了新闻报道体裁这一"武库"中的各类"兵器"。在学习各种报道体裁写作前，先简要地廓清一下它们的分类情况，对于下一步的具体学习是十分有益的。

---

① 郑思礼，郑宇．现代新闻报道：理解与表达．昆明：云南大学出版社，2004．473～474

② ［美］杰克·海敦．怎样当好新闻记者．北京：新华出版社，1980．211

【思考题】

1. 新闻报道文体的划分与新闻六要素有何内在联系?
2. 消息、通讯和深度报道的演变过程是怎样的?
3. 消息、通讯和深度报道的文体如何分类?
4. 试对常见的几种不同的新闻文体分类作比较。

第五章

消息的结构

消息的结构包括两个方面的内容：一是构成消息的各个部件；二是各部件的组合方式。

消息的构成部件一般包括消息标题、导语、消息主体及结尾，外加新闻背景。前四种具有结构形式上的意义，而新闻背景一般只表现出结构内容上的意义，但因为它在消息中有不少特殊功能，所以要单独列出并特别加以讨论。此外，消息发表时还有消息头这一特殊形式。因为它不具有写作上的意义，故不在此涉及。

相比其他新闻体裁，消息在结构的组合方式上要比较格式化些。也就是说，消息的组合方式通常有基本格式可循。这对初学者来说是入门的捷径，但对于写作高手来说却是创新的起点。

第一节　消息的标题

一、消息标题的特殊性

消息标题揭示消息的内容，并以醒目的形式将主信息加以突出。读者接触报纸，首先是读标题，通过读标题来选择想读的新闻。所以，标题就成了报纸吸引读者、引导读者的重要手段。制作好标题不仅仅是编辑的工作，而且应引起记者的高度重视。

消息的标题和其他文章的标题，尤其是与文学作品的标题相比较，有很大的不同。一般来说，文学作品的标题比较含蓄，它不直接把文章的内容明示出来，有些甚至以"无题"这样的标题来遮掩文章的内容，可谓"欲说还休"；而消息的标题恰恰相反，它要求简明实在，揭示新闻的要旨，突出消息所包含的重要信息，让读者产生阅读欲望。

二、消息标题的构成

从结构形式上来看，消息的标题比其他文章的标题要更为多样些。

消息标题按结构分，可分为单一型和复合型两类。

单一型标题一般为单行标题，也有作两行的；复合型标题为多行标题。前者只有主题，后者则包括了主题与辅题两部分。

主题又称正题，它是标题中最主要的部分。在复合型标题中，主题的字号要大于辅题的字号。一般来说，主题的作用在于点明消息中最主要的事实与观点，文字十分简洁。

辅题包括引题（又称眉题、肩题）和副题（又称子题）两部分。这两部分在标题中可以两者兼有，也可以两者取一。其与主题组合，构成多种变化，能增加标题的表现力，丰富报纸版面形式。引题在主题之前而字号较小，它主要是从一个侧面对主题进行引导、说明、烘托或渲染。副题是置于主题之后的次要标题，字号最小，它主要是对主题起补充、注释作用。

按内容划分，消息标题中含有实标题和虚标题两类。实标题重在叙事，着重具体表现新闻事实中的人物、事件和地点等要素。虚标题重在说理、抒情，着重揭示新闻事实中所蕴含的道理、思想和原则等。在标题制作中，要特别注意处理实标题和虚标题的关系，具体来说要注意以下三点：

（1）单一型标题不管是单行题还是双行题，都应是实标题。例如：

例1

日本议员空中"视察"钓鱼岛

例2

煤：山西积压　上海缺口

例3

"鲇鱼"今登陆粤东
广州塔或闭塔避风

以上三例中，例1、例2是单行题，例3是双行题，都属于单一型标题，其内容都是写实的。

（2）复合型标题中，至少必须有一个实标题。例如：

例1

工会热心肠　人走茶不凉（主题　虚标题）
锦屏化工厂安排好退休工人的晚年生活（副题　实标题）

例2

我国航天技术又一新成就（引题　虚标题）
试验通讯卫星发射成功（主题　实标题）

例3

知否？知否？应是贱"肥"贵"瘦"（引题　虚标题）
爱吃瘦肉者，请您多付钱（主题　实标题）
本省十几个县市调整猪肉各品种之间的差价（副题　实标题）

以上例1、例2都有一个实标题，例3中的主题与副题都是实标题。

（3）在大多数情况下，引题以虚标题居多，副题则以实标题居多，主题可虚可实。如果标题中有两个实标题，要注意处理两者的关系。如果主题是实标题，它标出的是新闻事实的主要内容，如上述例3中"爱吃瘦肉者，请您多付钱"；副题则应该是对主题中的实际内容进一步补充或进一步具体化，如"本省十几个县市调整猪肉各品种之间的差价"就是把主题说得更详细。

三、消息标题写作要求

一个好的新闻标题不仅要符合新闻事实，而且还要有好的思想内容。标题必须有很强的表现力、吸引力、说服力和感染力。为此，在制作标题时，应从以下三个方面努力：

（1）要生动传神。

新闻标题如消息的眼睛，眼睛是心灵的窗户，最能传神。要选取那些最能传达新闻事实和新闻主题的词语写入标题。例如：

最后一个英国士兵默默地撤离了埃及

标题用"默默地"三字来描绘英国士兵撤走时的神态，既准确地描述了侵略者撤退时垂头丧气的情况，衬托了埃及人民的扬眉吐气，又鲜明地表现了作者的褒贬态度。

（2）要简洁工整。

2006年度中国新闻奖获奖作品《上边"极端重要"下边"鸟枪充炮"》，标题对仗押韵，将上边的要求与下边的对策这一矛盾现象摆出，十分形象地表现了一些干部忽悠上级、不干实事的工作作风。

新闻标题要求字数少，特别是主题，语句要求十分凝练；修辞上还讲究对仗、押韵。有些好的标题直接化用古诗词名句，如《中国体育报》上有一则消息的主题为：

三番五次凌绝顶　为何不能过小山

这是从杜甫《望岳》一诗中的名句"会当凌绝顶，一览众山小"衍化而成。说的是我国乒乓球名将邓亚萍与日本选手小山智丽的比赛。邓亚萍多次登上世界冠军宝座，用"三番五次凌绝顶"来比喻，而其中"小山"两字语意双关，更是用得贴切奇绝。又如：

春风吹得远客醉　直把店家当自家（主题）
镇江饮食店热情待客真个名不虚传（副题）

这个标题的主题是从宋代诗人林升《题临安邸》一诗中的"暖风熏得游人醉，直把杭州当汴州"两句衍化而来，放在这里，既简洁，又富于表现力。

（3）标题制作要新颖别致、不拘一格。

新颖别致的标题给人耳目一新之感，自然能先声夺人、吸引读者的注意。制作新颖别致的新闻标题，全在于作者的聪明才智、大胆创作。例如：

"秀山""明山"不爱山　"树林""玉林"不惜林（引题）
宣恩县查处五起林业案件（主题）

这则消息报道的是湖北省宣恩县查处了五起林业案。这五起案件涉及五个人，其中四人分别为"秦秀山"、"陈明山"、"赵树林"、"陈玉林"。引题巧妙地将他们的名字与他们滥伐林木、破坏森林的行为连在一起，特别是将他们的名字与他们的行为构成矛盾，可谓别出心裁、机智幽默。再如：

跑！跑！跑！（主题）
东北华北敌军官兵纷纷跑到解放区来（副题）

这是新中国成立前夕《人民日报》上刊登的一则消息的标题。主题以动词"跑"加惊叹号连续三重叠，句子短，节奏急促，如逃跑敌军的脚步声，又如瓦解敌军阵营的号角，振聋发聩，鼓动力强。

第二节　消息的导语

一、消息导语的意义

消息导语，即消息的开头部分，一般指开头部分的头一句或几句话，或第一个自然段。消息导语是消息这一新闻体裁特有的概念，是区别消息与其他文体的重要特征。

消息导语对于消息来说，有着特殊的意义。它要有简明、生动的语言，把新闻中最重要或最新鲜的事实和内容，概括地展示在开头部分，以唤起读者的注意。

重视并研究消息导语的写作历来是新闻工作者的一个重要任务。在西方新闻界，导语的撰写能力通常是作为选择记者的主要标准之一。美国现代新闻学家麦尔文·曼切尔说："写作过程中的第一步，也是最重要的一步，那就是写作导语。""写好导语相当于写好了消息。"英国新闻学家赫伯特·里德也说：

"导语是新闻的生命所在。"可见，导语的好坏不仅能反映出记者的写作水平，更重要的是它关系到整则消息的质量，关系到对读者是否具有吸引力。所以，我们学习新闻报道写作，必须十分重视新闻导语的写作方法。李希光在《变形的新闻屋》一书中说过："写作太重要了，单单写新闻'导语'的学问就一辈子也学不完。"

二、导语的产生与演变

近代报刊初创时期，新闻体裁还未发育成熟，那时的新闻报道大多是按事件发生的先后时序记录下来，新闻事实中一些重要的内容并没有作特殊处理而放在引人注目的位置，报道既没有特殊的结构，也没有新闻导语。

电报技术的发明与美国国内战争揭开了新闻导语写作的第一页。1844 年，美国科学家莫尔斯发明了莫尔斯电码，并在华盛顿—巴尔迪摩电报线上第一次传递了电报信号。1851 年，这一技术为美联社前身——美国港口新闻联合社采用，首次用电报传递消息，揭开了"电讯新闻"的第一页。1861—1865 年，美国爆发南北战争，人们迫切需要获得战争信息，许多报纸竞相派记者去战地采访，电报此时成了记者向编辑部传递信息的工具。当时，由于电报设施的发展尚处于低级阶段，机器常出毛病，常常令记者无法一次性发完报道全文。同时，由于电报的线路少，记者往往要排队轮班按字数发稿，大家按次序各发一段，然后等待下轮再发。因此，报社主编便要求前方记者把最重要的事实、报道的要点和精华放在最前面的几行里，这样，即使电报线路突然中断，编辑部也可按所接收的内容进行报道。这也为导语雏形的诞生提供了必要条件与可能。1865 年 4 月 14 日，港口新闻联合社一名记者报发了一则只有十二个英文单词的消息"总统今晚在剧院遇刺受重伤"，标志着导语写作的开端。

1865 年，纽约一家报社的编辑破例将一篇长报道中新闻性最强的结尾提到开头，这一做法广受欢迎，记者竞相尝试。到 1880 年，这种写法已相当普遍了。不过，对导语的形成和定型起关键性作用的是美联社的约翰·唐宁和梅尔维尔·E. 斯通。1889 年 3 月 30 日，约翰·唐宁向美联社发回一则长消息，其开头将新闻梗概交代得很清楚。于是总编辑斯通将其中的主要因素归结为"五要素"（人物、时间、地点、事件、原因），即"五 W"，并将这一要素俱全的开头称为新闻导语。至此，新闻的"要素说"与"导语说"便同时诞生了。这种把最重要的事实开门见山地置于篇首，并且五要素俱全的导语为人们所广泛接受，成为新闻写作的第一代导语。

第一代导语要求在新闻开头的简短文字中集中体现全部新闻要素，故这类导语又被称为"全型导语"。

第一代导语的特点是完整、具体。读者看了导语后，对整篇报道的主要内容大体上都能了解。但它也有冗长、枯燥、主次不分的缺陷。故也有人斥之为"晒衣绳式导语"，意思是说，记者把所有的要素不分轻重主次，一律挂在导语这根"绳子"上，给人一种杂乱无章的感觉。

第一代导语经历了约 40 年的黄金时期后，又面临着新的挑战。随着时代的进步，人们的生活节奏加快，读者要求能以更短的时间、更快的速度获得更多的新闻信息。同时，随着电子技术的迅速发展，新闻开始通过广播电视得以传播，形成与报纸新闻竞争之势。如何把新闻导语写得更短小精悍已成为新闻写作顺应时势的一个研究课题。一些新闻工作者已开始了新的尝试。1954 年，《纽约时报》总编辑在采访部贴出如下布告："我们认为没有必要，也许永远没有必要，把传统的五个'W'写在一个句子里了。"西方新闻工作者开始根据每则新闻的特点，从中选取一两个最重要、最能激起人们兴趣的要素，突出地写入导语，其余要素则放到新闻的主体或结尾部分去交代。这样就出现了第二代导语。

第二代导语又称为"部分要素式"导语，比起六要素俱全的第一代导语，其重点更为突出醒目。同时，由于不同记者在选择新闻要素时的侧重点不同，可以"八仙过海，各显神通"，写出各种各样构思奇巧、新颖的新闻导语。因为这种导语很适合"倒金字塔式"消息结构的需要，人们又称之为"倒金字塔式结构导语"。它一直深受记者、读者的欢迎，成了近几十年来使用最为广泛的导语形式。

由于仅仅在导语中采用部分要素，这就使第二代导语显得更为简练、新颖，从而避免了第一代导语主次不分、重点不突出、内容过多等毛病。如同样是报道总统遇刺，第一代导语是：

今晚大约九时半，在福特剧场，当总统同林肯夫人、哈里斯夫人和罗斯本少校同在私人包厢中看戏的时候，有个凶手突然闯进包厢，从背后接近总统，向总统开了一枪。

而第二代导语则省去一些要素，将其精简为：

肯尼迪总统今天遇刺身亡。

两相比较，后者显然更简明扼要。

第二代导语虽不乏其优越性，但当它成为导语写作的唯一方式后，新闻工作者们又开始试图打破这种一统天下的状况。随着近年来新闻写作对倒金字塔式结构的突破，开始出现了自由化、散文化等灵活多变的结构，新闻导语的写作又有了新的发展，出现了间接导语、延缓导语、复合导语以及双导语（或称正副导语）等许多新的形式，使新闻导语更加多姿多彩，标志着第三代导语的问世。

第三代导语的特点就是无特点，也就是说，它没有固定的写作模式，往往是根据具体情况而进行灵活处理，随物赋形。当然，不管它如何七十二变，导语的品格，即它的引导、诱导功能是始终不变的。

三、导语的品格和写作要求

如何写好新闻导语，许多新闻工作者从不同的角度提出了许多不同的意见。我们认为，在谈论这一点时，首先必须弄清楚，一则好的新闻导语应具备哪些品格。而新闻导语的写作要求则是实现这些品格的基本保障。

一则优秀的消息导语须具备的品格是：①开启全篇，吸引读者；②包含并突出新闻中最有新闻价值的内容；③表明新闻事实的时新性；④简短。

下面围绕这四点详细讨论新闻导语的写作要求。

1. 如何开启全篇、吸引读者

任何一篇文章的开头都应具有开启全篇、吸引读者的品格，新闻导语尤其如此。从词义的角度来看，英语中"lead"（导语）的意思是引导、引入。汉语中的"导"字，也有诱导、指导、引导之意。导语的一个重要作用就是吸引读者往下读，最好是能让读者有非读下去不可的感觉。

美国新闻学者沃尔特·福克斯说："读者或许会问：'何为优秀导语？'根据所写的新闻稿的类型，答案各不相同。不过有项原则却适用于所有的导语写作：一条奏效的导语应实实在在地吸引读者的注意力，并将其导向记者认为是新闻的基本点或报道角度的地方。"[1] 另一位新闻学家杰克·海敦也说："导语需要你付出最大的力量。它是促使读者读下去的诱饵。"

如何在这个"导"字上做文章，至少有三个方面应予以注意：

（1）要吸引读者，首先要在导语的内容上努力考虑如何去接近读者。

一些高明的记者常常善于把他所报道的重大事件与普通的读者联系起来，设法点明前者对后者的影响。如美国一则关于政府新出台的税收政策的报道，其导语为：

---

① ［美］沃尔特·福克斯. 新闻写作. 北京：新华出版社，1999.18

你的财产税终于减不成了。

市议会昨晚决定，保持税收率不变……

这里特别值得注意的是作者用了第二人称"你"，并且提到与"你"的生活息息相关的内容。这两点无疑都是接近读者的桥梁。读者在读这则消息时，与其说是关心政府出台的新政策，还不如说是在关心自己的事情。

有些内容虽然与读者的生活并非息息相关，但能满足读者的好奇心，同样能吸引读者。如2003年6月29日《宁波晚报》上这则消息的导语：

27日中午，西安超人雕塑研究院化妆间内，工作人员正在给一位"湘妹子"整理服饰。这位"湘妹子"美丽中透出一股高贵凛然之态，她就是陕西省科研人员历时半年用科学方法复原的马王堆汉墓主人——辛追。

马王堆出土的汉代女尸本来就充满着神秘色彩，现在又把她的面貌复原，不但能激起读者的阅读兴趣，还会让许多人产生想一睹为快的冲动。

（2）手法上不拘一格，努力把导语写得生动活泼。

这一点在第三代导语身上表现得尤为显著。我们知道，第二代导语重在突出新闻中的主要内容，以朴实见长；而第三代导语既要突出新闻的主要内容，同时又要在表现手法上突破单一的写作形式，以多姿多态的面孔吸引读者。例如，美国学者卡罗尔·里奇在《新闻写作与报道训练教程》中提到的一则导语：

唐·克拉克的猫小心地走过草坪，然后突然停下来，看上去进退两难。

小猫试验性地嗅了嗅，然后迅速逃离草地并在接下来的几分钟舔着爪子，把上面的涂料斑点清理掉。

草坪最近被修剪过，绿得像一张台球桌，因为它刚刚用一种植物染料漆了一遍。

圣芭芭拉的居民已经想出了新办法来保持他们院子的常绿状态。由于今年面临着预期的50%的淡水短缺，该城市二月下旬宣布"干旱危机"并禁止草坪灌溉。

这则导语就是一种所谓"兴趣累积式"的写法。记者在写作过程中不断积累悬念又不断释放悬念，由一只猫引出油漆地，由油漆地引出"干旱危机"。真正的新闻事实可以说是"千呼万唤始出来"，而读者的阅读兴趣却丝毫不减。

要使导语写得生动活泼，记者要有敢于创新的勇气。多年来，有关追悼会消息的写作几乎成了一个固定的模式，但女记者郭玲春的报道《金山同志追悼会在京举行》却突破了老框框。

新华社北京 7 月 16 日电　鲜花、翠柏丛中，安放着中国共产党党员金山同志的遗像。千余名群众今天默默走进首都剧场，悼念这位人民的艺术家。

这里，作者仅用 40 来字就把一个最重要的新闻事实交代出来了。而且一反陈规，用描写式导语报道名人逝世，令人耳目一新。

把导语写得生动活泼是为了吸引读者去进一步掌握整则消息的内容，但不能因为片面追求生动而将读者"导"向与内容无关的方向。1995 年我国第八届冬季运动会在吉林市开幕，一则消息的导语是这样写的：

红脸蛋红肚兜红抓髻，以东北之宝人参作拟人形象设计的吉祥物人参娃展现了吉林人敦厚、诚挚的热情。大型文体表演《冰雪颂歌》中，身披白、粉、宝石蓝各色轻纱，头戴晶莹冰花头饰的 60 名"雾凇少女"飘浮冰上，尽展人间仙境，体现了吉林人的智慧和洒脱。吉林省又一次争得了在这个非省会城市举办全国性冬运会的机会。

在这则导语里，过多的描写显得有些节外生枝了，一些评价性的形容词有"造势"之嫌，而主信息——冬运会开幕则被淹没了。虽有"活泼"之意味，却在引导上出了偏差，导语并没有将读者导入事实之中去。

（3）语言表达应努力做到明晰易懂。

如果读者要费很大的劲才能把导语读完，或者读完导语后不知所云，那么读者的阅读兴趣十有八九会荡然无存。请看下面这则导语：

本报讯　我国外交部今天就阿联驻中国大使馆 5 月 7 日交来阿拉伯联合共和国外交部 4 月 25 日关于答复共和国外交部 4 月 25 日声明的声明和阿联驻中国大使查卡里亚·阿利德·伊玛姆 5 月 7 日同中国外交部副部长×××的谈话照会阿联驻中国大使馆。

这则导语长达 100 余字，无非是想告诉读者，中国外交部今天给阿联驻华大使馆一个照会，却七绕八缠、令人难以卒读。

2. 让导语包含并突出新闻中最有新闻价值的内容

导语不仅要包含最有价值的新闻事件，而且还要将它放在突出的位置。要做到既"包含"又"突出"，在写作时就要考虑以下三个方面的要求：

（1）学会用比较的办法确定新闻六要素中哪些是最重要的。

先看关于扩建运动场报道的四则导语：

例1

昨天，西南大学校长宣布，由于上一季度数以千计的球迷没有座位，学校的足球场将扩大50%，工程费用将靠增加学费解决。

例2

西南大学校长宣布，由于上一季度数以千计的球迷没有座位，学校的足球场将扩大50%，工程费用将靠增加学费解决。

例3

西南大学将通过增加学费筹集资金，把足球场扩大50%，这是因为上季度数以千计的球迷没有座位，该校校长昨天宣布说。

例4

西南大学足球场将扩大50%，因为上季度数以千计的球迷没有座位，大学校长宣布说，工程费用将靠增加学费解决。

这四则导语包含的新闻要素基本一致，但在排列时却有差异。这差异实际上反映了作者对各个新闻要素的价值衡量。例1、例2中两则导语强调的是新闻要素中的"为何"，例1还特别把"何时"放在最突出的位置，但这些决不是新闻的重要部分。例3中的导语强调的是怎样筹集资金，突出的是"如何"这一要素，也不算是最好的导语。例4中的导语突出"何事"，开门见山地提出足球场扩建这一新闻事实，抓住了最重要的内容。

（2）从新闻价值的角度去考虑，将最具新闻价值的内容写入导语。

有些事实，其新闻价值是显而易见的；有些事实，其新闻价值不够明显，导语中如不表明，读者就难以理解报道的必要性。请看以下这则导语：

市劳动模范、上海第十四棉纺织厂青年工人尚桂珍昨日结婚了。

尚桂珍虽然是一个市级劳模，但毕竟还是一个普通人。按西方流行的新闻数学公式"平常人＋平常事＝零"，这是不足以构成新闻的。所以读者会提出疑问：她结婚也是新闻？而下面这则导语同样是报道这一事实，就能让人感到其价值所在：

上海市劳动模范、上海第十四纺织厂织布挡车工尚桂珍，今年29岁。她曾经表示不达到连续60万米无次布不结婚。为此，她推迟了婚期。12月7日，她创造了连续60万米无次布的上海市最高纪录。于是在12月22日高高兴兴办了喜事。

这一则导语，与其说是报道"结婚"，不如说是报道这位普通女工做了不平凡的事，即"创造了连续60万米无次布的上海市最高纪录"，这样就把"结婚"背后的真正具有新闻价值的事实显示出来了，以西方的新闻数学公式来表示，即"平常人＋不平常事＝新闻"。

（3）在表达上应做到开门见山，力避空泛。

导语写作贵在开篇有物，切忌空洞、充满概念和口号。前面提到的一些优秀导语都是这方面的范例。

要学会尽量让导语"减肥"，把一些不太重要的信息从导语中剔除。消息导语从"全型"的、"晒衣绳式"的第一代导语发展到"部分要素式"的第二代导语，就是将一部分次要的要素做了删节处理。请看下面这则导语：

在事先没有发出警告的情况下，住在15号街433号的30岁的铸铜工弗兰克·布拉迪，星期五早晨8点钟过后不久，走进他的兄弟威廉·F.布拉迪在拉涅西街45号开设的店铺，并且向他的兄弟的身上开了3枪。

这则"全型导语"六要素俱全，但所报道的事实的价值不够鲜明。改用第二代导语，就成了：

一个铸铜工星期五早晨8点多钟在拉涅西街45号的店铺，向他的兄弟开了3枪。

这则导语"眉清目秀"，没有眉毛胡子一把抓，主信息非常突出。

在某些新闻导语中，空泛的语言、抽象的概念、流行的口号和提法往往挤掉了重要的、新鲜的事实。请看下面两则导语：

例1

今年以来，中共××市委集中精力，坚决纠正党内不正之风，收到了一定的成效。

例2

××省××县深入开展"五讲"、"四美"活动，广大农村社员群众团结互助蔚然成风。

"一定的成效"、"蔚然成风"这些空泛的概念是安在哪个单位头上都说得过去的。这种不着边际的话，既没有提供什么具体信息，也缺乏可读性，只会让读者厌烦。

类似的情况还有"为了（由于）……"、"在……下"一类表达模式，这也是写作者力应避免的。

这里要特别提及在"延缓式结构"中对主要新闻事实的处理。在延缓式结构中，新闻的主要事实是逐渐展示给读者的，而不是像其他新闻那样在导语中予以突出。即使是这样，人们也还是极力主张新闻中的主要内容在消息中出现不宜过于"延缓"。如《纽约时报》华盛顿分社定下了一条工作守则：如果一个记者要采用延缓式结构，必须在第四自然段前告诉读者这篇报道的主要内容。

3. 导语中如何表明新闻事实的时新性

新闻报道的事实必须讲求时新性，这是由新闻价值所规定的。表明新闻事实的时效性是新闻导语写作的一个重要内容。

在新闻导语中，记者应积极向读者表明他所报道的内容是"新闻"，而不是旧闻。美国的曼切尔在《新闻报道与写作》一书中说："很多新闻记者遵守一条不成文的法规：决不在导语中用'昨天'的字眼。"这是对新闻时新性的高要求。导语中应当努力表明所报道的事实是"新近发生或发现的事实"，所以必须要有能表明"新近"的时间标识，否则读者就难以感觉到所报道的事实是新闻的而不是历史的。请看下面这则报道《世界绝大多数国家实行五天工作制》：

新华社北京4月13日晚报专电 1935年6月25日，在日内瓦召开的国际劳工组织第19届国际劳工大会上，与会各国缔结了《关于每周工时减少到40小时公约》（即第47号公约）。公约规定，凡批准该公约的会员国，应在不降低劳动者生活水平的前提下，逐步实行每周40小时工时制。

目前，世界上绝大多数国家都实行了 5 天工作制。不仅所有发达国家，而且大多数发展中国家，甚至多数公认的最不发达国家也实行 5 天工作制。在已了解到的世界上 175 个国家中，有 144 个实行 5 天工作制。在 48 个最不发达国家中，也有 37 个实行 5 天工作制。

这是我国实行"双休日"后新华社发的一个背景性资料。有的媒体将它当成一则消息发了。但这则报道一开始就是写几十年前的事情，这既不是"新近发生的"，也不是"新近发现的"的事实，为何此时当成新闻来报道？读者定会不知其解。

如何表明时新性？通常的做法有：

（1）注意寻找新闻发生的"最近点"。

我们知道，新闻时新性的含义就是指新闻的发生与发表之间的时差越小越好。寻找新闻发生的"最近点"，就是缩短这个时差。因此，要在新闻事实中找到一个和发表时间最接近的点。

请看新华社消息《湖南青工湖北救人留美名》：

新华社长沙 4 月 1 日电　湖南岳阳港务总工会近日收到一封来自武汉石化油码头的感谢信，信中盛赞岳港公司青工陈腾芳勇救一位中毒职工的感人事迹。

今年 1 月 16 日上午，陈腾芳和同事们在武汉石化油码头装油时，忽听到呼救声："救人啦！有人昏倒在舱底！"陈腾芳和同事们循声跑到出事船舱，正见到下舱救人的人被舱底的剧毒瓦斯气逼了上来。陈腾芳自告奋勇下去一试，强烈的瓦斯立即将他逼了上来。此时有人拿来了湿毛巾和绳子，陈腾芳一把夺过湿毛巾捂住口鼻再次下舱。他摸索到中毒昏倒者身边，用绳子将其拦腰系住，并拖到舱口下让上面的人将其吊上来，油码头这位中毒职工终于得救了。陈腾芳因在舱底时间过长，中毒被紧急送往医院，经抢救才转危为安。

为表彰陈腾芳的英勇行为，岳港公司近日为他荣记二等功。

这则消息是 4 月 1 日报道的，而事情发生在 1 月 16 日，相隔了两个半月。记者显然是当时未获取这一信息，故未作及时报道。在后面的日子里，有两个"近日"可作报道的"最近点"：一是"收到感谢信"，二是"为他记二等功"。究竟选哪一个更好？从时间的先后来看，后者离报道的时间更近，应当作为报道的契机写入导语。这则消息虽然注意到了用新的时间接近点，但选的不是最接近的一个时间点，所以还不算是处理得最好的。

往往有这样一种情况，事情发生时，记者没有及时得到报道线索，错过了报道机会。但这一事实仍然有报道价值，只是报道的时间陈旧了。要解决这一问题，就必须注意这一过去了的事实是否有新的动向或发展。如果抓住了新的动向或发展，就抓住了报道的新的"最近点"。例如，湖南师范大学生物系教授王身立于1995年发现DNA的酶性。这项基础科学研究领域中的最新重大成果先是由湖南一家不太起眼的报纸《科学晚报》于1995年11月10日作了头版头条报道。但作为国家级的媒体，《科技日报》却没有找到一个合适的机会加以报道。1996年3月15日，王身立教授在一个生物学专业会议上再次公开了他的这项发明，并受到与会代表的充分肯定。这为《科技日报》提供了报道的时间契机，该报在当天就抢发了这一新闻。

（2）寻找新闻由头，带动老的材料。

新闻由头即新闻报道的根据，包括价值根据和时间根据两方面，即要表明这则消息为什么值得报道，为什么要现在报道。对于某些时间上比较陈旧的事实，如果在今天仍有新闻价值和报道的必要，就必须在导语中找一个新的时间根据作为报道的契机。对于非事件性新闻来说，由于所报道的事实不是在一个时间点而是在一个较长的时期内发生的，所以很难找到一个明显的"最近点"。这就需要记者在报道时努力捕捉某些比较新的变动作为"最近点"，千方百计去发现可以作为报道契机的新闻由头。请看广州《新快报》记者2010年9月26日采写的消息《的哥绕路　乘客一口气投诉三人》的导语：

> 昨天，广州市柏祥汽车出租有限公司一名正在上班的的哥被召回单位，他除了面临三天封表不得营运的处罚外，还要写下保证书。的哥遭受惩罚，事缘他在9月18日搭客时绕路而被乘客投诉。同时被投诉的，还有受理该宗投诉的两名人员。

事情发生在9月18日，而报道时间是9月26日。时间过去了近10天，只是因为乘客的投诉引起了"的哥"的被处罚，才给报道带来了新闻由头。

《人民日报》副总编辑梁衡先生在他的《没有新闻的角落——一个记者的内心独白》一书中，曾经提到一则由"记者导演的新闻"。在山西省吕梁山深处一个叫疙叉嘴的小山村里，乡村小学教师李健勤勤恳恳地工作了20多年。他挨家挨户地恳求乡亲把孩子交给他，由他来教孩子们识字念书。他坚持每天清晨到各家去接孩子上学。他还在山沟里办果园，为村民组织技术夜校，使一个贫瘠的小山村人均收入有了很大的提高。记者面对这样一位默默无闻的先进人物，因苦于没有一个新的变动作为报道依据而无法报道。梁衡说："一采访完后，尽管我十分激动，但我还是无法写他：新闻要新，但李健在这里已风风雨雨工作了 20 年，这叫什么新闻？记者遇到了一个无由头的新闻。有心宣传，却无借口。这时就要找一个由头，但又实在找不见，我突然想起干脆造个由头。"于是，他大胆建议当地县委书记给李健以"山区办学英雄"的表彰，以县委的表彰作为报道的新闻由头，写成的新闻稿上了《光明日报》头版头条。梁衡称是"记者导演的新闻"，其实不然，记者只是策划了一个新闻由头。但如果没有这个由头，这一事实就难以成为新闻。所以从这个意义上来说，这一新闻的确离不开记者的"导演"。

（3）通过具体的描述营造现场感，以此带动其他材料。

有些非事件性新闻，很难找到一个时间上的"最近点"和新闻由头，这时，作者不妨把在现场观察到的某些材料具体化，一开始就给读者以现场感。请看下面两则导语：

例 1：

正月十四，雪后的大别山区寒气袭人。天还没亮，皖西最大的化肥厂——六安淠河化肥厂的大门口，就熙熙攘攘聚集起四五百人。汽车、拖拉机、摩托、板车、自行车排成几条龙，车主们都伸长脖子，望着大门口那一长溜开票交款的队伍，只盼同伴一吆喝，能早点进厂装化肥。

对这景象淠河化肥厂厂长姚春也十分惊讶："往年春节前后一段时间是化肥销售淡季，都是俺们去给农民兄弟送肥上门，今年却是农民兄弟主动给咱'拜年'来喽……"

例 2：

记者新近去陕西北部的神木、府谷等地采访，所到之处几乎都见到了煤，简直像是走进了煤的海洋。

这都是从现场写起的典型例子。写现场的好处在于既解决了新闻报道的时新性问题，又能造成强烈的现场感，从而强化新闻的真实性。

还有一种情况是事实已经发生，当时没有及时报道，但这个事实还以某种方式存在着，记者也可以从事实延伸出的场景入手，从现场写起。1994 年 3 月 3 日的《光明日报》发表的《不许用人质手段处理经济纠纷》即如此。湖南省益阳市一名小学生被湖北省一个镇的居民当成人质，以此要挟益阳有关人员还清欠款。这件事久拖未决，引起了有关方面的重视。《光明日报》这则消息的导语是这样写的：

本报讯 2 月 28 日，湖南省益阳市胜利小学开学的第一天，全校师生的心情却很沉重，五年级 47 班李振同学的座位还空着。班主任阳佩娥焦急地告诉记者："李振被绑架作为人质已经整整 146 天了。我们天天盼望他回来上课呵！"

这则消息如果是在事情发生后很快被报道，当然就不存在找新的时间依据的问题。如果等到事情解决后再报道，也是一个报道契机。显然，前者是"未能"，而后者是"不该"。于是记者从开学的第一天李振的座位还空着这一场景入手，把这一发生在 146 天前的事件报道出来了。"空着的座位"是人质绑架案这一事实的延伸场景，从这里写起就弥补了时间上的陈旧。另外，这篇报道从开学这一天座位空着入手，由头更来得巧妙。但如果不是开学的日子，消息是否也可直接从课堂现场的那张空桌子写起呢？答案是肯定的。

4. 导语应简短

（1）好导语是简短而有表现力的。

新华通讯社黎信在谈到西方新闻学关于写一则可读的导语的品格时，概括了七个值得注意的方面，其中提到导语要短，最好不超过 35 个字，最好只包含一个思想。

"立片言以居要"，导语要写得简短，关键在于抓住新闻事实的核心，并将其直截了当地交代出来。一些写得冗长的导语，其毛病往往就是把导语当成"筐"，什么都往里面装，不分轻重主次，什么都想交代清楚，结果可能是什么也没交代清楚。请看下面这则导语：

本报 8 月 18 日电 中国已经建设成为世界旅游大国；旅游业已经成为国民经济新的增长点；旅游成为全面建设小康社会的重要内容；旅游产业日臻完善；旅游业对增加我国国际影响力发挥了积极作用。而"十一五"期间则是我国旅游业发展的重要战略提升期。这是今天召开的 2005 年年中全国旅游工作会议传出的信息。

这则导语长达 130 多字。一开始就连用 5 个分句，并罗列诸多信息，表明中国旅游业已经取得的成绩，方方面面，生怕遗漏。第二个长句又将中国旅游业下一步发展的情况概括地说了一下。整则导语内容太多，臃肿而乏味。作者什么都想在导语中说出来，但读者一见这繁杂而空洞的信息，十有八九会读不下去，结果等于是记者什么也没说。从传播效果来看，这就是一种无效传播。

（2）导语的简短还包括句子的通顺、简短有力。

正如前文所言，不管何种语言，句子如果超过一定的长度，就会影响读者阅读，让人感到乏味。请看 2005 年 5 月 24 日《广州日报》消息《擅砍杨桃树建餐馆　天河区拆除 2 万多平方米违建》的导语：

本报讯　杨桃公园里竟敢偷偷砍掉杨桃树建起 15 间房子做餐馆，拆！昨日上午，随着 200 多名城管执法人员进驻并强行拆除位于黄埔大道以北的一处面积近 2 万多平方米的违建厂房和杨桃公园内的一处面积 800 多平方米的砖瓦结构的违建餐馆，天河区正式掀起了"拆违整治月"的风暴。

第二句从"随着……"到"……风暴"，洋洋 85 个字，其中有 5 个"的"，像老牛拉着破车蹒跚而行。实际上，导语中只要说明主信息"拆违整治月"正式开始即可。记者硬要把所有的内容都往里塞，造成语句不通、句子冗长，读来真是累人！

四、导语的类型和写作要点

导语分类的方法有很多种。不同的分法依据不同的标准。我们采用比较通用的分类方法，根据表达方式的不同把导语分为三大类，即叙述型导语、描写型导语和议论型导语。

1. 叙述型导语

叙述型导语是最基本的一种导语类型，它直截了当地用客观事实说话，简明扼要地反映出新闻中最重要、最新鲜的事实，突出新闻要旨，让读者获得对新闻事实一个总的印象。

叙述型导语与新闻须客观地叙述事实这一基本特征相适应，成了新闻导语中最为常见的一种。

叙述型导语包括直叙式、概括式和对比式等不同形式。

（1）直叙式导语。

直叙式导语的特点是开门见山，直接将最有新闻价值的新闻事实叙述出来。如以下这则导语：

新华社北京 12 月 3 日电　国家统计局 3 日发布公告，2010 年全国粮食总产量为 54 641 万吨，比上年增产 2.9%，这是我国粮食连续第七年增产。

直叙式导语适合于快速地报道新闻，故多见于动态消息。写好这种导语，关键在于解决好"叙述什么"和"怎样叙述"两点。"叙述什么"是指写作导语时，首先必须作出准确判断，在报道的内容中，哪一个新闻事实最有新闻价值、最为读者关心，就在导语中突出这个事实。"怎样叙述"是指叙述不仅要简洁，而且要明白而准确。总之，直叙式导语应当以凝练的语言摘取消息中最主要的内容并加以突出表现。

（2）概括式导语。

概括式导语的特点是把新闻的诸项内容加以概括归纳，浓缩成一两句话表示出来。它包举全篇，为读者提供整篇消息的梗概。如 2001 年年度中国新闻奖作品《达赖在信徒中的地位急剧下降》的导语：

西藏拉萨市近日对百户藏族居民进行了无记名问卷调查，调查表明：达赖在信徒中的地位急剧下降。

概括式导语适用于那些内容复杂、过程曲折的消息。善于归纳是写好这种导语的关键。在对全篇消息作归纳时不仅要概括准确，还要尽量做到生动。概括式导语不是概念的堆砌、空洞抽象的表达，而是仍得用事实说话。如外国记者写的消息《嫁给自己》的导语：

合众国际社华盛顿 3 月 12 日电 对珍妮弗·赫斯这位荷兰女子来说，5月 28 日将是一个大喜临门的好日子。这一天，她将年满 30，成为羞涩的新娘，而且还将是自己的"新娘"。珍妮弗将在定于荷兰哈勒姆市市政大厅举行的婚礼上嫁给自己。

此导语把"大喜日子"的复杂内涵概括出来了，信息量大，借用一句诗词形容，可谓"浓得化不开"。

（3）对比式导语。

对比式导语是把新闻事实同一个与之既有联系又相反的内容放在一起叙述，通过对比衬托，以突出新闻事实的意义。这种导语中的对比有两种情况：一是纵向对比，即把现在的情景和过去的情景相比较，以过去来衬托现在。例如，《洞庭湖长大五分之一》的导语：

洞庭湖变大了！经过三年规模空前的治理，洞庭湖面积扩大 1/5。这个自明清以来不断萎缩的湖泊，终于出现了历史性大转折。

数百年来"八百里洞庭"泥沙淤积、盲目开垦，从而造成了严重的洪涝灾害。1998年的特大洪水过后，经过三年综合治理，通过平垸行洪退田还湖，"洞庭湖长大五分之一"。通过对比性材料，新闻事实背后的历史性大转变意义就更突出了。

二是横向对比，即把发生在此时此地的新闻事实同另一情景进行对比。例如，《长江大桥上车水马龙》的导语：

新华社武汉10月16日电 武汉长江大桥正式通车后的第二天，长江上遇到了8级狂风，江面白浪滔滔，武汉市悬起了"风大浪急轮渡停航"的公告牌。但是，长江大桥却接待了南来北往的火车、汽车和络绎不绝的人群。

这则消息如果是第一次报道长江大桥通车的情况，可能会运用纵向对比手法来突出大桥的意义。但这是报道正式通车第二天的情况，作者巧妙地用"风大浪急轮渡停航"这一点来衬托长江大桥上车水马龙的情景，现成的材料和现成的对比，让长江大桥的作用和威力不言自明。

对比式导语由于同时叙述了对比的两面，更需要作者在叙述中力求简练，尽量不加大导语的篇幅。一般来说，这种导语是以新闻事实为主体，将用于对比的内容处理成修饰语或作背景交代，仅仅起陪衬作用。

2. 描写型导语

描写型导语是一种以生动具体的描绘见长的导语类型。记者抓住新闻中的主要事实、事件发展的高潮、事件的某一有意义的侧面或某个特定的场景等，作简洁质朴的传神的描写，以营造现场感来感染和吸引读者。

描写型导语最常见的有见闻式和特写式两种。

（1）见闻式导语。

见闻式导语以描绘远景见长，故一般用于较大场面的描述。它以叙事为主，穿插一些形象的描写，比起叙述型导语，它可使读者获得如临其境的感受。2003年10月16日凌晨，我国首次载人航天飞行圆满成功，航天员杨利伟在亿万观众的瞩目下安全返回地面，全国各大媒体争相报道。《解放军报》的消息为《目击杨利伟飞天归来》，其导语为：

今天凌晨6时23分，中国首飞航天员杨利伟乘坐"神舟"五号载人飞船从太空归来，平稳着陆于内蒙古中部草原。

而当天的《人民日报》发表的消息《我国首次载人航天飞行圆满成功》，其导语是采用见闻式的：

"看到了，我们看到了！"晨曦初现的草原上传来惊喜的欢呼声："神舟回来了！"

两则导语，各有千秋，但比较而言，见闻式导语更有吸引力。它一开篇就把读者带进了报道现场，同时也把现场的气氛带给了读者。

（2）特写式导语。

特写式导语以表现近景见长。它抓住人物表情或一些事物的局部细加描绘，给人留下特写镜头般的印象。在一些新闻报道中，记者往往在导语上通过对某一点的特写，由点到面、由此及彼地引导读者阅读全文，了解整个新闻事实。如获 2002 年度中国新闻奖的作品《请过路吧，亲爱的藏羚羊》，其导语新颖别致，特写了藏羚羊横越可可西里青藏铁路时的情景。

昨晚，约有 500 只藏羚羊带着刚满月的儿女们，通过可可西里青藏铁路建设工地，向黄河源头的扎陵湖、鄂陵湖迁徙。

为不惊扰这些可爱的精灵，可可西里至五道梁一线，铁路夜间停止施工，拔走彩旗，灯光休眠，机器熄火；作为高原生命线的青藏公路，过往车辆在夜间停驶 3 个小时。这里又呈现出一种远古洪荒的宁静，只有高原的夜风为这群母子结成的队伍送行。

潜伏下来的观察哨称：跨越铁路线，母藏羚羊若无其事，像跨过自己家的门槛一样；小羊羔紧依着母羊，流露出一种莫名其妙的惊喜。

导语勾勒出的画面，让人清清楚楚地看到了"亲爱的藏羚羊"是如何受到人类的礼待的，感受到施工现场的工人与自然和谐相处的安详气氛。

一般来说，描写型导语在事件性新闻即动态新闻中用得较多些，在非事件性新闻特别是经验新闻中要少些。而在动态新闻中的会议新闻又很少采用这种写法；在非事件性新闻中，综合消息采用这种导语又多些；至于在新闻素描即特写新闻中和在现场目击式报道中，这类导语用得更多。

描写型导语虽然能以生动的画面感染读者，但过多的描写又不符合导语简短的品格。所以，首先，在什么情况下采用此类导语必须谨慎考虑；其次，要防止描写过多，且只能运用白描，寥寥几笔勾勒出对象的主要特征，以写意传神为宗旨；再次，描写一定要注意具体生动，避免陈词滥调和空泛的修辞堆砌。

3. 议论型导语

新闻报道以客观叙事为主，一般不允许记者直接在报道中大发议论，但有时也不排除叙事过程中有画龙点睛式的说理议论。

议论型导语是从议论入手或是把叙事和议论交织在一起，用夹叙夹议的方法对新闻事实进行简要评论的导语。

常见的议论型导语有评论式导语、设问式导语和引语式导语。

（1）评论式导语。

评论式导语的特点是叙事与议论紧密结合在一起。它表现为先叙后评和先评后叙两种情况。例如：

本报东京湾美国"密苏里"号战舰上9月2日电 今日上午9时05分，日本外相重光葵在无条件投降书上签字。日本终于为它在珍珠港投下的赌注付出了代价，失去了世界强国的地位。

这是先叙事后评论。"日本外相重光葵在无条件投降书上签字"是事实，"日本……地位"是评论，点明事实的历史意义。

又如获2002年度中国新闻奖的消息《广东着力解决农村困难家庭子女读书难》，其导语为：

我们常常轻松而随意地使用"座无虚席"来形容观者的众多、来烘托场面的精彩。新中国的义务教育为追求"座无虚席"，筚路蓝缕奋斗了半个多世纪。如今，"座无虚席"在广东省的每一所农村中小学的课堂上成为现实。去年秋季以来，广东已基本做到没有一个孩子因贫困失学、辍学。对于广东省委、省政府来说，这四个字并不轻松，因为它承载着全省88.8万贫困中小学生书杂费全免的义务教育；这四个字沉甸甸，因为它意味着从今以后全省每年须支出3亿多元的财政专款。

这则导语先评后叙，先点出"解决农村困难家庭子女读书难"的意义，后概括写出广东省的做法和为实现这一做法所要支出的财政款额。评述结合，很好地表现了事实的意义。

议论式导语要求议论精辟，对新闻事实意义的揭示要一语中的，要充分地挖掘事实本身所蕴含的意义，但不能脱离事实任意发挥，更不能牵强附会地将一些无关的评论强加于事实之上以哗众取宠。

（2）设问式导语。

设问式导语是以提问的方式开头的导语。这类导语是把新闻报道里已经解决的问题或确定的思想内容先用疑问句式鲜明地提出，而后用事实加以回答，使之更引人注目，激发读者阅读全文以获得对问题的全面解答。

设问式导语按问题回答的情况又可分为两种类型：一是边问边答；二是开头提问，全文作答。前者先给读者一个粗略的回答，读者欲知详情，定将阅读下文；后者先不作答，产生悬念，吸引读者阅读下文以追寻答案。例如，《长江究竟有多长？源头在哪里?》的导语：

长江究竟有多长？源头在哪里？经长江流域规划办公室组织查勘的结果表明：长江的源头不在巴颜喀拉山麓，而是在唐古拉山脉主峰各拉丹冬雪山西南侧的沱沱河；长江全长不止五千八百公里，而是六千三百公里，比美国的密西西比河还要长，仅次于南美洲的亚马逊河和非洲的尼罗河。

导语中开头提到的两个问题，接下来马上就有了明确的答案。而芝加哥《每日新闻》的一则报道《钢铁价格上涨》的导语是：

本报讯 最近钢铁价格上涨，这将会对你的购买力发生怎样的影响呢？

导语中先不作答，主体部分则以大量的事实来提示钢铁涨价与消费品价格的内在联系，对消费者而言，涨价的影响就不言自明了。

设问式导语制作的关键在于问题的设计。首先，所设之问应是读者未知而欲知的问题。欲知，就有了阅读兴趣。记者要研究读者最关心的问题是什么，设问应抓住读者有共同兴趣的关键点。其次，设问的目的还在于激发读者的好奇心和求知欲，引导他们阅读全文，故问题的难易度应适中。既不要把设问变成考读者，也不要提过于浅显的一般常识性的问题。对于那种难度较大一点的问题，最好是提问后随即作答，或告诉读者答案何在。不要一口气提过多的问题，否则既容易吓走读者，也有可能分散读者的注意力。

设问式导语常用在述评新闻、经验新闻、社会新闻中，通过问答，为民解疑，向社会提供新经验和新信息。

（3）引语式导语。

引语式导语的议论不是记者本人的言论，它或是巧妙地援引新闻中主要人物的话来点明题旨或引出主要新闻事实，或是引用某些警句名言来开头。

引语的方式有两种，即直接引语和间接引语。

直接引语即直接引用原话。西方新闻写作教材中对直接引语非常重视。他们认为直接引语最大的好处之一就是能够提示被引语者的观点或情感。下面这条引语是裸体主义者协会的负责人为争取法律保护圣彼得斯堡地区裸浴的讲话：

"我认为禁止裸浴的规定十分荒谬。在欧洲绝大部分的海滩上，你既可以一丝不挂，也可以穿袒露衣，还能穿得严严实实。没人会管你，一切都由你自己来决定。"

直接引用原话应加引号，以示真实准确。直接引语在西方的报道中用得比较多，这是因为"好的引语能够起到补充引语和证实消息的作用，甚至可以让读者听到说话人的声音。它们可以为你的报道增添艺术性和趣味性"①。

直接引语应注意其真实性，千万不能是经记者编造后的话。请看下例：

本报讯 当那个不下跪的孙天帅受到人们的普遍赞扬时，有的大学生却认为："只要有钱，跪一次又有什么了不起！"

这则导语中的说话者身份不确定，读者难免会怀疑这言之凿凿的依据何在？在这种情况下，不如改用间接引语更合适。

间接引语是把别人的原话略加整理后引出。整理的目的在于让引语的意思更简明扼要。例如：

邓小平副主席今天说：中国没有叫台湾投降，而是希望它接受在平等的基础上就中国和平统一的问题进行谈判。

间接引语不完全是原话，故不能加引号，但必须符合原意，不能断章取义，更不可不负责任地随意歪曲。

使用引语式导语要格外谨慎。美国学者威廉·梅茨在《怎样写新闻》中说："一位提供消息的人决不会有意地使自己的话构成一则新闻导语；而且也很少有某个人的话，一字不差地加以引用就是一条最好的导语。"所以，我们在使用这种导语时首先应注意所引用的话必须是有权威、有影响、有代表性的，或是对该问题最有发言权的人的话。记者必须充分认识到引语的分量和价值。此外，引语必须能回答当时人们共同关心并迫切需要得到回答或澄清的问题，具有一种政策上的披露与宣传作用。

---

① ［美］卡罗尔·里奇. 新闻写作与报道训练教程. 北京：中国人民大学出版社，2004. 45

五、硬导语和软导语的选择

硬导语和软导语这组概念是从硬新闻和软新闻中引申出来的。

硬新闻是指那些题材较为严肃，着重于思想性、指导性和知识性，以反映政治、经济、科技等领域的重大情况为内容的新闻；而软新闻则指那些人情味较浓，写得轻松活泼，易于引起读者阅读兴趣的新闻。硬、软导语主要是从写作风格来说的。前者不事渲染，开门见山，以朴实的笔墨突出事实的价值；后者在写法上较多地运用文学化手法，以生动活泼、风趣幽默见长。一般而言，硬导语是消息写作的正道，故西方常称之为"职业化写作"；而与此相对的软导语，由于偏向于文学化写作，故被认为是"非职业化写作"。

但是，这个问题也不是那么简单便可以解释清楚的。在今天这个多媒体竞争的时代，有人认为用软导语是报纸与广播电视相抗衡的策略之一。"消息在风格上更加文学化有助于报纸同电视竞争。电视广播报道新闻虽然比报纸快，但是报纸使用软导语，能使故事更有趣。反对者则指责，软导语对大多数新闻题材不适合：过于附庸风雅、文学化以及非职业化。软导语太长，不能突出新闻事实。"①

如何看待硬导语和软导语的问题？简单的肯定或否定都是不科学的。硬导语和软导语作为不同的写作风格，其在不同的情况下有不同意义，要具体问题具体对待。

导语的硬、软问题是风格问题。但是，这一风格不像文学作品那样主要表现为个人风格。也就是说，导语的风格不完全是由个人的兴趣所决定的。有下列因素会影响导语硬、软风格的选用。

1. 不同的题材影响导语选择

从题材的性质来说，其本身就有硬和软的区分。重大的政治、经济、科技等方面的内容，谓之"硬"；社会新闻，接近百姓日常生活的逸事趣闻，谓之"软"。因此，根据题材的性质来选择导语的风格也是非常重要的。

如下例，报道一家工厂生产了一种面料，算不了重大题材，难以引人关注，故其导语就以风格上的"软"之长来取胜。

亲爱的读者，你知道灯芯绒可以做夏天的裙子吗？上海绒布厂新生产的许

---

① 有关硬、软导语的讨论情况，见 Ted Buchholz, *Reporting for the Print Media*, p. 187. 转引自张威：《对国内有关"硬新闻"和"软新闻"界定的质疑》，载《国际新闻界》1998 年第 4 期。

多种灯芯绒中，就有这样新奇的品种。

这一导语比较"软"，效果就很好。如改用硬风格的导语，其效果就差些，如"昨天，一种新的灯芯绒在上海绒布厂问世了"。这种硬风格写成的导语，完全是重大题材报道的口吻。如果是像我国第一颗原子弹爆炸，用这种风格就很得体，如"我国第一颗原子弹今日爆炸成功！"若改用软导语："亲爱的读者，你知道我国可以自行研制出原子弹了吗？昨日，我国第一颗原子弹已爆炸成功！"这就有点大事化小的感觉，很不得体。

对于事件性新闻与非事件性新闻来说，事件性新闻的时效性强，其导语往往要求开门见山，故以硬导语多见；非事件性新闻的时效性不如事件性新闻强，其导语相对来说可以写得"软"些。

2. 不同的体裁对导语的选用不同

不同的体裁对导语也有不同的要求。按西方对新闻报道体裁较通常的划分，新闻可分为硬新闻和软新闻两种。硬新闻是指动态新闻；软新闻又分两种，即简短的软新闻和特写。这种划分主要是从时效性上来考虑的。动态新闻是时效性很强的报道，写作上适合用硬一点的风格；而软新闻则包括了非事件性新闻以及时效性稍弱一点的、以展示"如何"和"为何"要素的报道，为增强可读性，通常追求软一点的风格。如沃尔特·福克斯在谈特写的导语时就说："由于特写素材不具备硬新闻的素质，为此，记者必须采用更高明的技巧来写导语，从而将读者有力地吸引到报道上来。当然，这么做的时候，特写作者——就像其小说写作中的同行一样——也有许多方式可供选择。比如开篇处可引入一段趣事，一节对话，一段描写，一个直接引语，一个故事或一段对凸现报道中引人入胜内容的特写角度所作的概括，等等。"[1]

且看两则关于美国总统肯尼迪遇刺的报道：

肯尼迪遇刺丧命（主题）
约翰逊继任美国总统（副题）

肯尼迪总统今天在这里遭到刺客枪击不治。

总统与夫人同乘一辆车中，刺客发三弹，命中总统头部。

总统被紧急送入医院，并经输血，但不久不治。

官方消息说，总统下午1时逝世。

---

① ［美］沃尔特·福克斯. 新闻写作——报刊记者指南. 北京：新华出版社，1999. 188

副总统约翰逊将继任总统。

这是路透社在出事后几分钟内发出的急电。时效性特强，抢先报道本身就可先声夺人，不必也不可能考虑文学化、软风格。这是典型的职业化的写作。另一家通讯社——合众国际社失去了第一时间报道的时效性优势，第二天报道此事时，不宜作动态报道，于是选择特写这一体裁。其开头是：

这是一个十分迷人的、阳光和煦的中午。我们随着肯尼迪总统的车队穿过达拉斯市的繁华市区。车队从商业部中心驶出后，就走上了一条漂亮的公路。这条公路蜿蜒地穿过一个像是公园的地方。

我当时就坐在所谓的白宫记者专车上，这辆车属于一家电话公司，车上装着一架活动无线电电话机。我坐在前座上，就在电话公司司机和专门负责总统得克萨斯之行的白宫代理新闻秘书马尔科姆·基尔达夫之间。其他三名记者挤在后座上。

突然，我们听到三声巨响，声音听起来十分凄厉。第一声像是爆竹声。但是，第二声和第三声毫无疑问就是枪声。

大概距我们约150或200码前面的总统专车立刻摇晃起来。我们看见装有透明防弹罩的总统专车后的特工人员乱成一团。

下一辆是副总统林顿·约翰逊的专车，接下去是保卫副总统的特工人员的专车。我们就在这后面。

我们的专车可能只停了几分钟，但像过了半个世纪一样。我亲眼看见历史在爆炸，就连那些饱经风霜的观察家，也很难领悟出其中的全部道理。

我朝总统专车上望去，既没有看见总统，也没有看见陪同他的得克萨斯州州长约翰·康纳利。我发现一件粉红色的什么东西晃了一下，那一定是总统夫人杰奎琳。

我们车上所有的人都朝司机吼了起来，要他将车向总统专车开近一些。但就在这时，我看见高大的防弹玻璃车在一辆摩托车的保护下，嚎叫着飞速驶开。

我们对司机大喊："快！快！"我们斜插过副总统和他的保镖车，奔上了公路，死死地盯住总统专车和后面特工人员的保镖车。

前面的车在拐弯处消失了。当我们绕过弯后，就可以看到要去的地方了——帕克兰医院，这座医院就在主要公路左侧，是一座灰色的高大建筑物。我们向左边来了一个急转弯，一下子就冲进了医院。

我跳下汽车，飞快跑到防弹玻璃车前。

总统在后座上，脸朝下，肯尼迪夫人贴着总统的身子，用双手紧紧将他的头抱住，就像在对他窃窃私语。

总统被刺的情况直到特写的第12段才出现。这样写，适合于以详细展示"如何"这一要素的报道，不抢时间而重在写细节和现场。但是，这种写法显然不适合于动态性报道。

3. 不同的媒体对导语的选择有差异

媒体的定位影响导语的写作风格，这是显而易见的。以下根据媒体的情况分两方面来讨论。

（1）党报与非党报之别。

党报是政党的机关报，其政治色彩较浓郁，在风格上就倾向于"硬"一点。恩格斯说："党需要的首先是一个政治性的机关报。"毛泽东等人也曾明确提出反对党报的"软化"。

而非党报的政治色彩要弱一些，内容上不必均是重大题材，写法上也较灵活，风格上相对说来要"软"些。

（2）日报与非日报之别。

按惯例，每周出版五天的报纸就算是日报了。日报的特点是能及时报道新闻事实，能满足人们快速知道新闻的欲望。它追求报道的时效性，所以它往往是以最快的速度、最少的文字、最朴素的形式把最重要的内容直截了当地告诉读者。这样，它的风格就比较"硬"了。

而非日报每周出版的次数较少，出版周期相对来说长些，在时效性方面无法与日报相比。往往是关于事实的简要报道，在别的媒体上已经发表过了，非日报如再涉及此事，就得另有高招。有学者在研究《新闻周刊》的写作时就说过，对于日报来说，使用风格比较硬的倒金字塔式结构是好的选择，但对于周刊性质的报纸而言，"如果记者用倒金字塔式结构来报道已经过去若干天的事件，那么这一形式只能加剧报道的陈旧感。所以，新闻周刊要想同日报有效地抗衡，就必须做两件事：一是提供竞争对手所不具备的信息；二是在提供与日报相同的信息时，叙述得更好一些"①。叙述得更好一些，通常就是较多地用文学手段，让叙述风格趋"软"些。

4. 个人因素也会影响导语的选择

如前所述，个人因素对于新闻导语的风格来说，不像文学作品那样举足轻

---

① ［美］沃尔特·福克斯. 新闻写作——报刊记者指南. 北京：新华出版社，1999. 178

重，但我们也要看到个人风格对导语的风格还是有一定的影响。这一点尤其体现在那些富有创新精神的记者和有多年报道经历并已逐渐形成了自己的写作特色的记者身上。

如新华社记者郭玲春，她着意打破已经形成的"新华体"的写法，写出了富有个人风格的导语来。试比较下面两则导语的写法：

新华社银川 12 月 3 日电 宁夏回族自治区妇联今天向 90 名从事妇女工作 20 年以上的妇女干部颁发了荣誉证书和纪念品，以表彰她们扎根边远地区，为各族妇女、儿童谋利益的忘我工作精神。

新华社北京 11 月 28 日电 以新闻报道为己任的 350 余名记者、编辑、播音员，今天成了被报道的新闻人物。这些常年活跃于社会各阶层，反映人民群众的成就、愿望和呼声的新闻群英荟萃北京，参加建国 35 年来首次举行的全国优秀新闻工作者表彰大会。

后者为郭玲春所作。按一般的写法，是"大会表彰了某人"，郭玲春为了突出被表彰的对象，特别选用被动句，突出受到了表彰的人。这样写报道对象显然要鲜明些。

个人兴趣爱好及追求对导语风格的影响，我们还可从穆青、范敬宜等名家的作品中感受到。不过，从深层次来看，个人的风格最终还是与记者供职的新闻机构的性质和他所擅长报道的领域有关。这样，媒体、题材等因素对导语风格的选择还是很起作用的。

在上述讨论的基础上，我们可以进一步提出两点：

（1）我们应为适应不同题材、不同体裁、不同媒体而调整不同的导语写作风格。如下面这则导语就写得生动活泼，与所报道的题材很相匹配：

巴塞罗那 9 月 30 日电 像雏燕轻快翻飞，像宝剑刺入碧水，高敏在女子跳板跳水决赛中的精彩表演，使中国又得一金。

（2）严肃的、重大的题材的报道，其导语也可以有限度地在"软"字上做点文章。

这样做的目的在于提高报道的可读性，而不是玩花招。比较下面两则导语：

例1:

30 年代,美国人 K. 瓦尔玛发明了一种杀虫药,报道此事的导语为:

10 年前,当 K. 瓦尔玛刮胡子的时候,困扰他的苍蝇们实在是太没有自知之明了。

这则导语光怪陆离、矫揉造作,欲造悬念却离题千里,是"瞎导语"。

例2

匹兹堡一位年轻的科学家第一个创造出最纯的真空,因此获了奖。报道此事的导语是:

一位年轻的科学家因为创造出了什么也没有的东西于今天获得了 1 000 元美金。

导语不直接说出创造了"真空",而有意说成是"什么也没有的东西",化直接为间接,转了点弯,而造成了悬念,引发了读者的好奇心:什么也没有,为何得奖?

上面我们讨论了多种类型的导语,可见,根据不同情况选择不同的导语是大有学问的。

第三节 消息的主体与结尾

消息一般由消息导语、消息主体和结尾三部分组成。写好导语固然重要,但只有导语无法构成一则消息。如何写好消息的主体和结尾同样应当引起我们的重视。

一、消息主体的功能

消息主体是消息的主干部分,也是消息的展开部分。在一则消息中,导语虽然已经包含并突出了最重要的新闻事实,但对整个新闻事实的全部内容还表现得很不充分,尤其是还没有用具体的材料来阐明和表述新闻主题。所以,在主体部分中,消息必须用充分、具体而典型的事实进一步表现新闻主题。消息主体是阐述新闻内容的主要部分,对主题思想的表现有着非常关键的作用。

概括地说,消息主体在一则新闻中的作用主要表现在以下两个方面:

（1）解释和深化导语。

对导语里提出的主要新闻事实、问题或观点进一步提供具体材料，解释新闻事实的来龙去脉或前因后果，深入表现新闻事实自身的意义或在某个范围内的意义，从而使读者对新闻事实有更清楚、全面的了解。

（2）对导语的内容加以补充。

消息导语一般只突出那些最有新闻价值的事实，在"部分要素式"导语中，往往只突出新闻六要素中的某一两个。这样，消息主体就必须补充导语中未涉及的部分，补充新闻六要素中的另一些要素。同时，消息主体还要适当地提供与新闻事实有关的背景材料，使得内容充实饱满、枝繁叶茂。下面结合实例说明消息主体这两个方面的作用。

在特大洪峰的严峻考验下
葛洲坝巍然屹立稳如泰山

本报葛洲坝工地 7 月 19 日专电 今日凌晨，长江上游的特大洪峰已经顺利通过葛洲坝，我国万里长江上的第一坝胜利地经受了大自然的严峻考验。为此，中央防汛总指挥部来电表示热烈祝贺。

导语突出了主要新闻事实，同时还提到了"中央防汛总指挥部来电祝贺"，可见这一新闻事实具有重大意义。我们知道，葛洲坝是我国有史以来在最大河流上兴建的最大的水利工程，它能否经受住特大洪峰的考验，是备受世人瞩目的焦点。导语抓住了读者最为关心的问题，先报平安，但关于"特大洪峰"的情况却先不描述。

根据计算，今日凌晨葛洲坝的流量达到了 72 000 立方米/秒，大大超过了 1870 年以来的 110 年间最大的一次洪水。当汹涌澎湃的洪峰奔出三峡，从"瓶口"南津关夺路而出扑向大坝的时候，抢在洪水到来之前加高的大江围堰，把洪峰逼向左边的二、三江建筑群，洪水从二十七孔泄水闸和六孔冲砂闸奔腾而去。在泄水闸的各个出口，咆哮的江水如凶猛的野兽一样在闸前狂怒不息，激起 10 多米高的浪花和水雾，不停地发出雷鸣般的呼隆声。

这是主体的第一段，全部内容都是对导语中提到的"特大洪峰"的注释。当人们从新闻导语报道的喜讯中放下心时，接下来最为关心的是"特大洪峰"到底有多大？新闻主体马上回答了这一问题："流量达到了 72 000 立方米/秒。"只列数字还过于抽象，一般读者可能会因无可参照的数据而对这个数字的含义可无法把握，因而作者又交代了一个历史背景使之具体化：指出这是自"1870 年以来的 110 年间最大的一次洪水"。然后作者又以具体的描绘进一步生动地展现了洪峰在大坝前的施威，让读者如见惊涛骇浪，如闻涛声雷鸣。"沧海横流，方显出英雄本色"，让读者具体感受到了"特大洪峰"的威力，更能让读者体会到"葛洲坝巍然屹立稳如泰山"这一新闻事实的特殊意义。

在洪峰到来的时候，从驻在武汉的长江流域规划办公室到葛洲坝工程局，灯光彻夜通明，电话铃声不绝。工地上数万名参加防护的工人、工程技术人员都坚守岗位，严阵以待。与此同时，设在大坝廊道内外的 4 000 多部监测仪器随时监视着大坝的每一点细微的变化。

这一段表现人们严密监视特大洪峰通过大坝时的情景。这一段内容在导语中没有提及，在这里加以补充。补充的这些内容既让读者看到了特大洪峰过葛洲坝这一事关重大的事实令万众瞩目，心系一处，又让读者体会到了在洪峰与大坝搏斗的背后情景，实际上反映的是人类改造自然的战斗。这本是新闻事实中应有之义，作者将它发掘出来，显然深化了新闻主题。

在长江上建坝第一位的问题就是"安全"二字。只有首先做到安全可靠，才能谈及其他。因此，葛洲坝工程顺利度过特大洪峰，其意义比通航、发电还大得多。今天，当洪峰已经过去的时候，连日来战斗在抗洪第一线的长办副主任魏庭铮、葛洲坝工程局总工程师曹宏勋和其他负责人发表谈话说，当预报长江上游出现特大洪峰时，我们以严峻的心情，迎接洪水对工程的考验；党中央、国务院和全国人民都密切关注着大坝的安危。现在，中国人民可以自豪地宣布，葛洲坝工程经受了建国以来长江最大洪峰的考验，大坝巍然屹立、稳如泰山，没有出现任何异常现象，大江围堰丝毫不动，所有水工建筑均正常运行。这是中国人民的智慧和力量的胜利。一直坐镇在工地上组织和指挥抗洪的水利部部长陈庚仪高兴地说，各种监测仪器提供的大量数据，都在安全设计的标准之内，大坝质量比原来设想的还要好。

这是主体中篇幅较大的一段。在前面的段落里已经描绘了洪峰过大坝的情形，作者在这里笔锋一转，连续引用权威人士的话对此事进行评论，提醒读者"葛洲坝工程顺利度过特大洪峰，其意义比通航、发电还大得多"。这是对导语的进一步解释和深化。通过这一交代，整篇报道的分量愈加显示出来了。人们一般只知道葛洲坝在通航、发电方面的意义，没想到此事的意义大得多。读到此处，读都便会恍然大悟：为什么中央防汛指挥部要为此发去贺电。

现在，洪峰已经缓慢下落。从 16 日下午起关闭的两座船闸，待流量下降到 40 000 立方米/秒左右即可开闸通航。

结尾一笔补充交代新闻事实的发展趋向，表明一切将很快恢复正常，消除了人们心中的不安。

通篇观之，导语简明扼要，主体有血有肉，既补充了一些必要材料来丰富新闻的内容，也从不同侧面充分展示了新闻事实的意义。

在一些篇幅较短、内容较单一的消息里，主体部分的两大作用有其一就可以了。请看 2005 年 11 月 22 日《参考消息》上发的两则消息：

例 1

布什支持率再创新低

法新社纽约 11 月 17 日电　美国哈里斯网上评估公司今天公布的民意调查结果表明，布什总统的支持率再创新低，低至 34%。

此次民调结果显示，约三成的美国人认为布什在白宫的表现是"积极"的，而 65% 的人认为"还算可以"或"差劲"。

根据这家总部设在纽约的民意测验机构统计，布什的支持率自 2004 年 11 月成功连任以来一路下滑，68% 的被调查者说美国正"沿着错误的路线"发展，27% 的人认为它正朝"正确的方向"前进。

例 2

俄确定明年接收外劳数量

俄塔社莫斯科 11 月 16 日电　根据俄罗斯联邦政府总理弗拉德科夫签署的政府令，2006 年，不超过 32.93 万外国劳动力可通过官方邀请前往俄罗斯打工。

俄罗斯政府每年都会确定外国公民到该国务工的人数。2005 年向 21.4 万名外国人发出了邀请。

以上两例中，例 1 的主体部分是解释和深化导语，详说"新低"低至什么程度；例 2 的主体部分是对导语的内容加以补充，导语说 2006 年的计划数，主体补充了 2005 年的情况，供读者比照参考。

二、消息主体的写作要求

导语写作固然重要,主体部分的写作也不应轻视。古人称文章的开头、中间、结尾为"凤头、猪肚、豹尾",强调中间部分要充实饱满。那么,如何才能写好消息主体?

1. 要注意变换角度,不要重复导语

要写好消息主体,一个重要的问题是如何处理好其与导语的关系。我们知道,大多数消息都是把最重要的事实写入导语,主体是对导语中所涉及的事实加以深化、具体化,如果把握不好,主体就有可能与导语产生重复现象。请看下面这则消息:

北京千座"铁跨公"立交桥穿上防撞铠甲(主题)

避免超高超限车辆影响铁路桥梁安全(副题)

本报北京8月18日电 记者今天从北京铁路局了解到,为有效避免超高超限车辆对铁路桥梁安全的影响,截至8月18日,北京铁路局已经为管内1 099座"铁跨公"立交桥(涵)安装了限界防护架。

今年以来,全路"铁跨公"立交桥(涵)多次发生超高超限车辆不看限高标志,硬性通过,造成撞桥事故,给铁路运输安全造成极大影响。为避免此类事件再次发生,影响铁路局对管内设置"铁跨公"立交桥限高、限行标志和安装限界防护架。

北京铁路局坚持特事特办,积极与地方部门进行协调沟通,一天之内连续向北京市、天津市和河北省地方政府发出函件,采取多种方式,千方百计赢得地方政府的支持和理解。并克服提速施工、设备大修、防洪防汛、暑运任务异常繁重等困难,昼夜施工,精心安装。截至目前,全局1 100座未安装限界防护架的"铁跨公"立交桥,除京山北京市南中轴路一座立交桥,由于与永定门城楼正门相对,地方政府考虑与城市历史风貌不协调,未予批准外,其余1 099座"铁跨公"立交桥已全部安装完毕。

这则消息,标题说的是"北京千座'铁跨公'立交桥穿上防撞铠甲",导语突出了"北京铁路局已经为管内1 099座'铁跨公'立交桥(涵)安装了限界防护",主体部分还是说"1 099座'铁跨公'立交桥已全部安装完毕"。这就是消息写作中的"三重复"现象。的确,标题要标出主信息,而导语也要求突出主信息,主体部分又是对主信息的具体化。看上去重复现象不可避免。其实,主信息的"重复"不是一种简单的"又说一遍",而是强化传播效果所必要的信息冗余。这类现象不是不可避免的。主体部分只要将角度稍稍变换一下，就不会出现简单的重复。下面这则消息《浙江百名农业局长集体吃鸡鸭》就变换得颇为成功：

新华社杭州 2 月 8 日电　"只要是检疫检验合格的鸡鸭，大家可以放心地吃。"浙江省委常委、常务副省长章猛进一边吃着鸡腿一边笑着对大家说。8日中午，这个省农业工作会议的工作午餐上显得特别"丰盛"。

大盘的鸡肉，整锅的老鸭煲，摆上了全省各市（县、区）100 多位农业局长和专家的餐桌。章猛进首先带头，把面前的一只鸡大腿放到了自己的碗中。随后，又为各局长分起了鸡。"你们都是农畜方面的专家，检疫合格的鸡肉、鸡蛋煮熟煮透可以放心吃，那我就带头先吃了。"章猛进反复地说："你们的责任很大，要帮老百姓把好关。"

在餐前的会议上，浙江省领导强调，全省要全面抓好防治禽流感工作措施的落实工作，把责任落实到位，任务分解到位，制度执行到位，经费物资保障到位，决不让一只病禽流入，决不让一只病禽上百姓的餐桌。

近来，浙江永康发生了禽流感疫情。浙江省一手抓防治禽流感不动摇，一手抓发展畜牧业不放松，统筹抓好疫病防治和发展畜牧业的各项工作，并采取多种形式引导消费，扩大市场需求。

导语和第二段说的是领导带头"集体吃鸡鸭"，主体部分从另一角度表现了一个新的内容："决不让一只病禽上百姓的餐桌。"前面说的是"吃"，后面说的是"不吃"，两者互相联系又不重复。

2. 要注意扣紧主信息，不要离题千里

在发挥主体的深化和补充新闻事实的功能时，有些人往往将没有写入导语的材料统统塞进主体。这就造成了有些新闻主体中的材料与新闻主信息关系不大，甚至离题千里。主体容纳的材料虽然远比导语要多，但它们必须是围绕新闻主信息从不同侧面展开的，它们与主信息必须保持十分密切的关系，而不应游离于主信息之外。例如：

搞好合同公证　为经济体制改革服务

本报讯　去年 10 月以来，我区（指河北保定地区——引者注）各市、县公证机关认真贯彻行署有关规定，积极为经济体制改革服务。据不完全统计，全区已办理租赁、股份制、抵押等合同公证 97 件。

高阳县饮食服务公司对下属企业实行租赁制，县公证处对双方协商的租赁合同进行了严格的审查，依据经济合同法及上级有关文件精神，完善了合同条款，使合同更真实、合法、可行，促进了承租双方的经营积极性。高阳饭店租赁后营业时间由原来的 8 小时延长到 12 小时，月营业额可达 3.2 万余元。五金电料门市部租赁前只卖整套部件，现在拆整为零，销售量大增。

　　这则消息的主信息很鲜明：区各公证机关认真搞好合同公证。这在导语中基本上概括出来了。主体的任务应当是补充一些具体材料来说明他们是如何做好这一工作、如何为经济体制改革服务的。但记者在主体中却写进了这样两个事实：①高阳饭店租赁后营业时间延长，月营业额达 3.2 万多元。②五金电料门市部租赁前只卖整套部件，现在拆整为零，销售量大增。不难看出这两个材料所说明的不是公证机关如何搞好合同公证，而是承租单位经营积极性提高后的一些具体作法。这两个材料直接与"搞好合同公证"这一主题联系在一起，显然十分勉强。

　　法新社消息《中国军舰访美》的主体在深化和补充新闻事实时，材料丰富，既紧扣主题，又适当地拓宽了信息的内涵量。请看：

　　法新社华盛顿 3 月 10 日电　美国海军的一位发言人今天说，三艘中国军舰已经进入珍珠港。这是自 1989 年以来中国海军第一次访问美国港口。

　　这些导弹驱逐舰——"哈尔滨"号、"南昌"号和"珠海"号是昨天抵达珍珠港的。它们将在那里待到星期四，然后启程开往加州的圣迭戈。它们将在 3 月 21 日至 25 日访问圣迭戈。

　　《华盛顿邮报》报道说，阿奇·克来明斯海军上将在欢迎仪式上说，中国海军的这次访问开创了两国海军之间的一个"和平与合作的新时期"。

　　这次访问是中国国防部长迟浩田去年 12 月访美期间商定的一系列美中军事交流活动的一部分。

　　据海军的一位发言人说，中国海军上一次对美国港口的访问是 1989 年 4 月"郑和"号对珍珠港的访问。美国海军去年和 1995 年访问了中国港口。

　　中国正在发展一支能够将其力量投放到远离海岸的地方的远洋舰队。这次对美国的访问被看作是朝这个方向迈出的重要的一步。

　　报纸援引一位中国海军中将的话说，这三艘军舰访问圣迭戈之后将访问墨西哥、秘鲁和智利。期间，指挥员将评估其船员的素质并加强同东道主的关系。

　　这则消息的导语突出了"何事"，即中国军舰访美。主体部分先是交代了访美的背景由来，表明访美的意义。按一般的写法，这则消息的内容就完整了。但记者并未就此了结，在后两段补充了一些看上去与新闻事实似乎关联不大的内容。读者如果仔细琢磨，就会发现这两段内容的意义非同寻常。它从另一角度阐明了中国军舰访美的意义，令人回味。这些内容不仅没有游离于主信息之外，而且大大加强了社会新闻的思想性，使主信息鲜明突出、丰满多姿。

3. 内容要充实，防止空洞无物

消息以事实说话，作为阐述主题的消息主体部分，自然应该内容充实、材料具体，这样表现主题才能有力。主体中选择的事实是否内容充实直接关系到这则消息的说服力。总之，主体作为消息的展开部分，一定要言之有物。

2004 年度中广学会城市广播电台（广播新闻）年会在长沙召开，一些媒体对此作了报道。且看其中一家的报道：

中广学会城市广播电台（广播新闻）年会在长沙开幕（引题）
广播媒体步入发展春天（主题）

本报讯 昨日，由长沙人民广播电台星沙之声承办的 2004 年度中广学会城市广播电台（广播新闻）年会在长沙市开幕。来自中国广播电视学会及各城市广播电台的 80 多名广播界同行、专家、学者共聚一堂，商谈了未来广播电视的发展大计。长沙市委副书记吴志雄出席开幕式并致辞。

会上，吴志雄殷切地希望以本次年会为桥梁，使长沙市与各城市的传媒建立起更为密切的联系、进行更为深入的交流和合作。通过各家电台传媒对长沙市的广泛推介，让世界更多地了解长沙市，让长沙市更好地走向世界。本次年会也是全国广播界相互交流、加强合作、共谋发展的一次盛会。长沙市的广播传媒也要借这次年会的契机，继续更新观念，不断推进改革，努力开创广播改革发展的美好明天。

目前，广电业是长沙市媒体传播的主体之一，其中，广播电台有星沙之声、音乐频道 2 个频道，合计年节目生产能力为 4 万小时。电视剧、电视专题片、电视综艺节目已达年产 600 部（集）的能力，广告片制作能力达 500 分钟。长沙广电业的诞生与发展也与其他兄弟电台一样，印证了十几年来广播改革发展的轨迹，从部门运作到中心运作，从中心运作到频道制运作，直到目前的集团化运作。

据了解，中广学会广播新闻年会为期两天。本届年会将突出"交流、合作、发展"的主题，就广播媒体的现状与发展趋势、广播新技术的推广与应用、广播新闻发展规律等论题进行了广泛、深入的交流探讨。目前全国有广播电台306座，广播节目1 983套，每天播出广播节目22 838小时。近年来，随着经济的发展和人们生活节奏的加快，广播收听率明显提高。广播媒体在扮演了多年的"弱势媒体"角色后将迎来更加充满生机的春天。

这篇报道以"广播媒体步入发展春天"为主信息，虽然抓住了有新闻价值的内容，但遗憾的是，报道的正文部分并没有充分的事实支撑"步入发展春天"的说法，只是对长沙市的广电业作了一个介绍，在结尾处点出"广播媒体在扮演了多年的'弱势媒体'角色后将迎来更加充满生机的春天"。这样的话说出来是没有什么分量的。

我们知道，由于受"电视冲击波"的影响，广播业的发展曾一度跌入低谷，随着广播业自身的改革和社会的发展，我国的广播业又有了新的发展。过去被人视为"弱势媒体"，今天用"步入发展春天"来形容是很恰当的，这次会议的召开本身就可以说明这一点。这就是新闻。记者如果在这方面多下工夫采写，应当是可以把内容写得充实饱满的。

好的消息主体总是饱满如"猪肚"。如我们前面提到的《在特大洪峰的严峻考验下 葛洲坝巍然屹立稳如泰山》，主体部分先是具体交代洪峰流量、洪峰通过葛洲坝时的肆虐之势和大坝稳如泰山之况；接着叙述从工地到办公室万人关注监视洪峰；最后引用权威人士的话来阐述大坝"安全"的意义，深化了新闻主题。通过短短的篇幅让读者对洪峰过大坝这一事实既知其然，又知其所以然。

4. 要波澜起伏，防止罗列事实

"文似看山不喜平"，新闻同样也要避免平铺直叙、简单罗列事实。消息主体不仅要完成深化主题和补充信息的任务，而且要有较强的可读性。在展开新闻主题时，应努力做到波澜起伏。

所谓波澜起伏，主要是指事实与事实之间或断或续，结构上大开大阖，叙述上灵活多变、跳跃起伏。请看美联社 1981 年的一则新闻：

美联社北京 7 月 10 日电 在熙熙攘攘的大街附近有一条不知名的灰暗的小胡同，这是中国典型的小巷。向日葵从古旧的墙壁后面探出头来，迎风摆动。猫儿在阳光下伸懒腰。大杂院里人们正在忙着。

一个农民在一个角落里兜售私人种植的大蒜。从路边一所国营食品杂货店里，飘出了强烈的酱油味道。人们正在耐心地排长队买茄子、洋白菜和西红柿。

在一个条胡同里，有两个男人正在辛勤劳动，自己制造椅子，他们买不起一张椅子。

这三个段落所叙述的事实似乎是信手拈来，看不出有什么联系，在结构上似乎也显得十分松散。但实际上都是在渲染一种平民生活的气氛。

这是一条典型的城市街道，唯一特殊之处是有几处地方拉着铁丝网，有一个轿车房，几个中年的便衣卫士在值勤。他们一身夏季装束，头戴草帽，穿着凉鞋和卷起来的长裤。

"这是一条典型的城市街道"一句将前面三段联系起来了，结构由分到合。接下来笔锋一转，写平凡中的"特殊之处"：

这里最显要的居民是中国共产党的最高成员，新当选的主席胡耀邦。

胡现年66岁，他居住在一所灰墙围绕，有座红漆大门的宅院内。灰色的围墙极不起眼，古旧的大门早就该重新油漆了。邻居们说，他在那里居住了许多年。

直到他最近高升而成为引人注目的人物之前，他常常在他居住的街道上步行来往。他是一个平易近人的小个子，身高1.62米。他们说，他有时去采购东西，常有衣衫褴褛的上访者聚集在他的门前，要求他主持正义。他们说：胡主席喜欢同群众在一起……

这三段着重写胡耀邦。叙述中一会儿写他的年龄，一会儿写他的住宅，一会儿写他的身高，一会儿写他采购东西，一会儿是作者叙述，一会儿是邻居叙述，笔锋不断地跳来跳去，内容似断实连，都是为了突出胡耀邦的平易朴实。

和中国其他领导人一样，他穿着朴素，很少透露他的私生活情况……

人们不知道他在简朴的住宅里享受着什么样的奢侈生活，如果有的话。然而，他曾经尖刻地批评了其他官员的高水平的生活。他说，他们理应作出革命榜样来。

他仍和党的资历较低的官员、青年团的领导人，同住在一个院子里，他在这里已经居住多年。胡耀邦从50年代初就开始领导青年团。

这样同党的资历较低的官员共处是罕见的。

中国的一些人士说，胡自从1977年复职以来，一直拒绝接受比较堂皇的住所。

后面几段在叙述与议论之间变化。时而写胡耀邦的生活情况，时而加入背景材料丰富主题。至结尾全文逐渐走向汇合，与开头呼应，全文始终以胡耀邦朴素、平易近人的生活作风贯穿一线。

这种波澜起伏的叙述方式在西方新闻写作中被称为"断裂行文法"。它段落短小，相对独立；段落之间一般没有过渡衔接，而是依靠事件之间的内在逻辑关系相接成篇；叙述时打破时空限制，造成跳跃式推进的快节奏。全文似断实连，形散神聚。这一手法对于增强新闻的可读性，防止平铺直叙、简单地罗列事实是大有裨益的。

三、消息结尾

我们先要解决的一个问题是：消息有无结尾。有人否认消息有结尾，其理由是既然按倒金字塔式结构方式进行写作，新闻内容是按先主后次的顺序排列的，编辑可以从消息的最后一段往前删，结尾就变得无关紧要、可有可无了。其实这完全是一种误解。

首先，任何一篇文章都有开头和结尾。文章有结尾，文意才能完足。没有结尾的文章是结构残缺的文章。倒金字塔式结构的消息虽然可以由后往前删，但在删减过程中，依然要考虑完足文意的问题。以倒金字塔式结构产生之初来看，当时记者每发一段电报，都得考虑在这一段中至少应传送一个较为完整的意思。所以，可以说，在倒金字塔式结构的消息写作中，作者每写一段都具有一种"结尾"的意识，段落之间往往相对独立，编辑从后往前删减文字，可以以段为单位腰斩，但决不可能从某一段的中间凭空劈开。这就说明删减后的消息还得有一个完足文意的结尾。并且，读者从删减后的消息和没有删减的消息中所得到的信息量是不一样的。删减也不可以无限进行下去，应该适可而止。对于那些文字简练、信息量大的消息"尾部"，每删去一段都是为版面篇幅考虑而付出的难以割舍的代价，它决不是一种可有可无的摆设。

其次，倒金字塔式结构只是众多的消息结构形式中的一种，不能因为它的结尾的特殊性而认为所有的消息都不存在结尾。事实上，对于一则消息来说，其结尾的作用是很大的。以1980年2月4日《参考消息》上的一则外电《莫斯科出现厕纸荒》为例：

合众国际社莫斯科1月31日电　莫斯科居民又碰到另一种短缺：没有一处地方可找到厕纸。

一名恼怒的莫斯科人星期二说："我们就是到处找不到。店主只说出现短缺。"

存有厕纸的寥寥可数的商店挤满了人。

有人说："有人暂时裁用纸台布或纸尿片充厕纸，但这些东西现时也用完了。"

一年多来，行之有效的办法是，裁用苏联《真理报》。

这是一个多么有力的结尾！它貌似叙事，却包含了作者对厕纸短缺这一事件的评论和强烈的感情色彩。舍去它，全文绝对要失色一半。美联社特派记者马利根曾说过："我长期以来一直信奉一篇报道既要有好的导语，也要有一个有力的结尾。事实上，我常常在最后一段下的工夫比在第一段下的工夫大，因为我希望那真正动人的最后一行话将使编辑高抬贵手，不致砍杀我努力的整个成果。"的确，那些对全篇消息有着重要意义的结尾是不可以随随便便舍而不要的。

造成某些人认为消息无须结尾的误解，另一个重要的原因是如何理解消息结尾的问题。

我们所说的消息结尾，并不是指一篇消息写完了，还非要在后面拖一条可有可无的尾巴。当报道的内容表达完了后，"意已尽而言不止"，再加上一条尾巴，那不叫消息结尾，只能是画蛇添足。

消息的结尾可以是消息的最后一段，也可以是消息的结束句。有些人认为一定非得在整则消息之末另起一段才叫结尾，这是一种误解。一则消息哪怕只有一段，它最末的一句就具有结尾的意义。阎吾的《我军横渡长江情景》即如此。从叙述视点来看，横渡长江的情景都是以长江北岸为观察点，南岸的情况只能是遥望那飞起的登陆信号。消息的最后一句是："这时，在大江南岸，布满了无数匆匆登岸的解放军，到处可以听到船工们和解放军战士们兴奋而亲热的告别声：'同志们，再见了！''老乡们，辛苦了！南京再见！'"这就是结尾，作者的叙述视点已从北岸转向南岸，表明了由北向南的长江横渡已结束，横渡成功，船工们与解放军战士分手告别。

既然认识到了消息结尾存在的重要性，如何写好结尾就是我们需要认真考虑的问题了。穆青在《关于新闻改革的一点设想》中说过："新闻报道不仅要注意开头，还要注意结尾。""我们不能顾首不顾尾。如果我们费尽心思写好导语，却马马虎虎地写结尾，那是不可取的。"好的结尾能拓展新闻的内涵，升华新闻的主题，给读者留下深刻的印象。

四、常见的几种消息结尾的写法

消息的结尾方式很多，这里介绍几种常见的结尾写法。

1. 自然收束法

大多数新闻采用自然收束这种方法，尤其是倒金字塔式结构的消息，故其又被称为"倒金字塔式结尾法"。当材料已按重要程度递减排序完毕,或者是当必要的新闻内容、新闻要素、事件过程都已交代完毕,全文已水到渠成之时,应就此戛然而止,不再节外生枝另作一个所谓"结尾段"。如 1992 年 11 月 17 日《人民铁道》报的消息《向劳模鞠一躬》。导语交代文化宫大厅前排坐着的是劳模,主体部分介绍齐齐哈尔铁路分局局长王冉在安全生产 3 000 天祝捷大会上讲的一个感人故事——火车司机董振东不幸的家庭遭遇。再写到王冉泣不成声以及"坐在主席台上的铁道部部长韩杼滨和黑龙江省省长邵奇惠也跟着落起泪来。顿时,会场里一片抽泣声"。然后是王冉说要向职工们表达感谢,接着以他的鞠躬收尾:"王冉离开讲台,站好立正的姿势,向劳模们恭恭敬敬地弯下了腰……"行文简洁有力,又余味无穷,获得了"此时无声胜有声"的效果。

2. 卒章见义法

卒章见义法是指在结尾处用画龙点睛式的语言,一语中的地点明新闻事实的本质或问题的实质,或总括全篇,或提示读者。它能使新闻主题更加明朗、突出,甚至得以深化。如《湖南日报》2001 年 12 月 26 日消息《洞庭湖长大五分之一》,描述了 1998 年的特大洪灾过后,洞庭湖经过综合治理出现的喜人景象和如画美景。结尾处如此点题:"人与自然在洞庭湖开始和谐相处。随着治理的深入,烟波浩渺的八百里洞庭将再现人间。"

画龙点睛式的语言还可以是引用他人精辟的语言。如 2006 年度中国新闻奖获奖作品《风雪中,伫立着四位"厚道"的农民工》,报道四位农民工打工数月没有拿到一分钱工资,却守着欠薪逃逸的老板留下的物资。结尾引用了他们的话,回答了他们何以能如此:

尽管身无分文,但四位农民却认真看管着厂区存放的物资。他们说:"这里的任何东西我们都不会损坏,做人要厚道,这是原则!"

结尾所引用的话与标题呼应,点出了农民工的胸襟,与逃逸老板的行径相比较,读者自然就能理解到事实背后的意义。

3. 别开生面法

别开生面法在写法上显得比较灵活,往往在结尾处另辟蹊径,与主要新闻事实相映成趣,从另一角度对主题加以表现或深化。如 1985 年全国好新闻《厂长负责制使优秀厂长脱颖而出》,导语与主体部分主要写高级工程师徐孝纯怎样受命于危难之际,两次出任厂长、治厂有方的事迹。新闻的结尾忽然笔锋一转,跳出工厂,转写家事:

可是，这位厂长家中却没有多大变化，书籍仍然是他家的主要财产。徐每月工资158元，他的爱人是位退休纺织工人，他们用收入的很大一部分购买从印染技术到哲学、文学、外语等各种书籍。这位厂长说："我最爱看关于现代化经营管理的书籍。"

这个结尾从另一侧面描写了人物形象，揭示了徐孝纯治厂有方的部分原因。难怪全国好新闻的评委赞曰"特别是结尾耐人寻味"。

4. 展示预告法

新闻事实是在不断变化发展之中的，现有的事实可能蕴含了今后的发展趋势。同时，当报道某一事件的现状时，读者还有兴趣知道下一步发展。展示预告式的结尾或启发读者的思路，让人看到前景，增添信心；或预告事件动态，吸引读者对此作进一步的关注。如新华社2006年7月1日消息《火车首次跨越"世界屋脊"》，其结尾是：

据悉，中国政府还计划在10年内将青藏铁路延伸至日喀则、林芝和亚东。届时西藏铁路总里程将突破2 000公里，部分贸易物资可不再经过马六甲海峡，直接从南亚出入境。

这一预告既可以吸引人们进一步关注这一工程，又能使人们对它今后的作用产生更大的兴趣及期待。

5. 拾遗补缺法

拾遗补缺法结尾往往是通过补充新闻导语和主体部分未提及的新闻要素，使新闻报道完整、圆满；或者补充有关的背景材料，使新闻报道更加充实、可信。请看消息《水煮鱼居然使用口水油》：

本报讯 据《竞报》报道，北京刘先生家的窗户正对着一家餐馆的后厨，一天晚上，他偶然看到服务员将顾客吃完的水煮鱼放到后厨，厨师将盆里的油倒进了一个大桶里。难道这家餐馆做水煮鱼使用"口水油"？记者对刘先生所说的餐馆和另一家大餐馆进行了暗访。发现一些餐馆不允许把油打包带走，重复使用水煮鱼的油的情况确实存在。

记者来到位于北京前门的一家餐馆，这里不让顾客打包。记者借看鱼大小的机会进入后厨，只见一个大厨正朝着一个不锈钢大桶走去。记者过去一看，里面全是污浊的油，油里还漂浮着辣椒。不用问，新油里是不会浮着辣椒的，这一桶都是"口水油"。大厨从桶里舀了油就上灶台。记者和这位大厨聊了起来。

记者：别人吃剩下的油再用卫不卫生啊？

大厨：没事，高温熬过的，消毒的没事。

记者：这一桶油多长时间换一次？

大厨：这基本上不换，都是老油，用少了就加新油，这样循环用。

餐饮业中绝对不允许重复利用油，而餐馆冒险使用"口水油"的原因是什么呢？记者算了一笔账：一盆水煮鱼大概需用三斤油，按每斤三元计算，成本就是九元，一盆省九元，对于小本经营的餐馆，是值得冒这个风险的。

据专家介绍，油在高温反复熬煮过程中，产生的一些聚合物会对人体健康造成危害，有一定的致癌性，还对消化器官、肝、肾等有一定的损害。

如何分辨水煮鱼用的是老油还是新油？第一，看油色：新油油色发亮而清澈；新油做出的鱼肉比较白嫩。第二，旧油非常混浊，油色发污；旧油做出的鱼肉比较暗。另外，餐馆为了掩饰这种不新鲜的油，往往会在油里多放辣椒。

消息结尾三段是对使用"口水油"这一现象的剖析和解释，让读者进一步明白了为什么一些餐馆要用"口水油"，并告诉人们该如何分辨"口水油"及用其做出的水煮鱼。没有这个结尾，读者就只知其然；如果加上结尾，就知其所以然了，其信息量也在无形中增大了。

消息结尾可以采用的形式还有许多，但不论采取何种形式，都应注意以下四点：

（1）要顺势而行，既不要草率收尾，也不要拖泥带水。

苏轼在《答谢民师书》中说，文章"大略如行云流水，初无定质。但常行于所当行，常止于所不可不止，文理自然，姿态横生"。新闻以传播事实信息为主，只要做到事实清楚完整，就不必再强求一个所谓的"结尾"。

（2）要紧扣事实，不可离开事实作空泛议论。

有些作者在报道完新闻事实后，唯恐读者不能体会事实的意义，常常爱作一些空泛的议论。比如"受到众人的一致好评"，"进一步调动了大家的积极性"，"必将进一步促进工作的开展"，等等。这些都只能给消息留下一条空洞的尾巴，应予以摒弃而代之以具体的新闻事实或背景材料。有的消息在结尾处加以议论，只要是不脱离事实的抽象推理，紧扣事实分析，是被允许的。如1981年好新闻《短秤一两　赔罚一斤》的结尾是："信誉赢得了顾客，黎家肉档前经常出现顾客排队等购现象，生意好不兴旺！"夹叙夹议，言之有物，言之有理。

（3）要增添信息，不要重复啰唆。

新闻的各个部分都得用来表达事实和主题，但事实、观点不宜简单重复，再次出现时就要有新的信息。所以消息的结尾不宜简单地重复前面提过的事实和观点。简单重复就是多余。消息结尾应该是提供信息、表达新闻事实的手段。

(4) 要给人回味，不作生硬说教。

消息结尾是文完之处，如果是文章完了，给读者的回味未完，如撞洪钟，余音袅袅，不绝如缕，是最好不过的。有些记者生怕新闻事实的意义不为读者所掌握，结尾加上一笔说教，如原广播电视部部长吴冷西就对一则消息的结尾"真是社会主义好啊"提出批评，说"这是新闻写作的败笔"。为什么呢？因为新闻事实所反映的内容已足以令人回味和体会到这一点，如果记者再加上这种说教式的议论，反而让人倒胃口。好的新闻结尾总是注意尊重读者的理解力，把问题留给读者，如消息《当官不与民作主　不如回家卖红薯》的结尾："一些观众说，这出戏真好，给人们以启发。我们一些在领导岗位上的同志，是不是可以向唐成学一点什么？"有什么"启发"？"学一点什么"？留给读者自己去回味。

第四节　新闻背景

新闻报道中的新闻事实不是孤立存在的，它总是和一定的历史条件和社会环境有密切的联系，是客观事物总体中的一个局部。同时，任何新闻事实的现状总是联系着它的过去，总是有一个不断发展变化的过程。在新闻报道中，我们除了报道新闻事实本身外，还常常要涉及与新闻事实有关的一些材料，让读者了解"新闻背后的新闻"。

这就是我们本节所要介绍的新闻背景。什么叫新闻背景？具体说来，新闻背景是指新闻报道中同新闻的主要事实有密切关系的历史情况、社会环境、政治局势、自然情况、人物简历、知识资料和基本数字等。简而言之，就是有关新闻事实的历史和环境的材料。

新闻背景又称背景材料。相对新闻事实而言，它是报道中的辅助材料，但其作用不可低估。

一、新闻背景的意义

新闻报道为什么要用背景材料？或者说，新闻背景的意义何在？不少论述从多个角度对此进行过概括，内容十分丰富。我们认为从如下两个方面概括更为简要明了：

1. 新闻背景对于读者的意义

新闻报道的内容总是生活中不断涌现出的新情况、新问题、新事物和新气象等，但往往有不少是读者不太熟悉的内容。因此，新闻报道如果仅仅报道新闻事实本身，读者接受时就可能出现某些障碍。胡乔木在《人人要学会写新闻》一文中说："不说新闻的读者和作者多半相隔几千里、几万里甚至几十万里，哪怕只隔几十、几百里，他就和你生活在两个不同的地方。他读你写的新闻时，既不会随时翻字典、看地图、查阅各种参考书，也不会把你过去的作品和其他有关的新闻都找在一起来对读。你可能给他各种麻烦，全靠你写作时像情人一般的细心体贴，防患未然。""你得在你的新闻里，每一次供给他详细的注释，纵断面和横断面的背景，色、香、声、味，呼之欲出，人证物证一应俱全。这样，你的新闻就'立体化'了，就叫做让人明了了。"

当然，新闻背景对于读者的意义不只是为读者所不熟悉的新闻事实作注释，它还可以帮助读者加深对新闻事实意义的理解、认识新闻事实所蕴含的新闻价值。如毛泽东的《中原我军占领南阳》在点出我军已经占领南阳这一事实后，紧接一段背景材料：

南阳为古宛县，三国时曹操与张琇曾于此城发生争夺战。后汉光武帝刘秀，曾于此地起兵，发动反对王莽王朝的战争，创立了后汉王朝。民间所传二十八宿，即刘秀的二十八个主要干部，多是出生于南阳一带。

这一大段背景材料表明了南阳自古以来就是兵家必争之地。联系到我军占领南阳这一事实，读者马上就可以发现这一新闻事实的独特价值：我军占领南阳不仅是一城一地之胜，而是得到了一个战略要地，具有全局性的意义。

2. 背景材料对于作者的意义

背景材料对于作者的意义在于帮助作者表达他的立场、观点和思想倾向，是作者巧借事实说话的一个重要手段。我们强调新闻必须用事实说话，记者一般不在新闻中直接发表议论，但谁也无法禁止记者通过自己采写的新闻来表达自己的立场和看法。在西方，新闻背景被用来表达记者的观点，几乎成了记者共同遵守的准则。他们或貌似客观，实则是有选择性地引用他人的言论，完全是"六经注我"式地让自己的观点表述得更为合符"客观性"；或是提出一些与新闻事实相对立的背景材料，造成"以子之矛攻子之盾"的冲突或真与假的对比。

正是因为背景材料对于读者和作者来说都具有十分重要的意义，所以，运用适当的背景材料来写好新闻报道，是每个从事新闻报道的记者都应当重视的课题。

二、新闻背景的种类和作用

对新闻背景的种类进行归纳，有些是从内容上着手的，如分为历史背景、事物背景、人物背景、地理背景、知识背景和社会背景等；有些则是从其功能入手的，如分为对比性背景材料、说明性背景材料和注释性背景材料三大类。我们认为，从其功能入手进行分类比较可行，但仅将其分为三大类是不全面的，分为四大类比较好，即分为说明性背景材料、注释性背景材料、对比性背景材料和提示性背景材料。

1. 说明性背景材料

说明性背景材料是用来说明和解释新闻事实产生的原因、条件和环境，以及人物的行为活动的背景材料。其作用在于能使新闻内容容易为读者所理解、接受，使新闻的意义更为突出。

新闻报道中涉及的新闻事实为何需要说明和解释？我们知道，事件之间总是互相联系、互相影响的，对某一新闻事实的理解，只有将它放在一定的背景中去考察，它的意义才可能得到全面深刻的展现。美国新闻学者麦尔文·曼切尔在《新闻报道与写作》一书中说："如果不交代一个事件的来龙去脉，这个事件的意义就不会完整。""在新闻写作中，最基本的东西莫过于对任何一个事件、讲话、情况或数据都必须交代其来龙去脉，以确切地反映它。"在新闻六要素中，"为何"要素如果不交代清楚，不说明与解释新闻事件的来龙去脉及其与周围事物的联系，新闻就会缺乏深度，事物的内在规律就难以揭示。这一点在深度报道和解释性报道中显得特别重要。

要说明和解释新闻事实产生的背景，不能凭空泛的议论，而必须用具体的材料，这就是说明性背景材料。说明性背景材料在新闻中是运用得极为广泛的，可以作为说明性背景的材料也很广泛，它们可以是历史背景、地理背景、人物背景，等等。如2003年度中国新闻奖获奖作品《中国总理与艾滋病人握手》，报道温家宝总理在北京地坛医院与三位艾滋病患者握手交谈，鼓励艾滋病患者坚定战胜疾病的信心。其中写道：

一些学者指出，在中国及其他很多亚洲国家，由于文化、社会等因素的影响，容易对艾滋病人产生歧视，这造成患者和病毒携带者生活艰难，也使很多人不愿深入了解有关艾滋病的知识。

最近一项调查显示，约20%的中国人从未听说过艾滋病；只有66%的被调查者知道艾滋病不会通过共餐传播；多达77.2%的被调查者表示不能接受让感染艾滋病病毒的同事继续工作。

139

这两段文字就是说明性背景材料。由于这则新闻是对外报道，一般西方人难以理解"与艾滋病人握手"的意义，因此，报道特意加上大多数中国人及其他很多亚洲国家的人们由于文化、社会等因素的影响而对艾滋病人存有歧视，大多数人担心与艾滋病患者握手会传染病毒等内容。有了这些背景材料，"中国总理与艾滋病人握手"这一事实的意义也就特别凸显出来了。

2. 注释性背景材料

注释性背景材料是用以帮助读者看懂新闻内容、增长知识和见闻的背景材料。它通常包括产品或其他物品性能特点的说明、科技成果的通俗介绍、技术性问题的解释、名词术语的注释、文史记载的知识、风俗人情的介绍，等等。假如一则新闻中有这么一段文字："北京××大学教授经历十年刻苦钻研，使用侧偏系统平均方法取代雷诺平均方法，得出了湍流通用物理方程……"对于一般读者来说，这恐怕是难以理解的，必须借用背景材料加以注释。《北京日报》曾经发过一则消息——《"狗不理"包子在北京地安门开业》，文中就提供了这样的注释性背景材料：

天津"狗不理"包子历史悠久。相传，一百多年前，天津侯家后运河边，有个绰号叫"狗不理"的人摆了个包子摊。他做的包子与众不同，打馅、揉面颇有独到之处，味道鲜美，吸引的顾客越来越多，"狗不理"包子便以此扬名了。

这段材料向读者交代了"狗不理"包子的来历，增加了信息量，既解答了不少人的疑问，又无形中增长了读者的知识。

说明性材料和注释性材料的意义，都在于为读者着想。它或是让读者对新闻事实的了解不仅知其然而且知其所以然；或是扩大读者的知识面，让读者对新闻事件中一些陌生的内容容易理解并接受。

3. 对比性背景材料

对比性背景材料是指那些能与新闻事实形成某种对比的材料。通常，这些对比可以从正反、前后、彼此等方面进行。作者通过对比两类性质不同的材料（新闻事实与新闻背景），是非曲直、真假黑白、先进落后，清清楚楚地呈现在读者面前，作者的思想倾向也就不言自明了。

请看 2010 年 10 月 11 日《参考消息》上登载的消息《朝破例邀请外媒报道阅兵式》：

英国《观察家报》网站 10 月 10 日报道　我们获得了罕有的粗略了解平

壤街头生活的新机会，这是朝鲜展开史无前例的魅力攻势的证明。

这个国家向国际媒体敞开了大门。在平壤为庆祝劳动党成立65周年的阅兵式做准备的同时，约80名记者昨天抵达朝鲜。朝鲜对它的形象宣传严格控制，给记者指派了看管人。

通常，来访者抵达朝鲜后手机就会被没收，离境时照相机里的照片也会被删除。

朝鲜本周早些时候向美国记者发出了邀请，这个举动尤其引人注目，因为通常美国人要想入境都很困难。政府还设立了一个可以上网的媒体中心——在朝鲜，上网通常是被严格控制的。

由于有了背景材料的衬托，"外媒被邀请"这一事实真是难得的"破例"了，自然也就成了"朝鲜展开史无前例的魅力攻势的证明"。

对比性背景材料的安排完全是出于比较的需要。俗话说，"不怕不识货，就怕货比货"。任何事情，一经比较，就能看出问题、比出矛盾，事实的特点、意义和价值也就清楚地显露出来了。我国著名记者华山在《抓住特点具体地说明特点》一文中说："从深入生活到安排结构，从选择材料到组织材料，无非拿这个事情跟那个比比，拿现在的跟过去的比比，拿眼前的跟周围的比比，这样比来比去，比出那么一些特点，然后拼凑到一块，凑出一个道理来，还是为的凑成一个特点。"的确，对比性背景与新闻事实一"凑"，就能"凑出一个道理"、"凑成一个特点"。这个"道理"、"特点"比起记者自己出面特别加以指出更有说服力。正因为如此，对比性背景材料在新闻报道中就格外受到记者的重视。

4. 提示性背景材料

大多数研究者都忽视了提示性背景材料的存在，什么是提示性背景材料呢？我们先不忙于下结论，且看下例：

阿部长会议主席谢胡自杀身亡

新华社北京12月19日电 据阿通社报道，阿尔巴尼亚部长会议主席穆罕默德·谢胡12月18日凌晨自杀身亡。

这一消息是阿尔巴尼亚党政领导在18日晚发布的一项公报公布的。这项公报说，谢胡是在"神经失常"时自杀的。

在这之前，阿通社在12月17日曾发表谢胡16日在地拉那接见罗马尼亚政府贸易代表团的消息。

谢胡自1948年起任阿尔巴尼亚劳动党中央政治局委员，1954年起任阿尔巴尼亚部长会议主席，终年68岁。

这一消息中，谢胡"自杀身亡"是新闻事实，谢胡为何"自杀"却是读者最为关心的"新闻背后的新闻"。第一个背景材料是说明性的，引用阿尔巴尼亚党政领导发布的一项公报所说，解释谢胡是在"神经失常"时自杀的。消息写到这里，按理说主要要素都有，事实也基本清楚了，最多加上最后一段介绍一下谢胡的生平就足够了。但这里作者特地又引用了一个关于"谢胡16日在地拉那接见罗马尼亚政府贸易代表团"的事实，这个背景材料既不是对谢胡死因的说明解释，也不与新闻事实本身构成对比，算是什么样的背景材料呢？原来这是作者通过叙述这一背景事实，向读者提示：谢胡前天还在接见外国贸易代表团，今日凌晨怎么会如此之快地忽然"神经错乱"自杀身亡呢？读者只要稍一留神就可以理解作者的潜台词：阿尔巴尼亚党政领导发布的公报中对谢胡之死的解释是值得怀疑的。事实也的确如此。不久，阿通社就改变了说法，说谢胡早就是西方的间谍，等等。

表面上看，这则背景材料还是在起对照、对比作用，即谢胡18日"神经错乱"自杀和16日接见外宾形成对照，但这其实不属于对比性背景材料的范围。我们在前面提到的背景材料，是在新闻事实与新闻背景之间的对比，而这里是一个背景材料与另一背景材料的对比，目的在于提醒读者，官方的解释是不可靠的。显然，它不同于对比性背景材料。

对比性背景材料与提示性背景材料还有一个重要的区别，就是对比性背景材料在使用手法上是反衬的，即从事物的对立面入手来挑选背景材料；但提示性背景材料则不尽然，它的提示只是将作者对新闻事实的某些见解暗示给读者，或是将读者的思路引向某个方面发挥联想，这些内容既可能是对立的判断，也可能是相关的类比。如《日本经济新闻》2005年11月20日的报道《日美关系从"友情"走向"利益"》写道，日本与美国的关系，已不如过去那样密切，美国正在构筑新型的美中关系。结尾有一段：

现在，有很多日本的国会讲解员和官僚还自负地认为日美之间有很多的共同利益，是美中关系所无法比拟的。但事实胜于雄辩，一个世纪前的日英同盟就因俄国威胁的减弱而分崩离析。其后，被孤立了20年的日本在日苏战争中败北。这个教训日本应当充分吸取。

这里提到的"日英同盟"瓦解就是类比性质的。

提示性背景材料与对比性背景材料另一不同之处在于：通常，对比性背景材料因为两个事实之间的对比鲜明而能让人迅速作出某种判断，而提示性背景材料所构成的意义却需读者悉心体味才能领会。如美联社北京1980年7月10日的消息《他做梦都想得到一个儿子》。消息的主要内容是报道山东省某公社党委书记赵某做梦都想得到一个儿子，于是，他给一个叫陈桂英的女人150元钱，陈从上海拐了一个小男孩回来给赵。赵有女孩，为何还千方百计想要一个男孩？作者未加直接解释，而是引用中国另一家报纸上的一个材料：

本星期三，《北京日报》发表了一个农村生产队长和一个刚生过孩子的妇女的对话。

生产队长："你生了个胖小子，还是半边天？"

农妇："你应当问是生了个七分还是生了个十分。你们男人干多干少一天都挣十分，我们妇女干得再多，一天顶多只能挣七分！"

两个材料之间虽不构成对比，但新闻事实的意义因两者的结合而相得益彰。

至此，我们可以给提示性背景材料的内涵作一个界定了：它是作者精心安排的，对新闻事实的意义有所提示的或对读者有某种暗示作用的背景材料。

提示性背景材料和对比性背景材料的运用表现了作者报道客观事实的主观能动性。在新闻报道中，作者对新闻事实的见解、褒贬态度等是不宜公开表明的，但作者可以巧借一些相关的背景材料来达到"用事实说话"的效果。提示性背景材料和对比性背景材料便是作者着意安排的对新闻事实的"评论"。当然，这个"评论"是事实的，当作者把一个事实和另一个或几个事实（背景）放在一块时，读者就能从作者的精心安排中得到某种思想。

三、如何运用新闻背景

运用背景材料时，应注意以下两点：

1. 背景材料在消息中应灵活穿插

这一情况，有人形象地称为"天女散花式"。它将较多的背景材料化整为零，分散于整则消息之中。如下面这则消息①，背景材料较多，且以多种形式出现，交织在整则消息的各个部分：

---

① 〔美〕卡罗尔·里奇. 新闻写作与训练教程. 北京：中国人民大学出版社，2004.40

请一定把门锁好。

这是艾奥瓦大学的保安官员丹·霍根在日前的一份报告中提出的建议，这份报告通告了多起盗贼潜入没有关门的宿舍进行盗窃的事件。

"我必须强调这一点。"他说，"现在问题非常严重。"

自从8月24日以来，已经发生了6起类似事件，案犯都是在凌晨3点到5点30分之间潜入女生宿舍的。其中的5起发生在博格楼，有1起发生在卡里楼。

据霍根介绍，罪犯曾有两次触摸正在熟睡中的女生，但并没有进行强暴。当女生发现他时，他就逃走了。

另据霍根透露，最近，住在博格楼的一名女生听见门口有人，但当她打开门时，却见一名男子仓皇逃走。

看得出来，这则消息中背景材料占了多数篇幅。传统的写法是将背景材料相对集中起来，紧接导语成为一个背景材料段落。这样在写法上显得呆板、公式化。这则消息的第二、四段都是背景材料，化整为零、穿插灵活。特别值得一提的是，第五、六段其实也是背景材料性质的内容，作者巧妙地将它们处理成以被采访者介绍的情况出现，从而避免了因大段的背景材料而造成的沉闷。

2. 新闻背景交代要少而精，不要喧宾夺主

新闻背景在消息中只是辅助性材料，它与主要新闻事实之间的关系是主仆关系，新闻背景是为报道新闻事实、表现新闻主题而服务的。有人形象地将它们比作红花与绿叶的关系：一方面，红花需要绿叶衬托；另一方面，绿叶过茂又可能掩盖红花而造成喧宾夺主之势。请看下面两例：

我国农业科技新突破（引题）
卫星导航技术开始应用于京郊农业（主题）

当年在海湾战争中为"爱国者"导弹导航而力克"飞毛腿"的卫星导航技术，如今开始在北京农业上应用。日前，装有卫星导航接收仪的飞机在北京昌平境内的北郊农场顺利完成了麦蚜防治任务，从而开创了我国乃至世界将卫星导航技术应用到农作物病虫防治领域的先河。

麦蚜是危害小麦后期生长的主要害虫。北京市虽然从1983年就开始运用飞机防治麦蚜，但由于没有先进的导航技术，只能采用人工地面举打信号旗的方法为飞机导航，而这种方法往往会因林带、村庄、河流的阻隔和遮挡而使地面信号难以寻觅，从而造成漏喷、重喷现象。因此，改进飞机导航技术，已成为飞机防治麦蚜的关键技术环节。

1992年，北京开始试验用卫星导航飞机防治麦蚜，今年正式在生产上示

范推广。飞行前，科技人员将作业区域和飞行航线等有关数据输入飞机和地面卫星接收站上的 GPS 卫星导航接收仪内，飞机作业时，通过全球卫星定位系统，将飞机飞行位置在导航仪屏幕上显示出来，驾驶员则可根据屏幕显示的航迹线及时调整，使飞机在设计的飞机防治航线上飞行，误差一般不会超过 10米。这是我国也是世界首次将卫星导航技术应用到农作物病虫防治上。

日前，在北郊农场应用卫星导航技术进行飞机防治麦蚜中，飞机防治面积为 2.5 万亩，共飞 10 架次。飞机是中国民航从内蒙古调来的运 5 型飞机，每次装药液 800 公斤，正常情况下可喷 4 000 亩麦田。飞行间隙，记者现场采访了飞机驾驶员，他说飞行中卫星导航接收仪屏幕上显示的航迹线和作业区域清楚，飞机位置明显准确。地面观测点负责人北京市植保站的高级农艺师余盛华告诉记者，农药雾滴喷洒均匀，飞幅交汇点符合设计要求，可以说，卫星导航飞机防治麦蚜技术是成功的。

卫星导航飞机防治麦蚜技术是由北京市农业山路植保站、中科院、北京航空大学、清华大学、北京工业大学等 8 家科研院校和京郊有关区县组成的科研协作组完成的。

这篇报道，长达 800 余字，分五个自然段。先从海湾战争中为"爱国者"导弹导航而力克"飞毛腿"的卫星导航技术写起，这一背景并不是这则新闻所特别需要的。然后又交代麦蚜的危害和过去对它的防治因缺乏先进导航技术而带来的麻烦等。此外，还花了很大的篇幅写用卫星导航飞机防治麦蚜的做法、经过、效果等。最后还交代这一技术的研发部门。在这则消息中，新闻背景占了绝大多数的篇幅，且放在突出位置上。其实，这些背景材料并非这则消息非要不可的材料，见报时编辑将它大大减肥，新闻事实就突显出来了：

新华社北京 5 月 31 日电　最近，装有卫星导航接收仪的飞机，在北京昌平境内的北郊农场顺利完成了麦蚜防治任务。飞机作业时，通过全球卫星定位系统，将飞机飞行位置在导航仪屏幕上显示出来，驾驶员则可根据屏幕显示的航迹线及时调整，使飞机在设计的飞机防治航线上飞行，误差一般不会超过10 米。

当然，我们不能完全以篇幅的长短来评价背景材料运用的优劣。例如下面这则消息，全部篇幅基本上都是背景材料：

西安发现两千多枚秦代封泥

新华社西安2月14日电 西安北郊近年陆续发现了带有官印文字的秦代封泥，迄今累计已达2 000多枚。专家认为，这是我国继1975年在湖北云梦出土睡虎地秦简之后，秦代文字出土数量最多、学术研究价值最高的一次发现。

据了解，封泥是古代用胶质黏土封缄于竹木简牍文书、进贡物品的包装之上，然后在封缄之黏土上盖上印章的遗存。它起始于东周，秦汉最盛，终于南北朝。这批秦代封泥1995年首次出土于西安北郊秦代宫殿章台遗址附近，为相家巷家农民在田中挖肥料坑时所发现，后辗转流入北京文物市场，北京古陶文明博物馆馆长路东之慧眼识珠，多次出资搜购看来"不值钱的泥块"1 000多枚，随后西安书法艺术博物馆馆长傅嘉仪从农民处收了600多枚，西安市文物局又派出考古人员到出土之处进行科学发掘，又获得数百枚。目前，总计共达2 000余枚。

我国以前发现的封泥以汉代为主，每次出土最多不超过500枚，其中秦代封泥总计不到10枚。而这次出土竟达2 000余枚，其有字印面一般长、宽各在1.8厘米至2.2厘米之间，大部分保存完好。

这批秦代封泥反映的中央职官名称达130多个种类，包含了秦朝廷从丞相起的三公九卿制度的基本框架，还有各地郡县职官50多种，可以说是第一次完整勾画了一幅秦朝官僚机构的网络图；同时，秦封泥文字系统地提示了一批鲜为人知的秦代都邑、郡县、宫殿、苑囿的名称，仅郡县名称就比过去增加了18个，成为学者考察秦代历史、地理的"活字典"。此外，它对古代文字、书法、篆刻、档案的研究也具有重要价值。

这则消息的事实其实用一句话就可以概括，即西安发现了2 000多枚带有官印文字的秦代封泥。但为了让读者了解事实、明白事实的意义，消息加入了大量的背景材料。篇幅虽长，但我们还是觉得十分精练。

对比上面两则消息可以发现，背景材料在一则消息中究竟占多少篇幅完全没有固定的比例，主要是根据报道中主信息的需要而定。但要注意的是，在不影响传播效果的前提下，背景材料还是愈少愈好。

第五节　消息的结构形式

消息的结构形式多样，不同的结构形式适合不同的新闻内容。这里介绍几种常见的消息结构形式。

一、倒金字塔式结构

倒金字塔式结构是消息最常见的结构形式。这种结构形式的特点是：头重脚轻地安排组织材料，把新闻的高潮或结论，或者把最重要的、最精彩、最为广大读者所关注的事实摆在前面，以事实的重要程度按递减的顺序安排材料。如前面提到的新华社报道阿尔巴尼亚部长会议主席谢胡自杀身亡即为一则典型的倒金字塔式结构的消息。其中最主要的内容是谢胡突然"自杀身亡"，然后按读者的关心程度依次安排几个背景材料。

按倒金字塔式结构的特点，在写作上最应注意的问题就是记者对新闻要素和内容的主次轻重的判断。搞清了这一点，记者就可以根据其重要程度按递减顺序排列各个素材，很快形成一篇报道。

倒金字塔式结构的消息与第二代导语是密不可分的。这种结构形式的消息一般都是用第二代导语，以便将部分最重要的新闻要素置于最前，其他要素在主体中逐渐补充。

倒金字塔式结构在段落的划分上很注意短小，往往是一两句话一个段落。并且各段落之间不需要过渡转承，只注意其内在逻辑的联系。往往是这样一种情况：第二段是第一段的具体化或补充，第三段又是第二段的进一步补充，如此相连，逐层具体深化。

这种结构起源于19世纪60年代美国南北战争期间，在当时电讯事业尚不发达的时期，只能将最为重要的内容抢先发出去，以满足读者迅速获取信息的需要。所以，自美联社记者B. S. 奥斯本将这种结构形式固定下来后，一直颇受记者、编辑及读者的欢迎。它所具有的快、新、短的长处，典型地体现了新闻传播的特点。

但是，无论再好的结构形式，当它变成唯一的、固定的模式后，它的生命力就会受影响。首先是作者的创造力受到限制，新闻报道写作结构公式化、千篇一律；其次是简单地以事实重要程度安排层次，生动性较差，可能影响读者对整则消息的阅读；再次就是一些非事件性新闻、富有故事性和人情味的新闻等不适宜采用这种结构形式。多样的内容必须有多样的形式与之相适应，将丰富的内容简单地一概塞入单一的形式中显然是违背最基本的写作规律的。所以，美国广播记者怀特在《广播新闻》一书中说："现在流行的倒金字塔式结构，头重脚轻的新闻写作方法，可能在不久的将来，也将因自身所负分量的过重而颓然倒下去吧！"

二、时间顺序式结构

时间顺序式结构又称编年体式结构，其与倒金字塔式结构相反，作者完全按照事件发生的顺序来写，事件的开头就是新闻的导语，因此，它也被称为金字塔式结构。这种结构形式适用于有生动情节的事件新闻。用这种写法，读者不一定一眼就能看到新闻事实的高潮或他最感兴趣的主要内容，但它充满了生动性，往往还具有一定的悬念，也能吸引读者的阅读兴趣。如消息《两名大学生玩命》：

北京晚报1月24日报道　1月22日下午7时，北大分校物理系18岁学生吴某，与3名女同学到学校附近的铁道边散步。

吴对女同学说，国外常有人趴在路轨中间，火车过后安然无恙。

这时一列火车正巧从西直门方向驶来，吴和一女同学欲亲身一试。他们迎着火车趴在路轨中间。

火车司机发现后，立即采取紧急制动措施。车头和一节车厢从他们上面驶过之后停了下来。

女同学从车下爬出，侥幸留下了性命。吴某却没出来，他的颅脑受到严重损伤，已经丧生。

这种写法，完全按事情的开端、发生、发展、高潮、结局的顺序来写，置读者最关心的、也是新闻事实最重要的内容于篇末，虽不及倒金字塔式结构简明直接，却能引人入胜，趣味盎然。近些年来，西方记者中有人极力提倡这种结构形式，美国新闻专家威廉·梅茨说："有时为了抓住读者的情感或寻找独特的角度，把突出之点置于篇末，效果更好。"

时间顺序式结构也有其缺点，即消息中最重要的部分难以让读者一目了然，读者非得耐心读完全文，才能了解事件真相。为此，作者在行文中一定要求生动性，努力在一开头就吸引住读者。

三、悬念式结构

悬念式结构实际上是将倒金字塔式和时间顺序式结构相结合的一种结构形式，它吸取了两者的长处以弥补两者的短处。这类消息的导语通常会简略地提到报道的主信息，但仅仅是梗概而已。"欲知详情如何，且听下回分解。"颇有几分古代小说的叙事意味。请看《突发奇想试酒劲，两名女大学生险些送命》：

本报成都专电 重庆市两名女大学生为试酒劲，各自喝掉一瓶烈性酒，醉后在野外昏迷一夜，稀里糊涂差点送了小命。

去年12月8日晚，重庆某大学生法律系95级学生陈某和何某突发奇想，相约去喝烈性酒，以证明酒到底有多厉害。时值深夜，她们买来两瓶52度的烈性曲酒"一滴香"，到烈士墓群雕下的诗碑林中饮酒。在没有佐酒菜的情况下，她们很快各喝光一瓶酒，陈某醉得不省人事，何某呕吐后也昏倒在草地上。她们在雨后潮湿的草地上昏迷了整整一夜。

次日早上7时，一清洁工见两人脸手铁青，没有呼吸，以为她们已死亡，便向当地派出所报了案。松山派出所领导和陵园员工赶到现场，发现两人仍有极微弱的呼吸，立即采取措施给她们保暖。20分钟后，何某苏醒过来，才道出了这件荒唐事的原委。陈某被送进医院抢救，一天后才侥幸生还。医生说，如果晚发现20分钟，她就没命了。

目前，两名女生身体基本康复并返校读书。

一些论者认为这是中国化的"倒金字塔式结构"，因为中国传统文化培养出来的中国读者习惯于按时间顺序来了解事物而不习惯于按信息重要程度的顺序来了解事物，这实在是一种误解。悬念式结构在西方也大有市场，被看作是经过改造了的"倒金字塔式结构的变形"，其魅力在于，"在用叙事意味强烈的素材所构成的报道中，沙漏结构是借用古老的叙事力量以增强报道吸引力的一种有效方法"。[①] 在对待那些有点情节的事件性报道来说，就是一种最佳的选择。它既具有倒金字塔式结构的优点——让读者一开始接触到主信息，又克服了倒金字塔式结构对读者吸引力不够的缺点，是一事一报式事件性新闻的优秀写作结构。

四、并列式结构

并列式结构中各部分之间是并列关系。由一条概括式导语领起，主体部分的几个自然段呈并列结构。这种结构所叙述的事实的重要性大致相等，难分伯仲。用并列式结构叙述新闻事实，既条理清晰，又能让人一眼便看出并列的内容具有同等重要的意义。如《中国国民党台南市党部深圳参访团昨日离深"十点共识"扩大民间交流》：

---

① ［美］沃尔特·福克斯. 新闻写作——报刊记者指南. 北京：新华出版社，1999. 111

　　本报深圳讯 昨天下午，中国国民党台南市党部深圳参访团结束了在深圳五天的行程，启程返回。作为我省首批启动的国共基层党际交流，深圳圆满地完成了此次交流任务。中共深圳市委书记李鸿忠 30 日上午与中国国民党台南市党部主委庄松旺进行了富有建设性的会谈，取得了十点共识，以进一步促进两市在经贸、文化等各方面的发展，造福两地同胞。

　　这十点共识主要有：促进党务人员交流，双方建立定期沟通平台和党务交流互访机制，组织不同层级的党务人员互访；促进经贸交流，寻求两地经贸互惠互利的合作空间；促进科技交流，推动两地工业园区及科技企业之间经常性互访；促进观光旅游交流；推动两地开展文化艺术团体、艺术家的互访展演活动，支持和推动台南市有关团体和人士参加中国（深圳）国际文化产业博览交易会；推动两地学校、研究机构及学生、学者的经常性互访，加强学术交流；促进体育交流，每年轮流举办体育运动友谊赛；促进基层交流，推动两地基层组织和各界人士互访；共同关注和维护台商的合法权益，促进投资环境优化；双方建立日常联系机制。

　　庄松旺主委认为，加强台南与深圳的合作，有利于实现两地的互赢。

　　这类结构适合于反映某个问题各方面的综合性情况，但它往往流于平面式分列，难以反映出复杂事物的内部联系，不便于清楚交代背景，导致报道缺乏深度。由于它在结构上较简单、少变化，使用过多容易形成模式化。

　　消息的结构形式远不止以上四种。不断推陈出新是文章写作的规律，新闻报道同样如此。创新原则要求我们在报道中既不要囿于某一结构形式，同时又要不断探索，勇于创新，不断用新的形式去表现新的内容。

【思考题】

1. 消息标题的内在构成是怎样的？
2. 消息标题应如何处理好虚与实的关系？
3. 导语写作的基本要求是什么？
4. 导语中应如何突出最主要的信息？
5. 导语为何要表明事实的时新性？如何表明时新性？
6. 如何根据具体情况写好软、硬导语？
7. 导语与主体的关系如何？如何处理好两者的关系？
8. 简述消息结尾的意义。怎样才能写好消息结尾？
9. 新闻背景在消息中的意义何在？怎样发挥好新闻背景的作用？
10. 常见的消息结构有哪些？它们在写法上有何特点？

第六章

消息写作

消息以报道"何事"为主。所有的消息在写作要求上存有共性，但不同的消息在写法上有不同的个性特点。

本章不打算照一般的做法将消息种类分得过细来加以介绍，而是按事实的性质将以"何事"为中心内容的报道分为事件性新闻和非事件性新闻两大类来讨论。

事件性新闻按报道的次数，可分为一事一报式和一事多报式。一事一报式大致对应以往的动态消息；一事多报式则包含了分段报道与连续报道。

非事件性新闻包括多事一报式和多事多报式两种。多事一报式大致对应一般所说的综合类新闻；多事多报式主要是系列报道这一新闻报道形式。

第一节　事件性新闻与非事件性新闻

一、两类新闻的含义

按《新闻学大辞典》的解释，事件性新闻为："以一个独立的新闻事件为核心而展开的新闻报道。它十分强调新闻的时效，其新闻价值与生命力同及时密切相关，要求迅速地反映新闻事件的发生、发展。事件性新闻包括大量的动态消息和现场特写性新闻等。它要求记者有高度的新闻敏感，闻风而动，尽快准确地把握事件的个性特征和本质，迅速简明地加以报道。必要时可用连续报道。"非事件性新闻为："对一段时间内或若干空间里发生的诸多事实、情况、事件的综合反映，揭示带有分析性、启发性的总体情况、倾向或经验等，非事件性新闻的特点是点面结合、以点证面、以面为主，反映事物发展变化中的阶段性、倾向性、经验性或典型性。典型报道、综合消息、经验消息、述评消息等属之。非事件性新闻的时效要求较为宽松些，但也要尽力找寻和体现新闻根据（由头），善于利用新闻发布的契机。"①

二、两者的一般性区别

区别事件性新闻与非事件性新闻，对于新闻写作来说，有着重要的意义。它们的不同之处可概括为如下三个方面：

1. 区别之一：点与面

当报道只反映一个点的情况时，或者说一个点足以构成新闻价值时，这就是事件性的。当一个点不足以构成新闻价值，必须依靠多个点来完成时，按几何学的原理，三个点可构成一个面，它就是非事件性的综合性报道了。

事件性新闻与非事件性新闻的根本区别在于，前者所反映的是一个"点"，后者所反映的是一个"面"。

这里所说的"点"与"面"既有时间上的意义，也有空间上的意义。

从时间上来说，事件性新闻的时间跨度不大，即使是一些时间稍长的连续报道的题材，它的时间起始和终止都是可辨的；而非事件性新闻的时间跨度往往较大，并且大多数情况是，它的时间起始与终止都不甚明晰，没有截然可分

---

① 甘惜分. 新闻学大辞典. 郑州：河南人民出版社，1993. 161～162

的标志。

从空间上来说，事件性新闻的空间就是一个点，涉及的范围不大；而非事件性新闻所涉及的空间较广，是对一个大面积的情况的反映。在表现方式上，后者比前者要显得恢宏、概括。

事件性新闻表现某一个点，按美国新闻学学者李普曼的话来说，是对"一种突出的事实的报道"。这个事实与别的事实相比较，其个性特征非常明显。一只母鸡一天下了三个鸡蛋，这就与众不同，其意义是独特的。非事件性新闻表现某一个面，是将众多的"点"的共性加以揭示，从个别中发现一般。后者"面"的意义，不仅体现在所报道的题材之广上，而且也体现在所揭示的主题意义具有代表性上。

大多数非事件性新闻实际上是由多个事件性的"点"构成的。独木不成林，这些"点"往往单独构不成报道价值，而当多个"点"构成一种现象、一种社会动向时，就有了报道的价值。有一种特殊情况值得一提，如果某一个点能以一斑窥全豹式地反映"面"，这样的内容也可算作非事件性报道。如毛泽东的《中原我军占领南阳》，表面上看，这是一则事件性新闻，是报道我军又攻占一城的消息，但仔细琢磨，又不仅如此。它以"占领南阳"这一事实为契机，充分展示了当时战事的全局。换言之，占领南阳是我军走出的一步棋，由这一步棋，我们再来看全盘战局。所以这种写法的综合消息，其重心并不在所"借着的题目"上，而在于它所引出的全局性内容上。这与事件性新闻重心在事实本身是不一样的。再看下面这篇报道：

京郊出现"科学热"

本报讯 在北京农业大学采访，有机会看到水稻专家廉平湖教授一个星期的工作记录，经本人同意，摘录如下：

3月21日（星期一）与市农业局水稻顾问团谈水稻高产问题。

3月22日（星期二）去海淀区东北旺讲授水稻泡沫塑料育苗技术。

3月23日（星期三）到房山县石楼讲水稻育秧，有300个农民听课。

3月24日（星期四）应邀赴河北省涿县研究制订如何提高粮食产量的措施；25日晚回京。

3月26日（星期六）上午到朝阳区讲水稻育秧，下午审研究生考卷。

廉教授对记者说，不仅我一个人这样。今年以来，京郊各区县纷纷与我们农学系粮食作物栽培教研组联系，邀请我们去讲授农业技术知识，培训农村科技人员，应用推广新技术，简直踢破了门槛，老师们应接不暇，仅3月7日这天上午，就有海淀区永丰公社、朝阳区农科所和西郊农场三个单位派人派车来校商谈关于技术咨询的事宜。

64 岁的廉教授说："解放 30 多年来，北京郊区从来没有出现过今年这样学科学、用科学的热潮。对于我们来说，尽管忙些、累些，但心情是非常愉快的。"

这篇报道写的是廉教授一个星期的工作记录，标题却是"京郊出现'科学热'"。显然，后者才是这篇报道的主信息。写"工作记录"，醉翁之意不在酒，只是巧妙地借这个窗口来看世界，看京郊一片。这样的报道是综合性报道，与《中原我军占领南阳》是同一种写法。

有些非事件性的报道因为涉及面太广，只能用抽取样本的办法来表现。抽取的样本就是反映面的情况的诸多的"点"。为了尽量缩小样本值与总体值之间的差距，样本通常也是一个较大的数。报道中往往是将这些点加以概括，消除各个点的个性差异值，取它们的共性平均值，以此来表现面的情况。如 2010 年 10 月 14 日《参考消息》上的这篇报道：

军国主义右翼思想在德复活

路透社柏林 10 月 13 日电 据周三发表的一项研究结果显示，军国主义的右翼思想正在德国复活，超过 1/8 的德国人愿意接受强权领袖的统治。

弗里德里希·艾伯特基金会进行的这项研究结果发现，13% 的德国人"大致或完全赞成"：德国需要一位"元首"——这一对领导人的称谓曾被希特勒为了他自己的目的而使用——用"强权的手段"统治国家。

在 2 411 名随机抽取的被调查者中，有近 9% 的人认为，独裁"在有些时候是更好的统治方式"，而 1/10 的人认为，纳粹也有其"好的方面"。德国总理默克尔的发言人斯特芬·赛贝特称这项研究结果"令人吃惊"。接近 11% 的受访者表示，如果没有大屠杀的话，他们认为希特勒是个伟大的政治家。

这项研究结果还暗示德国的恐外倾向。大约 36% 的被调查者表示，他们认为德国面临被外国人占领的危险，而 34% 的人认为，外国人移民德国是为了享受这里的福利。近 1/3 的受访者赞成，在缺乏就业机会时，应该将外国人遣返回家。

这项研究还显示出反犹太暗流的涌动。不少受访者认为，犹太人比其他人更经常地采取欺骗手段以获取利益。

这是对"面"上的情况的大规模综合，抽取的样本构成的这个"面"，与现实生活中的"面"大致对应。

2. 区别之二：速变与渐变

新闻提供的是事物变动的相关信息。

世界上万事万物都处在变化之中，没有绝对的静止之物。但事物变化的情况是不同的，按其变动的幅度，可分为速变型和渐变型两种。速变型的内容一般都是事件性的，渐变型的内容则一般是非事件性的。

速变型的内容很明显，发生变动的时间大都不长。特别是以突变形式出现的事实，其变动的状况更是强烈，往往是在某一个瞬间即可完成。速变型的内容，西方称之为"纯新闻"。如果是时间延伸得稍微长一点的题材，其"点"的移动轨迹也清晰可寻，这样的内容可作分段报道或连续报道，其题材性强，有头有尾。

非事件性的内容，因为是一种"面"上的大面积变动，往往不以突变和速变的形态出现。并且，从何时开始发生变化，到何时变化结束，都不是那么清晰可把握的。一些纵向性的综合新闻内容涉及的时间跨度大，记者将漫长的渐变加以浓缩，以若干个体现变动的关节点来展示渐变轨迹。如范敬宜在1995年庆祝国庆前夕所写的一篇体现"变"的报道《过去统计"有"现在统计"无"》：

8月24日，记者在报社与来自辽西贫困山区的建昌县委宣传部长王佑民相遇，随便问起现在全县农村拥有多少台电视机，不料，回答竟是："你这个问题的提法过时了！"

"现在的统计方法改变了。"王佑民说："过去是统计'有'电视机的占多少，现在是统计'没有'电视机的占多少。"

统计方法的改变，是因为电视机在这个穷县的农村已经基本普及，没有电视机的农户反而成了极少数，统计没有的农户反而容易了。

据王佑民事后统计的数字，1984年，全县有电视机的农户只有4 560户，占3.8%；现在倒过来了，有电视机的人家已达到12.28万户，无电视机的农户只剩8.7%。

记者后来通过长途电话询问王佑民，全县最偏僻贫瘠的二道湾子乡情况如何，因为记者当年曾在那里生活过。这位宣传部长很负责地派专人到那里逐户统计，然后打电话报告结果：无电视机的农户只剩10%。

记者放下电话，百感交集。80年代初，这个乡农民不但不敢想象有电视机，连一台最简单的半导体收音机也没有。当年一位生产队长的儿子进城，上午一早来到亲戚家，第一次看到半导体收音机很稀罕，等亲戚下午下班回来，看到他还捧着半导体收音机盘腿坐在炕上听得入神，把要办的事都忘了。

这篇报道将相隔11年的两个点摆在一起，两者之间落差很大，虽是渐变过程，却让人看得很分明。

这类报道，对比是必用的手法，没有这种反差较大的对比，就构不成变化。如《从邮局看变化》，就是将以前过年邮局职工忙于分拣副食品包裹，与"今年"忙于收订报刊这两者对比着写，由此来"看变化"。

这类报道写作的关键是要能找到可供对比的另一个点。一些新手之所以写不了这类报道，原因往往也就在于他感受不到这种渐变，他只看见现在的一点，心中没有可参照的另一点。如范敬宜写《两家子公社夜无电话声，早无堵门人》，记者夜宿两家子公社秘书办公室，夜间睡了一个安稳觉。如果换上一个新手，极有可能当成一桩平常事，从何处可见变化？原来，农村实行联产承包责任制前，农村基层干部开展工作靠电话发号施令，一味追求表面形式，下生产指标、追生产进度的电话铃声经常是没日没夜地响个不停；一大早，农民就因争贷款、领救济粮或民事纠纷前来告状或要求排解。现在能睡安稳觉，这当然反映了十一届三中全会以来党的方针政策给农村带来了根本性的变化。

开拓性新闻所报道的内容更是人们日常生活中发生的微妙变化，特别是观念上的变化。这种微妙的、内心深处的变化，是由外部世界的渐变长期培养起来的，同样也要靠对比才能感受到。

3. 区别之三：实与虚

事件性新闻是实，非事件性新闻是虚。这里所说的实与虚，有多重含义。

从报道题材来说，事件性新闻是以实实在在的某一题材来支撑报道的主信息。事实中的功能性要素——何时、何地、何人，一个都不能虚，以确保其实有性；缺之，则令人生疑。如1998年8月20日《今日女报》报道《流弹让少女受孕》称：美国俄亥俄州一名未婚少女中流弹后竟然受孕，于不久前生下一名6磅重的女婴。流弹何以让少女受孕呢？报道说，原因是子弹首先穿过一名男兵的睾丸，然后再进入少女的下腹。这篇奇闻，令人置疑的地方在于，事发地点过于笼统，俄亥俄州范围那么大，具体的地点是哪儿？时间也不确定，"不久前"不够具体。人物也不确定，只说是"一名少女"，范围太广，等于没有限定。三个功能性要素都很虚，这种新闻如何令人相信？

而非事件性新闻则不然。报道中的某一个事实，不一定要提供所有的功能性要素，或者说，对事实的功能性要素的要求相对事件性新闻来说要松一些。在非事件性新闻中，新闻六要素中的时间、地点因素并不具备特别重要的意义。新闻的"新"，更多地体现在内容是否新鲜和是否具有新意上。请看2010年11月16日《广州日报》头版上刊登的这则消息：

物价涨钱升值促深圳人到港购日用品（引题）

深圳主妇顺道到香港买陈醋凉茶（主题）

据新华社电　深圳皇岗口岸，市民程芳拎着大包小包正准备过关，除了从香港带回心仪已久的IPAD，她还顺手买了一些洗发水、陈醋和凉茶。

最近一条"深圳主妇到香港打酱油"的消息引起各方关注。程芳说："特意去打酱油是夸张，但顺手买些日用品回来倒越来越普遍。"

随着内地物价的上涨、港元对人民币持续贬值，以及深港往来的便利化，风行了近30年的港人北上消费，正悄然转化为深圳人南下购物，采购的内容也从名牌服装、化妆品、电子产品延伸到"油盐酱醋"等日用百货。

精明的家庭主妇很快觉察到香港米、蛋、油等生活必需品价格的吸引力。比如，在香港15个鸡蛋售价8.5元人民币，约合每斤鸡蛋4.25元；而在深圳，鸡蛋的价格维持在每斤5.98元左右。

萧条已久的"中英街"的生意也红火起来。据统计，最近一两年，前往"中英街"的深圳市民明显增多，每天有2 000多人进入"中英街"，一到休息日，人数还会增加。

导致"换城消费"新变化的另一个重要原因是人民币对港元汇率的变动。四五年前，100元人民币只能兑换80多港元，随着人民币升值，现在100元人民币可以兑换116港元。考虑汇率的因素，到香港购物显得更划算。

这是一则非事件性新闻，主信息是深圳市民出现新的消费动向。文中提到一位家庭主妇程芳，但关于程芳的其他信息都未提供。偌大的一个深圳，叫"程芳"的市民恐怕不止一两个，这是哪一个程芳呢？其实，记者有意在此将人物身份虚化，因为类似程芳式做法的市民恐怕不止一两个，在这里，程芳是谁已经并不重要了。

开拓性新闻的题材更"虚"。开拓性新闻不是就现成的新闻事实写出来的报道，而是经过抽样检测、数据分析等社会测量的手段，主动地将一些处于较深层次的、人们无法直接观察到的社会内容经过"显形处理"后写出的报道。按客观主义的报道原则，"只有外显的才是客观的"，才能成为报道对象，而开拓性新闻则以西方"精确新闻学"的理念为依据，淡化事物的个体特征，将大量个体的某一方面的具体内容抽象为一般性的东西，以数据的形式高度概括地表现出来。

从报道的主信息的性质来看，事件性新闻的信息以实为主，非事件性新闻的信息以虚为主。按喻国明先生的说法，报道中的单元新闻信息既可以是事实，也可以是情感、道理、意境等较抽象的内容。① 我们将前者称为"实信息"，后者称为"虚信息"。这个"虚"不是虚无，而是一种思想、一种观点。以往划分的经验新闻、述评新闻和综合新闻均具有这种性质。所以，实信息与虚信息正好对应了事件性新闻与非事件性新闻中主信息的特征。

支撑事件性新闻主信息的，是一个完整的新闻事实，这个事实本身就是报道的主信息；而非事件性新闻的主信息，总是一个超越具体题材的主题性的信息，经验新闻、述评新闻和综合新闻都是如此。如经验新闻，它报道的经验越是能超出行业局限，就越具有普遍意义，从而也就越具有典型性、代表性，因而也就越具有指导性。非事件性新闻要求"以点证面"，实际上就是以实证虚：或"以大量事实阐述经验"；或从具体事实入手，就事论理；或围绕某一主题来组织材料，如综合新闻又被称为"组织性新闻"，说的就是主题性信息在报道中的中心地位与核心作用。

从历史的角度来看，事件性新闻集中体现了客观主义报道的理念和准则。它以反映事实为宗旨，记者不应对事实作出主观评价。这样，它所传递的主信息以"实"为主就不足为怪了。而非事件性新闻对记者的主观能动性的限制要小得多，在采集事实上既可以围绕某一主题来选取和组织材料，也可以去开拓深层次的材料。这些都直接或间接地体现了西方新闻流派中"新新闻主义"、"精确新闻学"、"调查新闻学"等理念。而这些理念恰恰都是对客观主义原则过于强调报道的"实"所作的修正。所以，它的"虚"的特性也就好理解了。

事件性新闻与非事件性新闻的种种区别，决定了两者在写作上的不同。反过来说，掌握了两者在写作上的不同，也有利于在报道中把握好这两类题材的本质属性。

三、两者区别的实例分析

为了加深读者对事件性新闻与非事件性新闻在写作上的区别的理解，笔者在这里举一个实例并进行分析。

例：将下面的素材改写成500字以内的消息，并制作标题。

被麦克拉奇集团摆上货架的12家报纸中，《问询报》卖相最好。这不仅由于它是一家至今依然保持盈利的报纸，更由于它辉煌的过去。

① 喻国明. 嬗变的轨迹——社会变革中的中国新闻传播与新闻理论. 北京：中央编译出版社，1996. 25

1984 年，《时代》杂志曾将《问询报》评为美国十大报纸之一，并且认为它会成为最好的报纸。据新闻研究杂志《哥伦比亚新闻评论》2006 年第 2 期报道，1970—1990 年被认为是该报的黄金时代。期间，《问询报》几乎将普利策奖视为囊中之物，先后捧回 17 项之多，命中率之高，在美国报业中绝无仅有。1980 年代中期，该报利润剧增到每年 1 亿美元以上，采编部门也因此得到充足的经费支持。

《时代》的预言没能实现。

今天的《问询报》仍是一份在美国具有影响力的报纸，但其风头已经大不如前。"黄金时代"过后，该报仅在 1997 年获得过 1 项普利策奖。

随着住宅郊区化的兴起，这家原本向《纽约时报》和《华盛顿邮报》看齐的大报，却不得不低下头与 20 家费城郊区的小型日报苦苦争斗。接下来，它们又受到互联网的冲击。

《问询报》的发行量和广告额不断下滑，即使把它的姊妹报《费城每日新闻》的收入计算在内，目前约 5 000 万美元的年利润额也只是"黄金时代"的一半。

2005 年 6 月，麦克纳马拉从总编那里接到一份棘手的差事——拟定裁员计划。他说："我们一开始计划减员 25 至 50 人，但最终减员达 75 人，编辑部的规模一下子减少了 15%。"让他稍感宽心的是，裁员不是以强制"下岗"，而是以自愿"买断"的方式进行，那些愿意提前离职的员工拿到了数目还算可观的补偿金。

麦克纳马拉负责的特稿部和周末版是缩减最大的部门。他只能抽调年轻员工去补缺。"可做新闻需要专业知识和经验积累，比如，你很难指望一位负责报道保健领域的记者在短时间内写出好的流行音乐评论。"

2005 年，美国报业的每一项统计指标几乎都令人沮丧：报纸发行量平均下降 2.6%，星期天版下降 3.1%；上千名采编人员下岗或被"买断"……

和麦克纳马拉一样，马丁·巴伦也深受报社裁员计划的折磨。

4 年前，巴伦从奈特—里德集团的《迈阿密先驱报》来到《波士顿环球报》出任总编辑。"我们为网站增添了新内容，对周末版杂志进行了改版，任务越来越多，员工却越来越少。"他说："看到员工离开时，我的心情已经不能用悲伤来形容。"

2005 年 11 月，《环球报》关闭国内新闻部，引起轩然大波。"国内部实际上只有两名记者，而且我们保留了华盛顿分社。"事隔 4 个月后，在北京谈起此事，巴伦说："迫于压力，我们不得不作出这样的选择。"

裁员指令来自《环球报》的母公司纽约时报公司。12 年前，纽约时报公司出资 11 亿美元买下《环球报》，时任公司总裁的小阿瑟·苏兹伯格曾表示："我们不会干涉《波士顿环球报》的运作。"

2005 年 9 月 20 日，面对"持续的财务挑战"，鼎鼎大名的纽约时报公司也只能步《问询报》后尘，祭出裁员"法宝"。在这轮裁员风暴中，整个纽约时报公司裁减约 500 人，占员工总数的 4%。其中，《环球报》采编部门共有 30 多名员工被"买断"。

奈特—里德集团更是陷入四面楚歌的境地。

由于被众多亏本的报纸拖住后腿，奈特—里德的股票市值在过去一年半里缩水 20%。2005 年 11 月，集团最大投资者振臂一呼，敦促管理层"积极"出售报纸业务，第二和第三大投资者随即响应其提议。

麦克纳马拉及奈特—里德集团的同事们自此开始了惴惴不安的等待。他说："如果非要卖掉奈特—里德，卖给麦克拉奇是一个不错的选择。"果然，奈特—里德最终归入麦克拉奇。

原麦克拉奇副总裁、波因特传媒学院研究员格里高利·法弗里是美国报业编辑协会访华会代表团成员之一。他拥有超过 40 年的媒体从业经验。传媒大亨默多克 1984 年收购《芝加哥太阳时报》之际，法弗里因不认同其新闻理念，愤而出走，加入了当时还完全是家族公司的麦克拉奇。他认为，这起并购案是新闻服务公众的一个利好信号，因为麦克拉奇支持服务公众的新闻理念，他旗下的《萨克拉门托蜜蜂报》即是一个明证。

法弗里还说，他相信麦克拉奇转手出卖《问询报》、加州硅谷《圣荷塞水星报》等 12 家报纸，是为了使整宗收购案具备财政上的可行性。在这起收购案之前，麦克拉奇通常只收购那些市场仍在增长且没有主要竞争对手的报纸。

从目前的情况来看，媒介新闻集团有可能出资接手这 12 家媒体，该集团旗下的《丹佛邮报》在业内口碑尚佳。不过，吉尔默说，从该集团以前的记录来看，它在缩减预算方面可能会比奈特—里德还要狠得多。

麦克纳马拉最担心的是下一个集团接手后，报纸继续缩减预算和裁员。

昨晚 7 点，在北京全聚德烤鸭店，美国《问询报》副总编汤姆·麦克纳马拉听到了一则"蛇吞象"的新闻：《问询报》的母公司、美国第二大报业集团奈特—里德集团，被排名第八的报业集团麦克拉奇公司以 45 亿美元的价格整体收购。"我们被卖来卖去。"汤姆·麦克纳马拉嘟囔着说。

《萨克拉门托蜜蜂报》执行总编瑞克·罗德里格斯更早得知这个消息。《蜜蜂报》是麦克拉奇集团麾下的大主力报纸。当天早上，罗德里格斯从内部电话会议获知了收购的消息。此时，他正以美国报业编辑协会主席身份率该协会代表团访问中国。

奈特—里德集团曾84次获得美国报业的最高荣誉——普利策奖，但这一切仍无法阻止其消亡。它旗下32家报纸的命运也不尽相同。盈利状况还算不错的麦克拉奇接手奈特—里德，却只愿消化其中的《迈阿密先驱报》等20家报纸，《问询报》等另外12家报纸则将被重新挂牌。

吃完烤鸭回到酒店，麦克纳马拉给总部打去电话。由于报纸的前途变得难以预料，整个编辑部弥漫着焦虑的情绪。"你不知道谁会成为新东家，不知道新东家会不会缩减预算。"他说："没人喜欢悬而未决的感觉。"

尽管自己所在的《问询报》不断遭受打击，麦克纳马拉仍然坚信报纸存在的价值。"当然，报纸形态会发生变化。比如除印刷版外，还得注重网络版。"

巴伦的《环球报》就正试图作出改变，顺应潮流。在采编部门大量裁员的情况下，该报却增加了网络编辑的人数。该报网站上也开始出现新闻视频、RSS聚合新闻服务等多种形式。

此外，网络版还可与印刷版相得益彰。例如，巴伦说，该报揭露波士顿教区天主教神职人员性侵犯丑闻的报道获得2003年度普利策公共服务奖，记者们在调查中获得的教堂相关内部文件就放到报社网站上，供公众查阅。

不过，正如麦克纳马拉所说，报纸目前面临的严峻挑战之一是，如何争取到在线广告。目前，在美国国内，在线广告仅占所有广告收入的3%～5%。波因特传媒学院研究员瑞克·埃德蒙兹在该学院网站撰文分析说，预计12年后报纸的在线广告收入可以超过印刷版。但问题是，报纸在与Google、雅虎以及其他对手的竞争中，能够占到上风吗？

法弗里对报纸的前景持乐观态度，"在提供新闻和信息方面，拥有品牌、团队和体系的报纸比任何竞争对手都更具优势"。巴伦也再一次提到神职人员性侵犯丑闻报道，"我们派出8名记者连续追踪一年以上，这样的事情不会有博客去做，也不会有电视或者广播去做"。

在传记影片《晚安，好运》中，影片主人公、原CBS著名新闻主播爱德华·莫洛发表了这样一番演说："电视是一种可以教育、启迪甚至激励公众的工具，但前提是人们抱有达成这些目标的坚定信念。否则，它不过是罩在盒子里的电线和光管而已。"

法弗里说："莫洛针对的是电视这种媒体，但我们也可以用他这段话来看待电脑。"

1. 改写成事件性新闻

美国报界蛇吞象（主题）
排名第八的报业集团收购了排名第二的报业集团（副题）

昨晚 7 点，美国《问询报》副总编汤姆·麦克纳马拉听到了一则"蛇吞象"的新闻：《问询报》的母公司、美国第二大报业集团奈特—里德集团，被排名第八的报业集团麦克拉奇公司以 45 亿美元的价格整体收购。

《时代》杂志曾将《问询报》评为美国十大报纸之一，并且认为它会成为最好的报纸。1970—1990 年期间，《问询报》几乎将普利策奖视为囊中之物，先后捧回 17 项之多，命中率之高，在美国报业中绝无仅有。而《问询报》的母公司奈特—里德集团曾 84 次获得美国报业的最高荣誉——普利策奖。

由于被众多亏本的报纸拖住后腿，奈特—里德的股票市值在过去一年半里缩水 20%。2005 年 11 月，集团最大投资者振臂一呼，敦促管理层"积极"出售报纸业务，第二和第三大投资者随即响应其提议。

盈利状况还算不错的麦克拉奇集团接手奈特—里德。不过，却只愿消化其中的《迈阿密先驱报》等 20 家报纸，《问询报》等另外 12 家报纸还将被麦克拉奇集团重新挂牌出卖。

分析：

事件性新闻是对一个独立的新闻事件的报道。从素材中我们不难发现，新近发生的独立的新闻事件，就是美国报业"蛇吞象"事件，即"排名第八的报业集团收购了排名第二的报业集团"。这就是报道中的"何事"，标题与导语中都写进了这一事实。

这则事件性新闻以倒金字塔式为结构，按读者对事实关注的思路展开段落。导语报道了新近发生的事实后，第二段紧接一段背景材料，主要是对这只被吞的"象"——奈特—里德报业集团和它的子报《问询报》曾有过的辉煌作个交代。这一背景材料十分必要，有助于读者对新闻价值的理解。第三段紧接第二段的逻辑思路而来：既然那么辉煌，为何会被收购？原因何在？然后交代了主要原因。第四段是结尾，带有展望性质。奈特—里德集团收购麦克拉奇集团后，问题是否彻底解决了？读者可以看到，《问询报》等另外 12 家报纸还将被重新挂牌出卖。

2. 改写成非事件性新闻

发行量下降　广告收入滑坡（引题）
美国报业步入"冬天"（主题）
报纸继续缩减预算和裁员，并购成了报业的出路（副题）

昨晚7点，美国《问询报》副总编汤姆·麦克纳马拉听到了一则"蛇吞象"的新闻：《问询报》的母公司、美国第二大报业集团奈特—里德集团，被排名第八的报业集团麦克拉奇公司整体收购。

奈特—里德集团曾84次获得美国报业的最高荣誉——普利策奖，但这一切无法阻止其消亡。由于被众多亏本的报纸拖住后腿，奈特—里德的股票市值在过去一年半里缩水20%。2005年11月，集团最大投资者敦促管理层"积极"出售报纸业务。但麦克拉奇收购奈特—里德后，只愿消化其旗下的32家报纸中的《迈阿密先驱报》等20家报纸，《问询报》等另外12家报纸则将被重新挂牌。

自2005年以来，美国报业的每一项统计指标几乎都令人沮丧：报纸发行量平均下降2.6%，星期天版下降3.1%；上千名采编人员下岗或被"买断"……面对"持续的财务挑战"，鼎鼎大名的纽约时报公司也只能祭出裁员"法宝"。整个纽约时报公司裁减约500人，占员工总数4%。其中，《环球报》采编部门共有30多名员工被"买断"。

发行量和广告额不断下滑，让人感到美国报业正步入"冬天"。专业人士认为，报纸目前的出路在于如何争取到在线广告。目前，在美国国内，在线广告仅占所有广告收入的3%～5%。预计12年后报纸在线广告收入可以超过印刷版。但问题是，报纸在与Google、雅虎以及其他对手的竞争中，能够占到上风吗？

分析：

非事件性新闻报道的事实是由若干个"点"构成的"面"，这个"面"通常表现为一种现象、一种趋势等。从素材中我们可以发现，这个"面"就是美国报业发展新近出现的一种趋势，即有"步入冬天"之势。这就是这篇非事件新闻要报道的"何事"。主标题写进了这一事实；引标题则写了两个原因，由原因引出结果，主标题与引标题搭配和谐；副标题是对主标题提到的"冬天"具体化。

导语与主体的关系是以点导面的关系。以"奈特—里德集团被并购"这一最近发生的事实作为新闻由头，导出了全美报业"步入冬天"的这一面上

163

的情况。

排名第八的报业集团收购了排名第二的报业集团，这一事实并不足以表明美国报业"步入冬天"。人们也可以从另一角度理解为美国报业发展迅速，后来居上。所以第二段对导语提到的"点"的艰难窘境作了交代，这才过渡到第三段。第三段是"面"上的情况，围绕"冬天"落笔。第四段带有展望性质，结尾的问号把答案交给读者。

第二节　事件性新闻的写作

一、一事一报式报道的写作

一事一报式报道，大致对应一般所说的纯新闻、动态消息，即对新近发生的单独事实的报道。

一个单独的事实能构成新闻价值，一般皆因其具有重要性、显著性。这样的事实，时效性特强，报道得越快，其传播价值就越大。我们所说的"抢新闻"，指的就是这类事实的报道。

要写好这类报道，关键是要抓准"何事"，"何事"一旦定下来，报道的中心有了，整个报道的主信息也就确定了。在此基础上，再努力将新闻事实中最有价值的内容加以突出或强化，为丰满主信息再添加适当背景材料作为必要信息和冗余信息。这可以说是一事一报式报道写作的三部曲。下面分别加以讨论。

1. 增强"何事"意识，确定报道的中心

按洪天国先生的表述，在一事一报式报道中，"何事"是处于中心位置的，其他要素皆是围绕这一中心的"行星"。一事一报式的报道，一定要有将"何事"作为报道中心的意识，严格地按"新闻是关于新近发生或发现的事实的信息"来调控报道行为，注意不要在这类报道中将"如何"、"为何"要素作为报道中心。在新闻六要素中，"如何"与"为何"要素的信息内容弹性很大，确定了以"何事"为中心，就可将这些要素的信息量压缩到适当的程度，不让其因膨胀而造成喧宾夺主。

同时，由于这类事实的报道时效性强，往往要求一开头就开门见山直述其事，所以，导语中自然就要包含"何事"。可以说，"何事"一确立，报道的导语也就浮出水面了。

请看以下实例：

1998 年 2 月，只有初中文凭和成人高考英语大专文凭的吴士宏出任微软中国公司总经理。1999 年 6 月，由于与微软在产品价格、打击盗版等方面存在分歧，她宣布辞职。10 月 11 日，吴士宏加盟广东 TCL 集团的消息再次成为媒体关注的热点。作为 IT 业界的传奇女性，吴士宏把自己的成功之道归于"永远先走一步"。《中国经营报》7 月 6 日刊登专稿介绍了她不平凡的经历。

1979 年，吴士宏得了白血病，此后在长达 4 年的治疗过程中，由于一次又一次的化疗，她的头发几乎掉光。大病过后，吴士宏忽然觉得：自己的生命只能重新开始，因为也许生命留给她的时间并不宽裕了。

此前，吴士宏毕业于一所护士学校。她决定选择一条"捷径"——参加高等教育自学考试来彻底改变自己的生活。

她凭着一台收音机，花了一年半时间学完了许国璋英语三年的课程，而后参加英文专业的自学考试并拿下了大专文凭。这期间，吴士宏感受最深的两个字就是"真苦"，但她最得意的还是"赚"回了点时间。1985 年 6 月，吴士宏决定去参加 IBM 的考试时，还有最后一门英语口语没有考完，她就跟公司主管说："我肯定能拿下，如果拿不到，你就解雇我好了。"

进入 IBM 成了吴士宏人生的一个转折点，她这样回忆当时的情形：

我鼓足勇气，穿过那威严的转门，走进了 IBM 公司的北京办事处。面试像一面筛子，两轮的笔试和一次口试，我都顺利地滤过了严密的网眼。最后主考官问我会不会打字，我条件反射地说："会！"因为我环视四周，发觉考场里没有一台打字机，果然，主考官说下次录取时再加试打字。

实际上我从未摸过打字机。面试结束，我飞也似地跑回去，向亲友借了 170 元买了一台打字机，没日没夜地敲打了一星期，双手疲乏得连吃饭都拿不住筷子，终于奇迹般地敲出了专业打字员的水平。以后好几个月我才还清这笔不少的债务，而 IBM 公司却一直没有考我的打字工夫。

我就这样成了这家世界著名企业的一名最普通的员工。

在 IBM 工作的最早的日子里，我扮演的是一个卑微的角色，沏茶倒水，打扫卫生。我感到非常自卑。

有一次我推着平板车买办公用品回来，被门卫挡在大楼门口，故意要检查我的外企工作证。我没有证件，于是僵持在门口，进进出出的人投来的都是异样的目光，我内心充满了屈辱，但却无法宣泄，我暗暗发誓："这种日子不会久的，绝不允许别人把我拦在任何门外。"还有一件事重创过我敏感的心，有位香港女职员，资格很老，她动辄驱使别人替她做事，我自然成了她驱使的对象。有一天她满脸阴云，冲我过来："如果你要喝我的咖啡，麻烦你每次把盖子盖好！"我恍然大悟，她把我当作经常偷喝她咖啡的毛贼了。这是人格的污辱，我顿时浑身颤栗，像头愤怒的狮子，把内心的压抑彻底爆发了出来。事后我对自己说：有朝一日，我要有能力去管理公司里的任何人，无论是外国人还是香港人。

自卑可以像一座大山把人压倒而让你永远沉默，也可以像推进器产生强大的动力。我每天比别人多花6个小时用于工作和学习，于是，在同一批聘用者中，我第一个成为业务代表。接着，同样的付出又使我第一批成为本土的经理，然后又成为第一批去美国本部作战略研究的人。最后，我又第一个成为IBM华南区的总经理。这就是多付出的回报。

吴士宏升任IBM华南区总经理，管理一个拥有200多人的公司，她当时也感到很吃力，于是就开始非常认真去看一些市场分析方面的著述。看的书越多，她就越想去系统化地考虑问题，疑惑也就越多，读书的愿望就愈加强烈。

1996年5月，吴士宏拿到了EMBA（为高级行政管理人员开设的MBA课程）的入学许可。但1997年5月，吴士宏年迈的双亲同时病倒，她不得不延迟一年入学。而到1998年5月，吴士宏已经加入了微软，最终没能走进大学的校门。

谈及自己的奋斗史，吴士宏如是说："比别人先走一步，能创造一种好心境。在我内心，始终有着深重的危机感，如果不先走一步，就意味着被人领先。"

据《羊城晚报》10月12日报道，吴士宏离开微软后，选择了到国企TCL集团任总经理。

为什么离开微软？吴士宏透露了她与微软经营策略上的一些分歧。她对记者说："我这个人总是喜欢跳起来再找落脚点。这次跳起来后，发现不想再回到外企了。"吴士宏认为本地人做外资企业的雇员，是中国要融入全球一体化的必然，但是，白领们经常会遇到外企雇员身份和民族感情的矛盾。今年5月8日，北约轰炸我国驻南联盟大使馆，5月13日，吴士宏在中关村希格玛大厦微软（中国）公司大会议室设置了追悼会的灵堂，费用全部由参加的员工自己出。哀乐起，默哀，唱国歌，泪如雨下。但接下来，还是要为美国公司做事。当时，吴士宏告诉员工："国家强大，需要我们的工作，我们就吞下我们的委屈吧！"那一刻，吴士宏痛感自己的"另类"身份，内心掀起惊涛骇浪。

TCL没有透露吴士宏的身价，据吴士宏说，她在TCL的收入加上机会，超过了在微软的待遇。

这是笔者为学生练习新闻写作时提供的一个材料，要求学生根据材料写成一篇500字以内的消息。大多数学生能将"吴士宏加盟广东TCL集团"这一新近发生的事实作为"何事",确定报道的中心。但也有个别同学没有抓住这一报道中心,以至于第一步走错,接下来步步皆错。且观其导语:

例 1

10 月 11 日,IT 业界传奇女性吴士宏宣布加盟广东 TCL 集团任总经理。今年 6 月,由于与微软在产品价格、打击盗版等方面存在分歧,她宣布辞职。短短 4 个月,吴士宏跳出了外企,投入国企"怀抱",原因何在?

这则导语,将报道的中心定位在"为何"上,而原材料对这点并未提供足够的信息,故无法将其确立为报道的中心。并且,对于一般读者来说,吴士宏离开微软后的去向更引人关注。以"为何"为报道中心,就将"吴士宏加盟 TCL 集团"这一最新的信息淡化了。

例 2

被称为"IT 业界的传奇女性"的吴士宏,在离开微软加盟 TCL 集团后过得怎样呢?此前据她本人称,她在 TCL 的收入加上机会,超过了微软的待遇,而在问及她成功之道时,她的回答是永远先走一步。

这则导语中主信息不明确。先是关于"如何"的——"离开微软加盟 TCL 集团后过得怎样",后是关于"为何"的——"成功之道"。究竟以哪一要素为中心尚未体现出来。在时间段上,先是指向"之后",后是回顾以往,恰恰绕开了"新近发生"这一关键点,报道无立足点,所以信息显得很零乱。

例 3

10 月 11 日,离开微软的吴士宏正式加盟广东 TCL 集团。作为 IT 界的传奇女性,让我们去认识认识她吧。

显然,这则导语将报道中心定位在"何人"这一要素上,这不符合新闻报道的要求,没有提供新近发生的事实的有关信息。

例 4

毕业于护士学校,只具有初中文凭和成人高考英语大专文凭,却相继出任微软中国公司和国企 TCL 集团的总经理,IT 业界的传奇女性吴士宏怎样实现这一传奇经历的呢?"永远先走一步"是她为自己的成功作出的注释。

这则导语将全文的展开基点放在"如何成功"上，也没有将新近发生的事实作为主信息突显出来。

由上面四例可以看出，对于一事一报式的报道，首先要确立以"何事"作为报道的中心。确立了"何事"这一中心，整则报道也就纲举目张了。

2. 精选报道角度，突出报道主信息

确定了以"何事"为中心，下一步则要考虑以什么样的内容作为"何事"。换言之，要从众多的信息中选择哪个为"主信息"。如前所述，主信息的选择与报道角度关系极大，从不同的角度来观照，就可能由不同的信息充当"主角"。

报道角度的选择涉及方方面面，概括地说，既要能最大限度地挖掘出事实的新闻价值，又要努力满足社会语境及读者的需要。报道角度一旦确定，整则报道的主信息就明朗了，其他信息就可根据主信息的需要作适当的详略取舍。

请看以下实例：

1992 年 12 月，四川省宜宾地区江安县出了个了不得的稀有人才。在全国中学生化学竞赛四川省赛区中，唐均跻身决赛并夺得一等奖。第二年，他又以高出全国重点院校录取分数线 79 分（包括省化学竞赛一等奖加 20 分）的佳绩，问鼎中国知名高等学府。

然而，唐均的高分并不能马上叩开高等学府的大门。他的"白化病"，让多少伯乐惋惜或惆怅。多亏顾永经老师的多方游说奔波，一份南京大学录取通知书才送到唐均手中。

大学英语四级考试，唐均一年级便轻松过关。以后选修俄语、法语、阿拉伯语等，门门考试都得 90 多分。他还自学了满文、女真文、西夏文、梵文、缅甸语、波斯语、东乡语、藏语、哈萨克语、印地语等语言。

现在，在唐均所学的多种语言中，有 7 种已达到读、写、看较熟练的程度；有 4 种因太冷僻无会话场合，只能写、翻译；另有 5 种属初步掌握，正在深入学习中。

南大熟知唐均的师生都说他是"语言巨富"，但他生活上却一贫如洗。经济窘困让这位奇才备受磨难。

唐均一家三代五口全靠其父 200 多元月薪度日。每月寄来的 100 元生活费是从亲戚处借支的，加上南大的特困生补助费，他每天的伙食费不足 3 元钱，省下的钱都用于购买语言学教材了。

唐均在南大读书的 4 年，没有进过一家大百货商站，没买过一件汗衫裤头之类。一双翻毛皮鞋，是他爸 12 年前当水手时发的，除了夏季，他每天穿的都是它。身上这件旧拉链衫，是系里资料室的丁老师心疼他送的。班里4年来组织的春游、秋游等活动，他从未参加过。不是他孤僻不合群，实在是玩不起。

今年阳春三月，唐均即将在南京大学信息管理系毕业，在看到他的同学一批批被各地用人单位接纳抢走以后，他悄悄抹去失望的眼泪。

与生俱来的"白化病"（造成强光下极度弱视与眼球激烈震颤）影响了他的前程。他以优异的成绩学完本科全部课程的同时，还不同程度地掌握了英语、俄语、德语、阿拉伯语以及女真文、西夏文、印地文、东乡文、梵文等16门大小语种（主要靠自学）。用人单位却退避三舍，自己的才能派不上用场，这对一位有志青年是多么痛苦的折磨。

唐均在去年底，就把用中、英、法、德、阿拉伯、印地文、日文、满文等多种文字书写的《自荐信》，寄向他梦寐以求的北京图书馆、北京大学图书馆、上海外国语大学图书馆等单位。他的学识和坚强毅力，感动了北图馆长任继愈老先生。任先生专函回复，认为他的条件完全符合该馆人才需求，随即将材料交人事部门备案。然而，唐均的"白化病"却使许多用人单位望而却步。今年1月27日，北大图书馆一位副馆长来宁面试后，面露难色。上外图书馆馆长专程来宁面试后，带着几份惋惜而去。所有专家望着唐均，并不测试他的专业水平，却刨根问底地询问他的身体状况，这使小唐很伤心。于是，他转而向少数民族地区努力。支边申请书庄重地递交给了系里，自荐信也寄到了西藏民族学院、新疆以及云南等地，却未得到回音。

当社会上知道唐均求职困难时，一些单位与个人伸出了援助之手，但更多的是为解决唐均的经济窘迫而伸出的。寄钱、送物乃至资助其到国外就医的，连绵不绝。而唐均从小就一副穷且益坚的骨气，他谢绝了一切物质帮助。然而，有一位美籍华人的热忱相助却使唐均盛情难却。美国中国商务集团上海代表处首席代表周鉴平先生闻讯赶至南大，他殷切地希望唐均继续深造而不要急于找工作。周先生几经开导，终于说服小唐报考语言学研究生。这期间的后顾之忧，由周先生资助解决。最近，周鉴平以《资助稀有语种人才培养协议》的形式，进一步明确了自己的义务，并写明这"并非为了个人目的，也不是一种投资行为……"

最令人鼓舞的是，中共中央政治局委员、国务院副总理李岚清前不久看到唐均事迹的报道后，次日给国家教委打电话指示，要求帮助解决唐均的经济、求职或深入学习方面的困难。教委迅速批转南大贯彻落实，南大随即减免了唐均的1 200元贷款，并在其他方面给予了补助和支持。

这则报道可供选择的角度至少有四个：①语言天才唐均求职难；②"白化病"成了语言天才求职的障碍；③社会各界向唐均伸出援助之手；④美籍华人周鉴平先生资助语言天才考研；⑤李岚清关心病困学生。

显然，前两个报道角度虽也紧扣事实，但其主信息未能充分挖掘出事实的新闻价值；后三个报道角度有积极的意义，但比较起来，第五个角度既与社会语境最相谐和，又最能体现事实的价值，故是最佳的报道角度。

选第五个角度为主信息，唐均为"白化病"所困和他如何发奋求学，求职又频频受挫等内容，就只作为必要信息，能简则简。美籍华人周鉴平先生的帮助，也只能作为社会各界的关心的代表出现，可不必细说。

3. 巧选背景材料，组织选择其他信息

主信息确定之后，下一步则要考虑围绕主信息安排相关的必要信息与冗余信息。

对于一则消息而言，必要信息主要是指新闻背景材料，新闻背景材料是有关新闻事实的历史和环境的材料，其意义是将新闻事实置于一个适当的背景下，让读者从此事物（新闻事实）与彼事物（背景材料）的联系中去理解新闻报道所要传达的信息。从"历史"的方面看，是给读者提供一个发展的眼光；从"环境"的方面看，是给读者提供一个联系的眼光。换言之，是让读者以发展的、联系的眼光去观察和理解新闻事实，这是符合唯物辩证法精神的。

冗余信息也有助于读者读懂和理解报道的主信息。国内不少著述将背景材料分为说明性材料、注释性材料和对比性材料等，注释性材料是对新闻报道中一些较为陌生的、专业性强的名词术语的通俗化诠释，可划入冗余信息中。这类信息对于业内的读者来说是多余的，但对于一般的读者来说则可能是必不可少的。

一则消息的主体部分，其功能有二：一是对导语提到的主信息作具体化的展开，二是对导语中未提及的信息作适当补充。前者以冗余信息为主，后者则以必要信息为主。

必要信息与冗余信息的组织安排属消息的结构问题，我们可以根据内容的情况，按照前面介绍过的常用结构方式作不同的选择。

二、一事多报式报道的写作

一事一报式的报道方式，往往是待事件结束后再作报道。这时事实的各个要素及各方面的相关信息都已明朗，所以报道内容完整、准确。但它的局限性也很明显，在下列三种情况下，一事一报式的报道方式就显得过于拘泥，不能满足读者迅速获取信息的需要。

第一种情况，对于时效性特别强的事实，这种四平八稳、不急不忙的报道方式就显得太慢，可能会让其他媒体的报道抢了先手而给自己的报道造成被动。《经济日报》一位副总编曾说："我办报的最重要策略就是要抢，一定要抢在别人前面先说、先报道。即使报道比较粗糙，但是我先报道了，人家还是先看我的；你报道得再细致，但你的报道在后面了，人家会说，《经济日报》已经报道了，不看了。"在这种情况下，报纸往往是抢先将最新的信息发个简讯，其他内容之后再补充。

第二种情况，对于时间跨度较大的事实，如果等到整个事实结束后再作终结式报道，不仅使报道内容失去了新鲜性，而且也会因为报道内容过于概括而影响读者的阅读兴趣，从而影响新闻的传播效果。早在 1944 年 4 月 28 日，邓拓在晋察冀边区宣传工作会议所作的报告《改造我们的通讯工作和报道方法》中，就提倡过用"发展的报道"方式来解决这一矛盾，他说："发展的报道，由于实际斗争是发展的，因此，报道的方法也必须能够反映和指导斗争发展的全部过程。我们过去在这一方面是存在着严重缺点的。大家都谈到我们的报纸以往只有各种运动的号召和动员，并在运动结束以后很久来一个长篇大论的总结文章，其中虽有宝贵的经验教训，但只能供将来的参考，对当时的运动并不能起指导作用。这样，在号召、动员和总结之间就有一个大的空白了。究竟运动是怎样发展着呢？有什么问题发生呢？应该怎样解决呢？这些问题都很少及时地回答了。因此，党报在指导实际工作上就表现出贫弱无力，现在我们要求党报加强指导实际工作，就是要求我们及时报道各种斗争的发展过程。我们要从一个工作开始布置起，连续不断地及时报道它的进行情形和在进行中各种问题的发生与解决的经过，随时反映与集中群众的经验。"邓拓所提倡的"发展的报道"，大致对应我们今天的连续报道，是跟踪新闻事实所作的分阶段报道。其事实脉络清楚，读者可以连续不断地获知新闻事实发展的最新动态。

第三种情况，由于某些原因，其他媒体抢先对某一事实发了报道，但对于记者来说，又不可能因为别人有了报道而放弃报道权，在这种情况下，如何在"已报"的情况下化被动为主动，后发制人作"再报"，也是一种重要的一事多报式写作技巧。

我们将第一种情况的报道称为"分段报道"，对后两种情况则统称为"连续报道"。它们都是一事多报式的，其最大好处在于满足了新闻的两个根本属性——时效性与准确性，故在新闻实践中很有生命力。下面分别介绍之：

1. 分段报道

分段报道往往是在事发突然，而事实又非常重要时所作的报道，消息迟发了，其新闻价值会大受影响。在这种情况下，往往是先就所掌握的部分情况发出快讯或简讯，以后再就新闻事实，新闻事件的背景、起因、发展情况、影响范围及各界的反应等其他情况作补充交代。这种报道方式，即使是在今天的网络时代，依然为纸质媒体常用。请看《广州日报》2010年10月7日的这组报道《温家宝改变行程会见德总理》：

据新华社柏林10月5日电 国务院总理温家宝和德国总理默克尔5日在德国梅泽贝格官举行会晤，并发表中德总理会晤联合新闻公报。

此次会晤于10月6日在布鲁塞尔召开的中欧领导人会晤前夕举行，中心议题是中欧、中德关系。会晤中，德方表示将继续积极支持欧盟尽快承认中国完全市场经济地位，中国表示将与欧盟就此继续对话。

默克尔邀请温家宝于2011年赴德共同主持首轮中德政府磋商。

又讯 按照中方此前宣布的消息，温家宝此次出访欧亚四国，其中并不包括德国。在出访行程安排之外前往另一个国家，这在新中国外交史上是极其罕见的。

会晤的地点是在距柏林市区约70公里的梅泽贝格官。由于日程安排紧凑，中方起初建议在柏林会晤，以缩短路程。但默克尔执意将会晤地点选在梅泽贝格官，她说，只有会见与德国关系最密切的外国领导人才会选择这里。她特意安排直升机接送温家宝，以便腾出更多时间来会谈。

当地时间5日傍晚，中国总理温家宝在出席第八届亚欧首脑会议期间，抽出时间从比利时首都布鲁塞尔飞抵德国，与德国总理默克尔会晤并共进晚餐。会晤的地点是在距柏林市区约70公里的梅泽贝格官。

在中方事先发布的消息中，温家宝此次出访四个国家：希腊、比利时、意大利、土耳其，并不包括德国。在出访行程安排之外突然造访另一个国家，这在新中国外交史上极其罕见。中德两国总理的这次"超常规会晤"引发外界广泛关注。

据悉，默克尔今年7月访华后，多次致电温家宝，邀请温家宝在出席亚欧首脑会议期间去德国做客，她想谈谈访华后对中德、中欧关系新的思考。温家宝接受了邀请。

5日上午，温家宝与默克尔共同出席在布鲁塞尔举行的第八届亚欧首脑会议。默克尔缺席了下午的第四次全体会议和闭幕式，赶回柏林着手准备与温家宝的会晤。

下午4时20分，温家宝乘专机离开布鲁塞尔，飞行1小时20分钟后抵达柏林泰格尔军用机场。在机场短暂停留后，温家宝换乘直升机，前往梅泽贝格宫。

梅泽贝格宫是德国的国宾馆，位于柏林北部的勃兰登堡州，紧邻呼文诺湖，周边绿树成荫，主楼是一座建于 18 世纪的巴洛克式建筑。

由于日程安排紧凑，中方起初建议在柏林会晤，以缩短路程。但默克尔执意将会晤地点选在梅泽贝格宫，她说，只有会见与德国关系最密切的外国领导人才会选择这里。她特意安排直升机接送温家宝，以便腾出更多时间来会谈。

下午 6 时 40 分许，温家宝抵达梅泽贝格宫，默克尔在主楼门前迎接，两国总理紧紧握手。

"非常感谢总理女士为我作出这样一个特殊的安排，这其实也表现出我们两个国家的关系更加密切了"，温家宝说。

默克尔说："正是因为如此，所以我发自内心地邀请您到这里来。我访问中国的时候也受到了您的热情接待。您能抽出时间赶来，会谈后还要返回布鲁塞尔，令我非常感动。"

"您的盛情难却"，温家宝笑着说："尽管来回时间长一点，但我们有机会可以再次就两国关系深入交换意见。"

温家宝与默克尔的会晤持续了近两个小时。会晤中，双方高度评价双边关系的良好发展。双方愿通过加强对话磋商和扩大互利合作促进中欧经济关系。德方将继续积极支持欧盟尽快承认中国完全市场经济地位，中国将与欧盟就此继续对话。

近年来，中德关系持续升温。默克尔出任德国总理以来，先后四次访问中国。在最近一次访华时，温家宝亲自陪同她前往西安参观。默克尔在西安度过了她的 56 岁生日。

国际金融危机之后，德国在欧盟国家中率先实现经济复苏，很大程度上得益于对中国等新兴市场的出口大幅增长。同时，中德都是制造业大国和出口大国，两国在反对贸易保护主义等方面立场相近。

正是由于拥有广泛的共同利益，使中德两国关系持续向好，两国总理的这次"超常规"会晤，意味着中德关系进入又一个"蜜月期"。

与默克尔会晤后，温家宝返回布鲁塞尔，飞机降落时已是晚上 11 点。次日，温家宝将继续访问比利时，并出席第十三次中欧领导人会晤。

温家宝总理访问德国，按常规来说是一项重要的国事活动，有其新闻价值。但从标题上看，"改变行程"的做法极为罕见，"变动产生新闻"，这组报道的前面部分告诉读者温家宝访问德国这一事实，后面部分详细报道"改变行程"这一新闻背后的新闻。前后结合起来读,充分表明了这一访问意义之不一般,特别令人回味。

对于时间跨度不大、时效性要求特强的重大题材,采用分段报道的方式是个好办法。尤其在信息传播全面"提速"的网络时代,报纸的分段报道方式更是在"快"上做文章的重要手段。它以分篇的形式逐个列举读者对新闻事实所关心的问题,每次报道只回答某个方面的问题,内容简明、单一,具有一定的吸引力。值得注意的是,分段报道不同于连续报道,它报道的对象不是那种时间跨度较长的、发展变化较大的事件,所以在选材上要特别注意选取重大题材,这样才能吸引读者的注意力;否则,读者在读了两三篇报道后就会失去兴趣。还有一点,就是每次报道的篇幅不宜过长,一般以发简讯为主。请看下面这组报道:

九江段 4 号闸附近决堤 30 米

本报江西九江 8 月 7 日 16 时 5 分电　今天 13 时左右,长江九江段 4 号闸与 5 号闸之间决堤 30 米左右。洪水滔滔,局面一时无法控制。现在,洪水正向九江市区蔓延。市区内满街都是人。靠近决堤口的市民被迫向楼房转移。

本报江西九江 8 月 7 日 16 时 5 分电　现在大水已漫到九瑞公路。据悉,决堤时,一些居民还在睡午觉。现在在堤坝上被洪水围困的抢险人员大约上千人。

本报江西九江 8 月 7 日 16 时 5 分电　国家防汛总指挥部有关专家正在查看缺口。专家们决定用将装满煤炭的船沉底的办法堵缺口。

本报江西九江 8 月 7 日 16 时 35 分电　记者已赶到缺口处。汹涌的江水正从 30 米宽的缺口涌向市区。南京军区两个团正在国家防总、省防总有关专家的指挥下现场抢险。现在有一条 100 多米长的船只无法靠近缺口,抢险队正在想办法。

本报江西九江 8 月 7 日 17 时 15 分电　专家们拟定了三套抢险方案:一、将低洼处的市民转移到安全地带。二、市区内的军队、民兵组成一道防洪线。三、全力以赴堵住缺口。

现在,一条大船装满煤,正由北向南岸靠近,准备堵缺口。

本报江西九江 8 月 7 日 22 时 5 分电　截至记者 21 时撤离时,决堤口还没有堵上。一条装满煤的百米长的大船已横在距决堤口 20 米处,在其两侧,三条 60 米长的船已先后沉底。数千军民正在沉船附近向江里抛石料。水势稍有缓解。

目前,留在决堤处抢险人员总计有 2 000 多人。防汛指挥部组织抢险人员正在市区的龙开河垒筑第二道防线。

据悉，市中心距决堤处的直线距离约 5 公里。市区内目前还未进水。记者赶回市区看到，一些店铺还在营业。市民们的情绪较下午平稳了一些。

路上，出租车司机告诉记者，市政府已在电视上发出紧急通知，告诫市民，凡家住低于 24 米水位的住户，要迁到更高的楼上。

本报江西九江 8 月 8 日 0 时 15 分电（记者贺延光）　记者刚刚与前线指挥人员通话：现在沉船部位上端水流有所减弱，但船下的漏洞水流仍然很急，缺口处洪水不见缓解。抗洪军民仍在连夜奋战。

本报江西九江 8 月 8 日 0 时 45 分电（记者贺延光）　记者刚刚得到消息，从昨天下午 4 点开始，万余名解放军战士正在龙开河连夜奋战，构筑一道 10 公里长、5 米宽的拦水坝，作为市区的最后防线。至发稿时止，仍有大批军车赶往此地。

这组报道共八篇，可以看出，采取分段报道的方式很好地解决了报道时效性的问题，现场感也很强。一组报道连起来，就是对一个事件的完整报道。

2. 连续报道

连续报道是指在一段时间内，对某一新闻事实的有关情况，或以某一新闻事件的发生、发展、高潮、结局为线索的持续报道形式。连续报道可分为两种情况：一种是对正在发生的事实的持续不断的报道，不断地给读者提供事实发生演变的最新情况。这类报道通常以事实发展变化的线索为报道主干。另一种情况是对新近发生的事实作由表及里的连续深入报道，整个报道以人们的认识过程、思维习惯为内在逻辑顺序，逐层完成对整个事实的完整把握。从认识层次上来看，前者是在一个认识层次上沿事物发展的水平状态对事实的现状作出报道，我们称之为"水平式连续报道"；后者是由报道"何事"这个层次入手，再深入到事物的形成轨迹和形成原因，是一种跨越认识层次的报道，我们称之为"深入式连续报道"。这两种报道的写法是不同的。

（1）水平式连续报道。

这类报道的写法一般用于追踪重大事件或正在发展过程中的事物，对随时出现的新情况或阶段性的结果迅速加以报道。由于它跟踪事物发展的轨迹，报道及时，故时效性强。同时，连续性报道不是终结式报道，而是开放式的动态报道，在报道过程中，记者同读者一样，并不知道事情的发展结局，这样，就使得报道呈现多向度的变异性和随意性。这种无法预料的不稳定状态，往往使连续报道具有很大的信息量，能更直接、更真实、更客观地把新闻事实的发展真相告诉读者，从而更具魅力。

连续报道的每一篇后续报道都是在前一篇报道的基础上的延伸，随着报道的深入，事实真相和意义也就逐渐明朗。从形式上来说，完整的连续报道应当是有头有尾的连续叙事过程，比起分段报道来说，其报道内容更为丰富，其版式和风格大体一致。

连续报道是一种线性的报道，它紧紧地跟踪事件发展变化的进程，由此不断深化报道的内涵。对连续报道来说，最关键的技巧是要体现好事物的发展线索，因为它不但能及时向读者提供事物发展变化的新情况，而且是吸引读者注意力的一条重要的兴趣线。因此，在连续报道的前后篇什中，应特别注意彼此之间的钩连。美国密苏里新闻学院写作组编撰的《新闻写作教程》针对连续报道中的后续篇什提出了一个操作性很强的写作模式：①新导语；②挂钩段落；③过渡段落；④回到主题的段落。

该书对这种模式的解释是："报道事态仍在发展中的新闻要以最新情况作为导语。在第二段和第三段中记者可选用同原先的报道相关连的材料。挂钩段是对原先的报道的简要回顾。应当记住，有些读者也许并未读过原先的那篇报道。但是，要特别注意在挂钩段中不要大量地重复过去报道过的细节。在这方面，过多的花费笔墨，会使读者忘掉这篇新报道到底要说什么。介绍了背景之后，记者应安排一个精彩的过渡段回到新的主题。"

这种写作模式使整个"连续"中各篇报道的写作规范齐整，而整组报道又富于节奏美。下面的例子叙述的是一个新的市行政官的竞选过程，汤姆森是报道中"何人"的主角。报纸的及时报道让事态发展日趋明朗。请特别注意其导语和挂钩段落的写作：

第一篇：

S市行政官汤姆森已申请担任Y州B市的行政官。

据星期四的B市《记事报》报道，汤姆森已被列入12名该市行政官最后候选人的名字中。

B市市长迈埃不愿证实是否有此事。但是迈埃说申请这个职位的有87人。

两星期后，事态有了新的进展，第二篇报道为：

导　语　S市行政官汤姆森仍在为得到Y州B市的行政官之职而奔忙。

挂钩段　在S市担任行政官之职达五年半之久的汤姆森，是申请担任B市行政官职位87人中的一个。那里的市政官员和汤姆森本人都不愿谈论这件事。

过渡段 但是，据 B 市《记事报》报道，汤姆森现在是挑选担任该职位的最后 5 名候选人之一。

回到主题 最后候选人必须在今天把他们的履历和证明人的姓名呈报上去。市议会将进一步缩小名单，然后将用飞机把候选人送到 B 市，以便在本月末面谈。

又过了三周，第三篇报道为：

导　语 在谋求担任 Y 州 B 市行政官的活动中，S 市行政官汤姆森又顺利地通过了一轮筛选，虽然他的名次并不是头几名。

挂钩段 在星期四的秘密会议上，B 市议会提名汤姆森为这一职位的 3 个候选人之一。最初有 87 人申请担任这一职务，汤姆森已经胜利地通过了前两次筛选。一个月内，这个职位是不是由他获得便将分晓。

过渡段 但是，汤姆森在候选名单中并不是名列第一。

B 市《记事报》说，汤姆森仍有两个对手，一个是 56 岁的耶里，现任该市的代理行政官。另一个是 45 岁的戴尔，现任 K 州 W 市的行政官。

回到主题 耶里是这次竞争中的领先者。

再过了三周，第四篇报道为：

导　语 谋求担任 Y 州 B 市行政官职位的竞争有了令人吃惊的变化，据报道，S 市行政官汤姆森已占领了领先地位。

挂钩段 现在，汤姆森是最后两个候选人之一，仅次于 B 市现任代理行政官耶里。该市议会取消了戴尔的候选人资格。

过渡段 这一职位或许是汤姆森的了。

回到主题 据 B 市《记事报》报道，在市议会星期四晚上的一次秘密会议上，汤姆森以四比三占优势。最后竞选将在两三天内进行。

最后的结果在三天以后出来了，其报道是：

导　语 S 市行政官汤姆森已宣布辞去现职，即将就任 Y 州 B 市行政官之职。几个星期来人们就此进行的种种猜测终告结束。

挂钩段 担任 S 市行政官之职达五年半之久的汤姆森是从申请担任此职的 87 人中选出来的，他的主要竞争对手是耶里，这位现任 B 市代理行政官直到最近几天仍在竞争中处于领先地位。

过渡段 汤姆森是在 S 市议会开会中途宣布他的辞职声明的。

他的辞职从 7 月 1 日开始有效，然后在 7 月 5 日开始在 B 市工作。这意味着汤姆森的年薪将增加 8 150 美元。

比起分段报道来，连续报道的时间跨度大、报道次数多，注意叙事线索和连贯性，就成了这类报道方式的重要技巧了。因此，像挂钩段这类技术性的处理，在分段报道中并不重要，但在连续报道中就明显地起到了承上启下的重要作用。

（2）深入式连续报道。

深入式连续报道不是按事物发展的线性过程来联系各篇的，而是按人们对事物的认识层次来安排各篇的，与一般的以"何事"为中心的报道不一样的是，它由报道"何事"为起点，最终会深入到"为何"这个层次，所以，联结整个系统的是事实的因果链。通常是，在对事实的现状作出报道后，后续的报道就是记者对这个事实的深入采访调查过程，所以，记者的采访过程就成了这类连续报道的表层线索。这样来看，这类报道就存在着双线结构：表层线索——记者采访过程，深层线索——事实的因果链。这两条线索一明一暗、一实一虚，达到了内容与形式的完美统一。

请看新华社江苏分社《现代快报》对"地方法院法官殴打记者"事件连续报道的部分内容。

此事发生在 1999 年 12 月 16 日，第二天，《现代快报》在醒目位置登出了第一篇报道《记者暗访遭强行拘留》：

昨日中午 1 时许，南京《服务导报》记者汤敬东致电本报求助，说上午他与《经济早报》记者张宪军在进行正常采访时，遭雨花台区沙洲人民法庭副庭长陈敏等人粗暴对待，张被戴上手铐禁锢起来，而他则伺机逃出来求援。

20 分钟后，记者赶到沙洲人民法庭。汤敬东向记者介绍了详细情况。汤说，他和张宪军两人上午陪同一读者（该读者曾向报社反映沙洲法庭执法不公）去沙洲法庭找陈敏副庭长了解情况（并非开庭）。其间陈副庭长态度蛮横，出言不逊，并以读者的父亲态度不好为由欲拘留该读者并亮出手铐，汤敬东与张宪军认为陈敏的做法与法官身份不符，便作了录音。陈副庭长发现录音后，抢夺张宪军采访机并一把揪住张宪军的头发、卡其脖子令其交出采访机。这时又赶来三四人相助，七手八脚把张宪军关进房子并戴上手铐。而汤敬东见势不好，挣脱后赶紧用手机求救。

记者就此事采访当事人陈敏，但遭陈拒绝。直到下午 3 时许，沙洲人民法庭龙锦林庭长才接受了采访。龙矢口否认陈敏以及法庭其他人员存在殴打记者等行为，并称张宪军目前已被拘留，并且要拘留 7 天，依据是《中华人民共和国民事诉讼法》第一百零二条第五款："以暴力、威胁或者其他方式阻碍司法工作人员执行公务的，可以对其予以罚款、拘留。"

……

12 月 18 日，该报又紧接着刊出第二篇报道《记者法官谁在说谎》，对"被打"事件中的一些缘由与情况作了深入报道。

本报昨日刊载《记者暗访遭强行拘留》一文后，在社会上引起巨大反响。一整日，热心读者的声援电话接连不断，人们纷纷表达对沙洲法庭做法的愤慨和对被拘记者的关心。和热心的读者一样，本报也密切关注此事。据悉，事发当晚 9：30 左右，被拘禁的记者张宪军在有关部门的交涉下，终于恢复了自由。当时张宪军显得神情恍惚，出来后即被送往医院输液……

昨日晚，本报得到雨花台区人们法院一份《关于记者反映被"打伤"的情况汇报》（以下简称《汇报》）。记者发现，该《汇报》中的情况与当事人张宪军的说法完全不同。

一、究竟谁打谁？

《汇报》称，沙洲法庭陈副庭长因阻止张宪军未经许可而在法庭上录音，令其交出采访机，张欲抢夺，用脚踢几位干警，并咬伤两位干警，撕坏庭长毛线衣，严重妨碍法庭的正常工作秩序。在这种情况下，经院长批准将张宪军依法进行司法拘留。《汇报》称："本院干警在依法拘留记者张宪军时，没有对其进行殴打。张宪军身上也无伤痕。"

法院的说法令张十分愤慨。他情绪激动地说："这简直是颠倒黑白。第一，当时并不是在开庭的状况下。第二，我的行为都是自卫，当时至少有四个人殴打我，我当时可以肯定的有龙庭长和陈敏两人。说我打他们，他们个个人高马大，龙、陈两人都在 1.80 米左右，我只有 1.60 米，我怎么打伤他们？事后我让他们把伤情给我看，他们也不给。"……

二、"处理"到底是怎么回事？

在此事的处理上，《汇报》称"记者张宪军也承认这事是因自己年轻气盛造成的不必要的误会，也认识到自己在这次采访前未按规定办理有关手续，并承认咬人、踢人、撕衣"。并称张已认识到自己的"违法行为"。

对于雨花台区法院的说法，张宪军给予全盘否认。他接受采访时说："在拘禁期间，法庭里的人不时套我的话，威逼引诱我的口供，称只要承认冒充当事人、威胁法官、咬伤干警、没有正常采访手续这四点便放我走。我什么也没承认，我认为我是正常采访，我保留起诉的权利。"

三、为何对媒体打游击战？

事情发生后，《经济早报》记者王先敏与江苏卫视《大写真》记者昨日再赴沙洲法庭采访。提起这次采访经历，王先敏不无感慨地说，那简直是一场"游击战"。中午 12 时左右，一行人驱车赶至沙洲法庭时，见大门紧闭，只有侧面一小门开着。大门的门卫一见车上下来的人扛着摄像机，急忙上前堵住记者，并称里边的人已下班，之后不由分说将门锁上。而记者清楚地看到院子里有人有车。没办法，记者便在门口苦等。大约中午 1：10 左右，一位女同志从门里走出来，断然拒绝记者提出的采访要求。其后龙庭长告诉记者，要想采访必须到雨花台区法院开采访证。无奈之下，记者又赶至雨花台区法院，要求其开具采访证，主任刘进星称采访证已开完。此后，记者提出采访两位庭长。刘进星进办公室打了电话后称，两位庭长很快就来接受采访。记者苦等 40 多分钟后才得知，龙、陈不愿见记者……

这篇报道的中心已经从"何事"深入到了"为何"层次。第三天，该报又登出了几篇报道继续跟踪此事，请看其中的一篇《为什么法官打人反成"护法"》：

本报连续报道《记者暗访遭强行拘留》引起强烈冲击。昨天，本报新闻热线从早到晚铃声不断，许多市民对此发表了自己的看法，希望本报一追到底。

昨日《中国青年报》也以《抓头发、卡脖子、戴手铐——"南京一记者采访法庭遭拘留"》为题对此事作了详实报道。南京数家媒体对此事也表示了关注。其中一家晚报在头版《法律社会不存在特殊公民——"记者暗访遭强行拘留"始末》一文中提到，"法警在拘留记者时，并没有像有关报道写的那样对张进行殴打，张身上也无伤痕"。有读者就此发问：《经济早报》记者到底有没有遭法官殴打，是哪家媒体报道有失误？

就此问题，本报记者专门采访了《经济早报》记者张宪军。张向记者出示了自己的病历，上面写着医生的诊断："患者昨天上午被人打伤面部、颈部、背部、右上臂、左上腹等多处。"张宪军说南京某晚报记者根本没有采访过自己，但却对此事作了"详尽"报道。对此，张宪军已向这位晚报记者发出了抗议声明，同时向中国记协发传真求援，请求保护记者的正常采访权利和人身安全。

张宪军说："我在正常采访中遭法官殴打强拘，反成了特殊公民；而打人的法官不仅赖得干干净净，还成了护法模范，天底下还有公道没有？"

此后，该报对事件的发展与处理作了连续报道，既让我们看到了新闻事件的完整发展过程，也让人清楚地了解到了事实的真相。这种跨层次的报道，有利于拓展新闻事实的深度与广度。

第三节　非事件性新闻的写作

一、多事一报式报道的写作

多事一报式报道最为典型的是综合性报道，此外还包括常说的经验新闻、述评新闻，等等。在长期实践中，这类报道形成了一些相对稳定的写法。

1. "借着一个适当的题目来写"

这一写法是毛泽东提出来的。1948 年 11 月 5 日，毛泽东为新华社写下了消息《中原我军占领南阳》，消息发表不久后，他写信给胡乔木，指出要注意写些综合报道，"其办法是借着一个适当的题目如像占领南阳之类去写，并要各地分社负责人（普通记者不能写此类通讯）或党的负责人学会写这类综合性的报道，而我们是长久缺少此类报道的"[①]。

这类写法既适合于横向式的综合报道，也适合于纵向式的综合报道。学习这类写法，不妨就从《中原我军占领南阳》入手。它先报道"我军占领南阳"这一最新战绩，然后引用较多的背景材料，从三国时期曹操与张绣争夺此城写起，一直写到在过去一年里敌方对南阳的重视。这些材料集中说明了南阳历来是兵家必争之地。因此，敌军放弃之、我军占领之，其意义就不只是一城一地的得失了。然后，报道顺势展示了两军近期内军事形势发生的变化：我军在战场上连连取胜，不仅扩大了地盘，还补充了约 20 万的人员；不仅恢复和建立了稳固的根据地，还在这些地方实行了土改政策；"不仅是树木，而且是森林了，不仅生了根，而且枝叶茂盛了"。

这则消息，粗看好像只是一则动态消息：报道最新的战况——占领南阳。

---

① 毛泽东新闻工作文选. 北京：新华出版社，1983. 158

但仔细分析，就会发现"占领南阳"只是一个导入口，作者只是借着这个"题目"，重心在于展示当时的整个战局，是一种借题发挥的技巧。

这种写法的特点是报道一个新近发生的事实，这一事实是该报道的一个重要内容，但报道的内容又不仅限于此。作者往往以此为导入，借题发挥，将此事放入一个广泛的、纵横交错的背景中来展示，如此便形成了这样一种写作模式：以点带面，以一斑窥全豹。

在这里，"点"是新闻事实，"面"是新闻背景，是"点"上的事实产生的土壤。但是，在报道中，新闻背景成了全文所要窥视的"豹"，成了重点展示的对象。试结合下面这则消息来分析：

贫贱夫妻双双自杀（主题）

法国自杀率冠欧洲（副题）

法新社法国中部克勒蒙菲朗电（原电日期不明）　一对青年夫妻16日从这里的13楼的一个窗口跳楼自杀，自杀的原因是他们无法找到工作。

法国失业大军多达170万人。

尚他尔·泰西和让·吕克·蒙特都才27岁，这对青年夫妻是法国最近突然上升的自杀率的牺牲者。法国自杀率高于欧洲其他各国。

全国人口统计局今天宣布，1980年法国自杀者多达1万人。

换句话说，每10万法国人中便有20人自寻死路。

与法国自杀率相对照的是：1979年英国每10万中有8人自杀，意大利每10万人中有6人自杀。

在这则消息中，表面上看是贫贱夫妻自杀身亡构成了报道的"何事"，但细看不难发现其真正的"何事"是，法国的自杀率居欧洲之冠。这对贫贱夫妻的自杀只是这篇报道借到的一个"适当的题目"。

这种写法的好处在于它很好地处理了个别事实与全部此类事实的关系，满足了新闻的个体真实与整体真实的双重真实。而这一点对于以展示"面"上情况为主的综合性报道而言是非常重要的。我们知道，报道"面"上的情况，如果只有"面"上的概括性材料，就会给人模糊空洞之感，难以让人感觉真实可信性。只有"点"上的具体材料才能给人以实有、确凿之感。所以，综合性报道特别强调要做到"点"与"面"的结合，以"点"证"面"。"面"上的概括性材料一定要有"点"上的具体材料支持。这里就有了一个问题，一个"面"究竟要多少"点"上的材料才能支撑得起呢？理论上来说，"点"越多越有证明力，但实际上这种简单枚举法往往是费力不讨好的。所以，用多少个"点"上的材料才能收到事半功倍的效果，就成了写作这类报道时一个重要的技巧问题。一般的报道取三个"点"上的材料，大概是考虑到"三"这个数是个复数；从几何学的意义来说，三个点也正好支撑一个面。上述两篇报道实际上都只取了一个"点"，而其他的材料只是"面"上的概括性材料，真正是以一目尽传其精神了。

通过一个点上的事实，要反映出全局的情况，关键是要抓准事实。也就是说，这个所谓"适当的题目"，一定要是一个高度典型化的材料。解剖一只麻雀，也就了解了所有的麻雀。我军占领南阳不只是一城一地的收复，作者极力要表明的是，这是具有决定性意义的一步棋；一对贫贱夫妻自杀不只是偶然现象，而是整个法国"最近突然上升的自杀率的牺牲者"。这不禁令人想起"全息理论"来，它揭示的是，"整体的信息可以以某种方式传递给各组成部分，并在各组成部分上表现出来，使各组成部分表现出与整体一定程度的相似性和同构性"①。这类写法中的这个"适当的题目"，一定得蕴含所要揭示的全局的信息。

以一个"点"上的事实来表现全局，一定要阐述好"一"与"多"的联系。换言之，就是要揭示好现象与本质的联系。在这类报道中，具体表现为"这个事实"与整个背景的联系。这要求记者对全局有一个鸟瞰式的了解。有了对全局的深刻了解，记者就能将眼前这个"题目"与全局对应比较，分辨出哪些事实是"适当"的，哪些事实是不足以表现全局、难以借题发挥的。毛泽东说普通记者是不能写此类报道的，恐怕主要是考虑到他们对全局情况了解的局限性。今天的情况不同了，这样的报道写法应该是每个记者都要努力掌握的。

2. 寻找一个新的时间由头来写

非事件性新闻的一个突出问题是，其时效性远不及事件性新闻强。因此，从写作技巧上来看，就要找一个新闻由头来解决报道的时间根据问题。这个新闻由头，就横向式综合报道来说，往往就是报道中"面"上诸多同类材料中的一个。从材料的性质来说，它并不比其他材料更典型，其优势仅仅在于它是同类事实中"最近发生的"一个，满足了新闻报道的时效性要求。这个"事实"在报道中只起一个引导作用，故通常写在导语里。请看 2010 年 11 月 9 日《参考消息》上转载的一篇报道《台女流行嫁陆男》：

> 台湾艺人嫁大陆阔少，媒体一个多星期来不间断地炒。女的叫大 S（徐熙

---

① 沙莲香. 传播学. 北京：中国人民大学出版社，1990.290

媛），男的叫汪小菲，所以有个奇怪的名称叫"大小恋"。

和朋友闲聊，唯一觉得好玩的是，怎么又一个台湾女嫁大陆富男？

中国大陆崛起有多厉害，不用看 GDP 多高，不用看高速列车多快，不用看奥运世博多盛大，也不用看出现"China"字眼的外电新闻会引起多高的点击率。

看看台湾女人嫁大陆男人的趋势就知道了。

不只是大 S，经媒体报道的，之前还有女星孟广美和凤凰卫视女主播陈玉佳，她们都嫁给了大陆富商，男方身价都是百亿元新台币起跳。还有更早的，歌手千百惠和作家玄小佛也嫁到大陆去。

曾几何时，那个在港剧《网中人》里拼命吃汉堡、土到不行、又傻到可以的阿灿，已经不再是大陆男人的代名词。曾几何时，大陆有了熟男、型男、富男，他们还成了台湾名女人征服的对象。还是改革开放好，造就了一批有钱人和他们的富二代，更造福了钓到金龟或找到归属的台湾女人。

当两岸的投资仍单向地从台湾流向大陆时，两岸的婚姻早已从单向转到双向。过去是大陆女嫁台湾男，现在台湾女也嫁大陆男。

《中时电子报》2007 年的报道说，两岸通婚频繁，除了大陆新娘远嫁台湾，也掀起台湾小姐嫁给大陆郎的新趋势。据统计，大陆嫁台比台嫁大陆的比数差不多是 7∶3。

随着大陆经济崛起，两岸大三通、直航、签署 ECFA、文化与教育交流等，两岸民间交流阻碍逐步减少，两岸通婚的趋势估计只会有增无减，而且质量也将随着两地经济和社会差距的缩小而提升。

大陆市场大，捞钱机会多，不只是台湾女艺人跑去大陆拍戏唱歌找乐子。随着大陆学校开放招收台湾学生，又统一大陆学生和台湾学生的学费标准，到大陆去念大学的台湾学生也不少，他们日后都可能是两岸跨海姻缘的主角。

更何况，相较于台湾对大陆配偶有较多的限制，大陆政府对台湾配偶在大陆居留、工作方面没有那么多限制。

如果过去的两岸通婚大多属于通过中介介绍，台湾老男娶大陆少女的生硬配对或图利配对，那接下来随着民间交流的增多，更多应该是自然互动而产生的情愫。

《文汇报》2008 年曾报道说，福建社会学家注意到，随着海峡两岸经济差距逐渐缩小，两地交流日益频繁，2000 年以后，两岸婚姻质量开始提升，"老夫少妻型"退潮，"年龄、地位对称型"增多。自由恋爱比例增加，性别结构上也不再是女方清一色来自大陆，也有不少大陆郎讨到台湾新娘。

我好奇询问台湾朋友，如果陆生来台变常态，她 8 岁大的女儿以后如果爱上同班大陆男生，然后跑到大陆去，她能接受吗？

她说："真爱无妨。"

中国大陆一直"寄希望于台湾人民"，两岸和平一定程度上确实寄托于民间往来，寄托于很多的"大Ｓ们"和"汪小菲们"。

显然，报道采用了多个"点"来努力构成一个"面"，以勾画出"台女流行嫁陆男"这样一种变化趋势。大Ｓ和汪小菲之间的"大小恋"，只是同类事例中最新发生的一例。

对于纵向式综合报道而言，新闻由头就可能是事物新近出现的一个变动契机。如《"飞蝗蔽日"的时代一去不返》的导语为："危害我国数千年的东亚飞蝗之灾，如今已被我国人民和科学工作者控制住了。我国已经连续10多年没有发生过蝗害。有关部门准备把这项重要成果推荐给全国科学大会。"显然，这项成果推荐给将要召开的全国科学大会成了一个报道由头。有了它，数十年的治蝗成果，乃至数千年的治蝗史，都被牵引出来了。

从写法上看，它显然不是"以一斑窥全豹"的模式，而是以一"点"带出多"点"。更准确一点说，是以一个最近的事实，带出过去的一系列此类事实。全篇报道是对此类事实一个汇总式的展示。

与"借着一个适当的题目来写"最大的不同是，报道中所突出的那个"点"的地位是很不一样的。如果是作为一个"适当的题目"，这个事实就成了整个报道的依托，去掉这个事实，整个报道就立不起来。因为在这类报道中，它是惟一的"点"、是事实，"面"只是其背景。而如果只是作为一个"时间由头"，它所承载的任务就要小得多。

比起前一种写法来，这种写法要容易把握些。从材料的采集来看，作者往往是积累了一个时期的同类题材，可能就是"万事俱备，只欠东风"。这个"东风"当然就是时间由头了。只要留意最近是否发生了同类的事实，就可以找到由头，从而引出事实。并且，报道中的"多事"可以有较长的时间跨度，所以限定性也不算严格。举个例子，笔者所在的高校，学生生活区有一条大道叫"木兰路"。一些学生社团喜欢在此贴广告搞活动，其中一项活动颇具新闻价值，即某个学生个人或家中遇到困难，就有人在此搞募捐献爱心，近些年这类活动有些频繁。笔者在讲综合报道的写作时，学生很受启发，欲将这一类事实汇聚起来作一报道。但一时没有这类活动，又不是学雷锋的三月（这是不正常的，但事实又的确如此），外部没有提供一个报道契机，所以只好等待一个同类的新的事实出现。在等待期间，学生们把以往的情况做了个彻底的调查，准备很扎实，所以，由头一到，报道很快就写出来了。

可见，寻找一个合适的新闻由头对这类报道的写作来说具有特殊意义。一些聪明的记者在对付这类报道时，充分发挥自己的主观能动性，千方百计寻找或策划出报道的由头来。例如，《天津日报》上曾刊登的《河西五姑娘甘当磕灰工》，报道五位环卫女工长年累月拉粪车。她们的事迹虽平凡，但因为是一种长年马拉松式的积累，所以很具报道价值。但如何找到一个报道的时间由头？靠等待契机似乎不太可能，于是，记者巧妙地从"昨天"写起：

　　本报讯　周末晚上，对那些正当妙龄的姑娘来说，该是梳妆更衣，同家人密友聚会的时间。昨天（周末），从六点开始，照片上的五位姑娘：韩淑芬、张秀芬、冯桂玲、靳秀芹、商玉贵却换上了工作服，背上粪筐，拉着粪车，沿街入户收倒粪桶去了。
　　何止是昨天，一年 365 天，她们风雨无阻……

　　这个由头是记者"策划"得来的，有了它，过去的材料都带动起来了。这种情况在"借着一个适当的题目来写"的模式里是不可能的。后者必须有一个确确实实的新近变动的事实作支撑，而不是可以靠"策划"而来。
　　3. 选取一个特殊的视角来展示
　　一个特殊的视角，有时对于观察事物会产生一种特殊的效果。对于综合性报道而言，它是引导读者观测整体事实的一个"好望角"。读过《红楼梦》的读者一定有印象，在第六回中，作者有一段表白："且说荣府一宅中合算起来，人口虽不多，从上至下，也有三百余口；事虽不多，一天也有一二十件事，竟如乱麻一般，没个头绪可作纲领。正思从那一件事写起方妙？却好忽从千里之外，芥豆之微，小小一个人家，因与荣府略有些瓜葛，这日正往荣府中来，因此便就这一家说起，倒还是一个头绪。"作者就以"刘姥姥一进荣国府"作为叙事的头绪，"荣国府"这一对象，通过刘姥姥这一特殊视角，进入了读者的视野。
　　对于报道内容多、涉及范围广的综合性报道，找到一个好的叙事视角是十分重要的。对于作者来说，是叙事的头绪；对于读者来说，是了解报道对象的一座桥梁，是吸引读者的兴趣点。如获得过普利策国际新闻奖的作品《五亿人在慢慢死去》，它综合报道了当时横跨亚非两洲涉及五亿人口的旱灾和饥荒。受灾面积大、人口多，从哪儿下笔呢？请看这篇报道的开头：

　　太阳升起来了，它照耀着印度东部一个叫辛基马利·帕朱尼波的小村庄。同一个太阳，每天也都照耀着中非尼日尔一个叫卡欧的小小的居民点。

辛基马利的一个农村灾民收容所首先破晓。6岁的男孩萨库·巴尔曼摇摇晃晃地站了起来，跌跌撞撞地走出那间草坡小屋，在难忍的饥饿中开始了烦躁不安的一天。

6个小时以后，黎明降临在卡欧的一个撒哈拉游牧营地。那儿，一个叫哈米达的骨瘦如柴的小女孩艰难地站起来，也在饥饿中迎来了新的一天。

两个孩子相距5 500英里，然而，当他们来到阳光下时，他们的影子却完全一样。

实际上，他们已经不成人形了，成了勉强会走路的骷髅；同样的天灾人祸，将使他们结束在这个地球上的短暂、不幸的一生。

报道以这两个在死亡线上挣扎的小孩为线索，描述他们经受的苦难和难逃一死的命运。在这个过程中，作者巧妙地揉进两个孩子所在的村庄以及印度、西非等七国受灾人民的悲惨情景。读者从这篇报道中得到的并不是一些关于灾情的统计数字，而是两个濒临绝境的孩子的挣扎景象，从而使五亿灾民的境况具体化、形象化。正如《中国青年报》记者解海龙在安徽金寨县桃岭乡拍的那张关于"希望工程"的照片，照片上那个小女孩一双渴望的大眼睛给人留下深刻的印象，通过这双大眼睛，人们强烈地感受到希望工程的意义。

这种写法粗看起来也是属于"以一斑窥全豹"的模式，有点接近"借着一个适当的题目来写"，但只要仔细分析，还是可以发现它们之间是有很大区别的。首先，"适当的题目"通常是要外部提供，也就是说，要等待某个事实发生，你才能借题发挥，写出报道。其次，作为"适当的题目"的这个事实，对作者所报道整个事实是具有很大意义的，从时间上来说，它解决了新闻由头的问题；从内容上说，它往往是同类事实中最具代表性的一个，可以作"麻雀"来解剖。而作为报道的一个"视角"，这个事实就不必严格要求了。比方说上文中的那两个小孩，你可以随意从另外两个村庄选另外两个饥饿者。这样的"点"的材料，既不用外部提供，也不必等待某个契机的到来，选择上相对来说是比较自由的。最后，作为一个"适当的题目"的材料，选择的标准是越典型越好，而作为一个"特殊视角"的材料，选择标准应当是越巧妙越好。如西方记者采写的《申请护照吗？请到食品店来》，报道的是刚经历过战争的贝鲁特的一片混乱的情况，难得有安全的地方。所以不少西方国家的大使馆都只能搬到商店、医院、旅馆等地方办公了。记者就以英国的大使馆搬到了一家食品店的楼上为叙述线索，展示了战后贝鲁特的情景。这个"视角"的确是很巧妙、很别出心裁的。

在纵向式综合报道中，特殊视角的选取更是报道巧妙地以小见大、以一个侧面表现全局的角度。如《京城吆喝今与昔》，其视角就是北京城里大街小巷的叫卖吆喝声，过去是唱"四季歌"，每个季节叫卖的东西是不一样的；如今是"交响曲"，长年菜不断，四季果飘香，看货物分不清春秋，听吆喝分不清南北。报道以此为突破口，透视我国改革开放带来的深刻变化。

又如《旧新闻里看变化》，以作者几次写"电视机新闻"的经历为线索，从我国市场电视机的供应销售情况，看10余年里我国改革开放所取得的成就："第一次写电视，是1978年。那年末，在巴金名著《家》中露过面的成都商业场附近，一家电器商店出售日产14英寸黑白电视机，每台520元。那会儿，大多数职工每月拿40多元，看的人多，买的人少。一年下来，一亿人口的四川一共卖出电视5 300多元台。""谁知，才过了一年，先前门可罗雀的那家电器商店，深更半夜就排起了长队。这一年，四川省卖出电视机64 500多台，比上年多10倍多，但仍然供不应求。""当我忙过手头的其他稿子来写电视时，新闻性已经消失，黑白电视机到处可见、随意购买。一了解，人们的热情已经移向彩色电视机。"这篇报道一直写到彩电滞销。10年间的变化真是瞬息万变，令人目不暇接，人们生活水平提高之快可见一斑。

选取一个特殊的视角来展示，对于作者来说是一种智慧；对于报道内容而言，"视角"是一个"阿基米德支点"，有了它，作者可以举重若轻，以四两拨千斤，巧妙地对重大题材作出新颖别致的报道。

4. 直接展示"面"上的材料

直接展示"面"上的材料，这种写法适合于横向的综合报道。这类报道所综合的"面"一般都相当广，涉及的材料范围大，是由许多一般事实构成的。作为"点"的事实材料，在选取上比较灵活，或者给人一种随机可取的印象，或者给人一种到处可见的印象。

这类报道在写法上有点接近风貌通讯，是一种宏观的、类似于见闻式的报道。其主要特点有：

（1）视野宏观，内容丰富。以面上的情况为新闻事实，面上的情况又是由许多的、多方面的事实组成的。这些事实随处可见、无所不在。如美联社的一篇报道《通货膨胀使语言和美元一道贬了值》：

通货膨胀使语言与美元一道贬了值。

比如说，你想形容某种东西的价格便宜得近乎荒唐，可以说它"不值粪土"。可是，眼下土也并不便宜了。

负责修建六十四号州际公路的伊利诺斯州公路局官员说，1972年，每方土的价格是72美分，去年猛增到1美元30美分，上个月又增加到1美元55

美分。

　　鸡饲料过去是便宜的同义语，但是它的价值在两年间翻了一番，每包 100 磅的鸡饲料——这足够把一只小鸡养大——现在价值 9 美元半，这比一只鸡的价钱还要贵两美元。

　　美国有句成语："不值一张大陆币。"

　　大陆会议发行了大量没有准备金的货币，造成了恶性通货膨胀，结果这些货币的价值比用以印刷它们的纸张还要低。但是，由于通货膨胀，一张保存完好的 1776 年发行的大陆币最近两年从 15 美元上涨到 40 美元。

　　印刷纸：好，就拿你手里的标准新闻纸来说吧，现在的价钱是每英担（100 磅）11 美元，而 15 个月以前是 8 美元 50 美分。

　　要是你为了某一件事生了气，你可能这样说："用炸药把它崩了。"去年以来，不同级别的炸药的价格上涨了 22%～40%。现在每磅炸药价值 2 美元 3 美分，比一年前贵了 68 美分。

　　最后还有一句殖民主义者带来的土话："还不如小炉匠的骂人话值钱。"现在，小炉匠几乎绝迹了。不过，在森特雷利亚恰恰有一个——他每干一小时活儿，收费 8 美元。

　　每当这位小炉匠以充满感情的声调骂人——比如说，他不慎用锤子砸了自己的手指，骂了 15 秒钟——那么，你就得为这句骂人的话支付 2 美分半。

　　这篇报道的取材仿佛是用随机抽样的办法，从整体中任意抽取一个或多个样本，作为报道所表现的主信息的证据。它虽然没有对事实作分类归纳，但给人的感觉是通货膨胀这一事实是无处不在、信手可拈的。

　　（2）"点"上的材料，虽然是具体的事例，但每一个"点"的材料大都是一些新闻要素不全的材料，特别是作为实有性标识的新闻要素，如时间、地点、人物往往语焉不详。作者似乎是有意淡化这些事实的个性标识，把个别事实处理成普遍事实。请看美联社记者所写的《在"文明礼貌月"里不准随地吐痰》中的两个"点"上的事实：

　　"同志，对不起，您随地吐痰了！"一位医务工作者在北京火车站对一位满脸诧异的外地人这样说。

　　这位医务工作者起劲地把痰迹擦掉，然后对那个人讲解起卫生知识来。

　　那位外地来客脸红了，他发誓今后再也不在公共场合随地吐痰了。在中国，随地吐痰是一种全国性恶习，在这个月——"社会主义文明礼貌月"——里，人们试图把它根除掉。

前几天，上海有位女顾客抱怨说，她买的那碗馄饨煮得不够熟，她请服务员拿去再给煮一下。

"凑合吃吧，你要是吃了拉肚子，我负责。"服务员很不耐烦地说，"吃了也不会死的。"

女顾客气得喊了起来："你这是什么态度？"一听这话，服务员从灶台后冲将出来，劈头抓住女顾客的头发，在她脸上又打又抓。

这位女服务员只是许许多多态度粗暴的服务员中的一个。据报道，她已经受到公安部门和上级的"处理"。

一个是北京的事实，一个是上海的事实，这两个不文明者在报道中并没有具体的名和姓，事实发生的时间、地点都作了"模糊"处理。但这并不影响材料的真实性和证明力，因为这样的例子恐怕不是个别，可能发生在张三身上，也可能发生在李四身上。所以这样处理就更具宏观真实性。

（3）这种过于宏观性的观照，形诸文字，其可读性就不如具体形象的文字有感染力。所以这类报道在行文上为避其短，会尽量在文采上下工夫，有些甚至有点"散文化"色彩。上例《通货膨胀使语言与美元一道贬了值》就有这种倾向，报道通货膨胀与日常语言联系起来，写得活泼幽默，可读性强。又如我国记者采写的《京华儿女爱红装》：

初夏的北京，街头绿树成荫、鲜花争妍。然而更增添京城秀色的是姑娘们鲜红的裙衫。

鲜红色已成为北京女青年最喜爱的颜色之一，身着红装的少女在这里随处可见。

北京一家商场的一位青年女售货员，下班后换上了她新添置的一件红色连衣裙，与男友漫步街头。她对记者说，她最喜欢红色。

"这件裙子多漂亮！"东四街道的一个体户不时地向聚拢来的女顾客推销一条红色呢西服裙，售价近30元。

坐落在王府井闹市区的凤凰女子服装店，已连续三个月每月销售各式红色服装上千件。

红色，在中国被认为是吉祥、喜庆的象征。《时装》杂志社主编聂晶硕分析说："作为对长期以来服装沉闷色调的逆反心理，随着思想的日益开放，人们更偏爱一些纯的、鲜艳的颜色，如去年的黄色。今后人们在穿着上会愈来愈注重与环境的和谐。当然这要有一个过程。"

一年多以前，一部叫作《红衣少女》的电影中有这样一个情节：一位女中学生因穿了一件红衬衫而使教师不悦。

差不多同时，由中国青年艺术剧院上演的话剧《街上流行红裙子》，其中一位共青团干部因穿了一件时髦的红裙子而遭非议。

富于戏剧性的是：红裙子真的流行了起来。

这篇报道写得轻松潇洒，寥寥几笔，就勾画出京城的流行色来。报道写得颇有几分散文味。

（4）它是一种概貌式的报道，在写作中为了突出新的面貌、新的变化，往往用对比手法，用过去的情况作为背景材料，以衬托新的变化的新闻价值。如《京华儿女爱红装》，为了表明"红装流行"所具有的新意，报道特别提到过去服装的"沉闷色调"，和不久前上映的一部电影、一出话剧中所表现的对"红装"的非议，等等。又如《通货膨胀使语言与美元一道贬了值》，可以说是处处拿过去与现在的物价作比较，以反映出"贬了值"这一变化。

（5）这类报道不必着意去寻找一个新闻由头。它们的时间由头基本上不是在文中解决，而是由外部提供的。这些外部因素有些是一个大面积的变化或一个大事件的变动，如《京华儿女爱红装》、《通货膨胀使语言与美元一道贬了值》等即如此；也有些是结合某一宣传中心的；还有些甚至没有明显的时间由头。

5. 从概说到分说的"总分式"

这一写法适合于那种头绪较多、内容纵横交错，综合时需要条分缕析的报道。其写法是：导语往往先对报道内容作一总的概括，主体部分再逐个展示各方面的内容。如新华社的报道《我国八亿农民搞饭吃的旧局面开始发生变化》，全篇气势恢宏，鸟瞰我国农民从业情况的新变动。其导语为：

我国 10 亿人口有 8 亿农民搞饭吃的局面已经开始发生变化，最为突出的表现是，目前全国大约有一亿左右的农民已经从插秧种粮中转移出来。他们从事养殖业、加工业、经济作物种植业、农副产品运销业等商品生产，在农村这块广阔土地上绘出了"种田里手包粮田，能工巧匠搞专业"的生机勃勃的新画卷。

在报道的主体部分，作者从四个方面作了分叙：农民进入了社队企业，成了以农副产品为原料的商品生产者，农村中每 10 个劳动力中就有 1 个成了农村的经营者和职工；全国农户中每 10 户就有 1 户是从事养殖业或其他行业的专业户或重点户；一大批劳动力加入到服务性行列中，进行农村的生产前和生产后的服务；此外还有 100 多万户经营个人工商业、农机运输业，等等。

又如《改革开放缩小了我国城乡人民的生活差距》，导语先从一系列统计数据出发，对"缩小了差距"这一事实作了宏观概括："我国城乡人民的生活差距已由改革前的 2.9：1 缩小到了 2.2：1。据统计，从 1978 年至 1988 年，按可比价格计算，农民生活消费水平平均每年提高 9.7%，而城市居民则平均每年提高 5.6%，农民生活水平提高的速度快于市民生活水平提高的速度。"接下来从农民与市民在人均收入及吃、穿、住、用等几个方面逐一作了比较，从多处来展示该差距。

这类报道一般来说都是一种高屋建瓴式的综合性报道，所以其"点"上的材料往往就是综合内容的几个方面，也大都是一些概括性的事实、数据。这些概括性的材料与报道视野的广阔是相得益彰的。换言之，在这种既要综合又要分叙的报道中，是难以容下过于具体的材料的。这就好比钱钟书先生在《管锥编》所说的人类观察事物两种方法中的一种"乘飞机下眺者"（另一种方法叫"踏实地逼视者"），对事物更多的是一种宏观性的观照。这种多事一报式的报道，如果将主体中所涉及的各个方面再扩充单独成篇的话，整个报道就成了多事多报式的系列报道了。因此可以说，这种"总分式"的报道就是系列报道的压缩篇。

这种写法的好处是内容概括、信息量大。但其缺点也是显而易见的，即过多的概括与抽象的材料，使报道在可读性上大受影响。如果能考虑到这一点，在报道中增加具体材料，表述上力求形象，则极可能增大篇幅。所以，随着深度报道的兴起，一些记者宁愿以系列报道的形式来完成这一任务，让在一篇报道中分说的内容，变为多篇报道来分说。

二、多事多报式报道的写作

多事一报式报道是将诸多同类事实构成一个"面"写成一篇报道，而多事多报是将诸多的事实构成一个系统来作多篇报道。相比较而言，后者的自由度更大些：它不受报纸版面紧缺的约束，报道内容可以向更广、更深的范围拓伸；以系统优化构造机制，极大地激发系统内各子系统之间的组合活力，产生出系统内的整体效应。按报道中各个篇什出现的情况，多事多报式报道又分为系列报道与组合报道两种。

1. 系列报道

系列报道是指围绕某一主题信息，从不同角度、不同侧面进行的多次报道。系列报道通常具有很强的策划性质，整个报道构成一个大的系统，通过多篇报道组合，让读者对一个时期内的某一问题或情况有一个比较系统、全面、深刻的了解和认识。

由于系列报道在时间上呈现先后连续性，实践中有人喜欢将其与连续报道混为一谈。其实，只要稍作比较，两者的区别是非常明显的。

第一，从报道对象的性质来看，系列报道通常是以具有典型意义的非事件性新闻为报道对象，而连续报道通常是以影响力大的事件新闻为主要报道对象。

第二，组成报道的各个篇什之间的联系情况不同。系列报道各篇之间是主题性的连接，即围绕着同一主题信息，从不同角度、不同侧面展开报道。各篇报道分别垂直于主题信息，篇与篇之间是平行关系。而连续报道是题材上的连续，即对一个新闻事实作分阶段的报道，报道沿着事实发生、发展、高潮、结局、反响等作轴线发展，篇与篇之间呈首尾相衔的因果关系。

第三，报道中各篇之间的顺序安排情况不同。系列报道侧重反映事物的空间关系，没有时间上的承接关系。篇与篇之间的顺序是人为安排的，不受客观时间顺序的制约。但连续报道必须是按事物发展的时间顺序进行，不能凭主观需要随意颠倒。

第四，报道的时效性的要求有差异。相比较而言，系列报道的时效性不如连续报道那么强。这是因为系列报道时间跨度大，并且事件也不构成连续。所以，可以根据报道意图的需要有计划地组织发稿，其更多地体现出对时机性的要求。连续报道的事件具有连续性，以发稿时间要求来划分报道阶段，更能体现出时效性的优势。

第五，报道的策划性情况不同。系列报道往往是一种策划的产物，它是根据报道意图的需要，在对报道对象做了整体研究后划分为若干层次加以报道的。连续报道则由于难以估计事物的发展走向，随物赋形，整个报道的策划性要弱一些，甚至可能出现有头无尾、半途夭折的情况。

从以上的比较中可以看出，系列报道有它自身鲜明的特点，在写作上应鲜明地体现出这些特点。简要地说，应注意如下四方面的问题：

（1）要有涵盖性很强的主题来综合组织全部报道内容。

系列报道各篇之间的联系是主题性的连续，是围绕某一主题的多层次、多侧面的报道。所以，主题能否将各篇组织得浑然一体，直接关系到系列报道的质量。

要形成鲜明的主题，首先在报道之初就应有较强的计划性，要明确整个系列报道的报道思想。《中国青年报》于 1987 年 6 月 24 日、27 日和 7 月 4 日连续发表了一组系列报道《红色的警告》、《黑色的咏叹》、《绿色的悲哀》（以下分别简称《红》、《黑》、《绿》）。它是关于震惊中外的大兴安岭火灾的报道，有人誉之为"当代中国新闻史上的经典之作"。组织这次报道的杨浪总结经验时说："首先，成功的报道一定要有很明确的具有涵盖力（富于弹性）的报道思想，这一点至为关键。"① 这组系列报道的报道思想就十分简明而富有涵盖力：自然、社会、人。既有人与人之间可歌可泣的事迹，也有自然与人、社会与人以及自然与社会之间的各种关系。实践证明，只有确定了好的报道思想，系列报道的主题才富有组织性。

主题是连接各篇之间的内在纽带，写作时，要千方百计保持主题的连续性，要防止将报道内容引向远离主题或偏离主题的轨道。《中国青年报》的《红》、《黑》、《绿》三篇报道在发表时，都有编者按，并且内容大致相同。这样做的目的就是要反复强调主题，营造报道的恢宏感，同时也使其总领各篇，强化三篇报道的联系。

系列报道是一个系统工程，如果没有一个涵盖性强的主题来统领各篇，则会出现"三军无主帅"而成为"乌合之众"的现象，因而也就失去了战斗力。

（2）多侧面或多层次地去展示和表现主题，而不应重复地去表现主题。

系列报道中各篇之间的关系应是并列平行的，分别共同垂直于主题之下。每一篇都担负着表现主题的任务，但篇与篇之间的分工是不同的。如《经济日报》的《穿的变迁》、《住的变迁》、《用的变迁》、《行的变迁》、《吃的变迁》，从方方面面透视了我国经济建设的成就以及这些成就给人们日常生活带来的深刻变化。比如《吃的变迁》，不是写吃的品种多了、食物结构丰富了、虽然粮食定量未变却吃不完这类众所周知的情况，而是写悄悄发生的变化，或人们尚未意识到的变化。比如方便面，10 年前，人们还没有方便面和速冻食品的概念，国家花了不少外汇引进生产线，使方便面如今成了最普及的食品，甚至吃方便面成了生活清寒简朴的象征。其他几篇关于穿、住、用、行的报道，都是多侧面通过老百姓日常生活的变化去透视更为深远的社会变化，进而聚焦在经济建设成就这一根本点上。

系列报道从多侧面或多层次去表现主题时，还应注意划分好各篇报道的内容，注意系列构成的层面性。有人将系列报道的构成比作一把折扇，折扇扇面的展开，是一个整齐的平面。系列报道各篇之间也应体现这样的关系。

（3）注重系统内部的组合效应，完善系列报道的整体结构。

系列报道是一个集合体。在这个集合体中，每个单篇那是一个完整的系统，各有各的篇章结构，但还存在着一个更大的系统，即这个集合体本身。也就是说，一组系列报道是一个自给自足的完整系统，子系统之间也存在着同样的

① 郑兴东. 好新闻后面——编辑耕耘录. 北京：新华出版社，1993

结构方式。我们知道，以系统论的观点来看，一个系统的内部结构是有十分重要的意义的。石墨和金刚石都是以碳为分子，但前者的结构是无序的，后者的结构是有序的，故两者的物理性能完全不同。这就启示我们，在系列报道中，篇章之间的结构搭配意义十分重大。我们以《科技日报》1988 年 6 月发表的《商业活动走进了伊甸园》等八篇"大学生经商追踪记"系列报道为例。这八篇报道的内容依次为：①校园经商活动概观，商业活动已经普遍进入了大学校园；②由于经商，大学生中出现了万元户、中产阶级；③特写三个经商的学生；④研究生一面从商，一面又怕有辱斯文，对不起祖宗；⑤在北大读书的香港学生认为中国的博士生应当成为学科带头人而不是经商人；⑥大学研究生办公司、办实体来证明他们的实力；⑦大学生讨论经商的利弊；⑧社会对人才的需求取向引导学生走经商之路，高等教育管理者们在研究大学生经商这一现象。应该说，这八篇文章所构成的系列，其内部结构还是比较严谨的。遵循了提出问题、摆出事实、分析原因、探寻对策的基本思路，但也有个别地方出现了结构上的问题。如第三篇《幸福的黄手帕》是对大学生经商作特写式报道的，文中提到三个经商者，第一个却是一位到大学里经商的中学生，这个事例放在单篇中表明各类学生都在经商，是一个好例子，但放在这个系列报道中却不合适，给人一种掺了杂质的感觉，大大损害了"大学生经商现象剖析"这一课题的整体性。可见在整个系列中，如果组织不当，任何一个局部都可能伤害整体。因此，注重各篇之间的组合效应是十分重要的。

（4）尽量将各篇报道以一种形式上的一致性加以联系。

如《经济日报》1997 年 12 月刊出的介绍上海安达棉纺织厂等十家国企扭亏经济的《国企扭亏十大案例》系列报道，经反复策划，创造出一种"处方式结构"：为十家企业设计出一个统一的格式和内容，文章的最后，像医生开处方一样，为企业扭亏开出几条"方子"。每一篇报道都包括五项内容：企业概况、亏损状况、亏损原因、扭亏情况及扭亏措施。为了适合企业的特殊性和照顾到文章的可读性，"处方"中还设计了"企业领导感言"、"记者点评"两个项目。为了使这组报道更具一种相同的"形式感"，负责报道的同志专门与总编室夜班编辑精心设计一个长方形的"处方式"标准版面。这样，形式上的完整统一便给读者留下了鲜明而深刻的印象。

2. 组合报道

组合报道是将同一主题但不同内容、不同形式、不同来源的新闻稿件组装在一个版面上，让读者从稿件的整体联系和对比反差中去理解新闻事实的意义，从而把握报道意图。

组合报道是近些年来由《经济日报》等中央报刊率先开展和推广的一种

深度报道。它吸取了系列报道的长处，把各地区、各方面的同类型新闻事实编排组合到一块，采用了新闻集纳和对比报道等手法，具有单篇以短小精悍取胜，整体以深、广、博、厚见长的特点。各篇之间可分可合、貌离神合。如《经济日报》1985 年 6 月 10 日头版上的一组报道《坐坐末班车，想想干实事——乘十城市末班车见闻》，这组稿件共十篇，各篇内容从标题上可见端倪：

《呼和浩特七路公共汽车——车洁人好堪称道》

《南京三十二路电车——发车准时服务好》

《哈尔滨二路公共汽车——雨夜客多车不发》

《天津一路公共汽车——态度虽好卫生差》

《长春五十六路有轨电车——吐痰吸烟无人管》

《银川一路公共汽车——同车售票有冷热》

《杭州十路公共汽车——单车有座人无座》

《太原四路公共汽车——"文明车队"欠文明》

《沈阳二一二路公共汽车——乘客招手不停车》

《西安三路公共汽车——闲话一路不礼貌》

以上十条新闻报道对象类同，都是反映大城市末班公共汽车或电车服务态度的，而且新闻产生的时间相同——都发生在 1985 年 6 月 7 日晚，但新闻来源不同——来自全国十个城市。编者将这十条新闻组合在一起，冠以《坐坐末班车，想想干实事——乘十城市末班车见闻》的总标题，并加了一个画龙点睛的编者按："……从中看出，城市末班车的文明服务问题不可轻看，应该引起各地领导同志的重视……现在，一些领导同志常常讲，要关心群众生活，但怎样关心呢？拿末班车来讲，有关领导如果能乘坐几趟，亲身体验一下，发现问题，及时采取措施加以解决，那比开会，在文件上画圈要有效得多。这样做，不少城市存在的这种'难'或那种'差'的状况就会有所解决。"通过这些处理，十篇报道实际上组合成了一篇大文章。内容全面、见解深刻，给读者留下了很深刻的印象。

组合报道是编辑、记者集体智慧的结晶，是各方面通力协作的结果。因此，要搞好组合报道，编辑部必须精心组织；记者、文字编辑、版面编辑等必须协同作战。当然，编辑部事先应有一个明确的报道目的及周密的报道计划，没有周密的计划，不精心组织策划，不通力合作，仅凭某个人一时的冲动是搞不出组合报道的。

组合报道是一个组装成的整体，组合技巧十分关键。常见的组合方式有以下四种：

（1）同类强化法。

同类强化法是将同类型的稿件集合在一起，突出宣传某一主题，强化报道效果。如1985年6月25日《经济日报》的组合报道《从领导机关值班室看为人民服务宗旨的贯彻》就运用了这种方式。十条新闻分别报道了十个省在6月23日（星期天）这天领导机关值班室的情况。集合起来则突出强化了主题：从领导机关值班室这个"窗口"可以看到为人民服务宗旨贯彻的情况。

（2）异类对比法。

异类对比法是将不同性质的稿件组合在一起，通过对比来表明编者的态度。前面所列举的《坐坐末班车，想想干实事——乘十城市末班车见闻》即如此，十城市的服务态度，构成好坏两组对比，作者的贬褒态度不言而喻。

（3）主次搭配法。

主次搭配法是围绕某个典型人物或典型事件进行组合的方式。在整个报道中，有一个明显的中心，其他稿件都是围绕这个中心的辅助性内容，就像大树的主干与枝叶的搭配。如《人民日报》1981年5月6日关于我国杂交水稻研究成功的组合报道即如此。"主干"就是报道杂交水稻研究成功和它的推广在世界居领先地位的新闻《杂交水稻高产优质效益巨大》。其他稿件，包括社论《杂交水稻和"鲁棉一号"的成功说明了什么？》、通讯《"绿色王国"的瑰丽宝石》及配发的三幅照片和资料《水稻杂种优势及其在生产上的运用》，都是丰富新闻事实内涵的"枝叶"。主次搭配法可用来报道比较重大的典型事件，它既突出了新闻事实，又能充分表现其意义。

（4）言论串联法。

1994年以来新华社的经济报道中常用言论串联法这种组合方式，即用配发短评的形式，将同类题材的若干篇新闻拼合在一起，多视角、多方位、多层次地强化报道的主信息，扩大报道的声势和影响力。例如，1994年针对"菜篮子"问题，新华社组织在京津沪三市的驻地记者分别写出了《北京鸡蛋产量居世界大城市之首 年人均鸡蛋占有量30公斤》、《大都市的新贡献 天津鸡蛋自给有余源源外销》、《集约化生产加有序的市场 上海鸡蛋丰足价格平稳》三则消息，并配发短评《增加市场供应的有效途径》。又如，1995年年初，一些城市传出了电话部门开始"求"居民装电话的消息，围绕这一题材，新华社组织三个分社的记者采写了《广州：先装电话后收费》、《南京电话市场出现由量向质的转化》、《天津电话业大力促销》三则消息，并配发评论，指出"电话消费"背后实际上是一种"信息消费"。言论串联法将散布各地的信息进行了延伸与升华，给人以新的启迪。①

组合报道的组合方式多种多样，这虽是个形式问题，但好的形式能有效地传达内容，值得我们不断探索。

【思考题】

1. 什么叫事件性新闻？什么叫非事件性新闻？两者的一般区别是什么？

2. 事件性新闻在写法上有什么特点？

3. 根据文中提供的素材，反复练习事件性新闻的写作。

4. 非事件性新闻有哪些写作形式？

5. 试述常见的几种多事一报式报道的写法。

6. 连续报道与系列报道有何区别？

---

① 陈芸. 专题组合：通讯社报道形式的新开拓. 新闻业务，1995（47）

第七章

通讯写作

　　本章所讨论的范围，大致对应以往分类中的通讯、特写、专访等文体。这类文体所报道的内容，比以"何事"为中心的报道来说要深入了一层，即它不仅仅报道发生了什么事，更重在表现事实变化的过程，重心在展示事实"如何"的层面上。

　　按报道对象的不同，通讯一般分为人物通讯、事件通讯和风貌通讯。过去还有一种工作通讯，从认识层次上来说，它比一般的通讯要更深一些①，根据这些年来在实践中的变化情况，笔者将它放在深度报道中讨论。

---

　　① 甘惜分在《新闻学大辞典》"工作通讯"词条中称："工作通讯可以算是深度报道的一种。"

第一节 通讯概述

一、通讯的含义

通讯是一种运用多种表现方法，比较详细生动地报道新闻人物、重要事件及社会情况、工作问题等的新闻体裁。通讯同其他新闻体裁一样，都讲究真实性、新闻性和时效性，都要迅速及时地报道和评述具有新闻价值的人和事。不同的是，"通讯中的信息因为是较集中地藏于人物个性、事件情节、特定环境和问题之中，所以它在表述时就更具体、更生动、更深刻，能够抽丝剥茧，从容道来，生动形象地回答读者的疑问，充分满足受众获取信息的欲望。因此，通讯必须有层次，有纵深度"①。在所有的新闻体裁中，通讯与消息最为接近。它们都以报道见长、用事实说话，但两者之间的差别也是明显的。

（1）外表形式的不同。

消息的开头通常注明"本报讯"或电头之类，通讯则无。

（2）报道的重心不同。

通讯和消息虽然都报道新闻事实，但消息主要是以报道事情和事件为重心，而通讯则主要是写人。有些事件通讯、风貌通讯虽然不是以人物为主要报道对象，但也多是通过事件和风貌来写人的。当然，消息也写人，但它主要是报道人的社会活动，较少全面地报道人物或描绘某个具体人物的精神面貌。虽然也有专写人物的消息，但重点主要还是落在人物所做的事情上。

（3）表现方法不同。

消息的概括性强，它所报道的新闻事实是比较概括性的、轮廓性的，而且通常内容较单一，主要用一事一报式，一般用叙述的表达方式。通讯则要求比消息更详尽、完整地报道人和事，在表达上，通常是叙述、描写、议论、抒情等表达方式的综合运用。同时，与消息相比，通讯在表现手法上也更自由灵活、变化多端，能接受一些文学手法，富于文采。

（4）表达口吻不同。

消息采用第三人称，通讯则除了第三人称外，有时记者还进入"角色"，采用第一人称来表述。如美国《新闻日报》1997 年 7 月 3 日发表的《化疗：

---

① 梁衡. 从消息到通讯. 新闻战线，1997（12）

杀手和救主》，讲述的就是普利策奖获得者艾琳·弗罗戈本人与乳腺癌作斗争的历程，全文详细、痛苦而真实，颇为感人。又如黄卓坚《下辈子，我们还当母子——一位痛失儿子的母亲自述》，也是全篇采用第一人称的形式，讲述了广州市优秀教师许美云和儿子的真实故事。她的儿子两岁时患了一种恶性淋巴癌"何杰金氏症"，却乐观向上，母子之爱交融，社会之爱流淌，全文深情道来，如诉如泣，催人泪下。

（5）结构形式不同。

消息在结构上有较固定的基本结构形态，如倒金字塔式结构，其导语、主体、背景材料等的写作或安排，都有一些基本的规范可循。通讯在结构安排上则显得灵活多变，作者自由创造的空间很大，更容易发挥和体现作者的构思特色与写作风格。

（6）篇幅长短有别。

消息的篇幅很短，通常是两三百字或五六百字。通讯因为容量很大，要反映事物过程、人物思想活动及事件情节等，篇幅一般较长，几千字的通讯在报纸上是较为常见的。

（7）采写和发稿时间不同。

消息多半反映动态，时效性上要求争分夺秒、迅速及时地将新闻信息传播出去，采写时间紧，要求倚马可待。通讯则更强调展示事态的发展过程及提示其所蕴含的思想性，故采写的时间比较长。从发稿的情况来看，同一内容的报道，通常是先发消息，稍后再发通讯。此外，通讯的发表相对而言更考虑时机性，它的新闻由头是与宣传的中心任务直接联系的。

上述七个方面的区别，是就两者的整体情况而言。具体到某一篇作品或某一情况时，消息与通讯的区别可能会难以界定。但个别特例并不妨碍我们对通讯内涵作一般意义上的把握。

二、通讯所独有的信息价值

通讯以展示事物变化过程为旨趣。事物变化过程方面的信息，有其独特的认识价值。

我们知道，新闻的"要素说"最初是由美联社的斯通提出来的，即人物（Who）、时间（When）、地点（Where）、事件（What）、原因（Why），这就是通常所说的"新闻五要素"。1932年，另一位美国新闻学者麦克道格尔根据新闻报道的实践，在原有的五个"W"后特别加了一个"H"，即如何（How），成了"新闻六要素"。如果说过去的报道只告诉读者事物变化的结果，那么，加入了"如何"的报道，就可以让读者了解事物变化的过程。

事物的变化，仅仅告诉读者变化的结果是远远不够的，它在变化过程中所包含的信息价值更大。就像一道复杂的数学题，答案固然重要，但其演算过程更拨人心弦，给人启迪。小说家高晓声在《陈奂生上城》中提到陈奂生的"短处"，他非常羡慕别人能把一件事说得娓娓动听、妙趣横生，他不知道别人怎么会具备那么多离奇的经历，怎么会记牢那么多怪异的故事。而他自己看了《三打白骨精》，老婆要他讲，他只能一言以蔽之："孙行者最凶，都是他打死的。"老婆不满足，又问"白骨精是谁"，陈奂生就答不上来了。"陈奂生式"的表述，显然不能将事物发展变化过程中的精妙之处传播出来。

我们当然不是在关于"何事"的报道与关于"如何"的报道之间贬此褒彼。作为两种报道策略，它们都具有重要的认识论意义，选择哪一种报道策略，主要是由报道对象的价值形态所决定的。梁衡在谈消息与通讯的异同时说，任何通讯必须先得有一个消息的内核，但为什么我们不直接将这件事写成消息而一定要写成通讯呢？因为通讯所表达的信息与消息所表达的信息在质上和量上都不同。"消息可以是某一点刚露头的信息，可以是事物的一瞬，是枝叶花絮；通讯则无论长短必须有完整的思想、形象、过程，是一个独立的整体。消息是靠信息的真实、新鲜、适用而取悦于读者的；而通讯在完成这层功能时，又特别强调个性的魅力。说到底，通讯是更集中化、个性化、典型化了的消息。"[1] 也就是说，有些事物，其价值形态表现在其变化的结果上；而有些报道对象，其价值形态特别表现在其变化的过程中。

这两种价值形态，必须有两种报道策略来与之适应。在实践中，以单一的策略对应多样的形态，或在策略与形态上发生错位，都不能很好地揭示事物的新闻价值，无法满足读者对信息的需求。还是拿数学题的演算来说明，如果是一道类似"1＋1"的简单运算，你只要给出答案就足够了，其演算过程就那么简单，展示不出什么价值；但如果是哥德巴赫猜想式的"1＋1"，那么其演算过程就奥妙无穷，它的结论和答案，"猜想"已经给出，但其形成过程却包含着巨大的认识价值与信息量。

作家秦牧在中华全国新闻工作者协会作报告，谈到新闻报道要善于去描绘事物变化的过程时说："如果一个故事把形象的部分都抽掉，只剩下故事的梗概，如同白菜晒成了白菜干一样，味道也就丧失了。梁山伯与祝英台的故事很动人，但如果简化成这样：'祝英台去求学，碰到梁山伯，两人相爱，父亲不准许，后来梁山伯死了，她也死了。'这个故事还会有什么感人的力量可言？正是因为整个故事充满了结拜、同窗、十八相送、楼台会等许多细节，才使我

---

[1] 梁衡. 从消息到通讯. 新闻战线，1997（12）

们感动，使我们同情。抽去这些，魅力也就丧失了。小学生作文为什么千篇一律？因为他们不大容易写得形象。'某天到哪里旅行，几点钟出发，在哪里捉了一些蚱蜢，太阳下山我们就回来了。'"① 这就告诉我们，事物变化的过程有着特殊的认识意义，将这其中的内容挤压掉，只剩下干瘪的外壳就不存在什么报道价值了。

但是，如果事物的变化过程认识价值不大，读者只需知道其结果即可，那么报道策略的选择就应当是关于"何事"而不是关于"如何"了。第七届全国好新闻奖参评稿中有一篇名为《六十八封平安信》的通讯，说的是一个农村姑娘在其兄参军走后不久，父亲去世，她为了使哥哥安心服役，隐而不报家丧，每次写信都说家里很好，长达数年，自己一人挑起家中生活的重担。这一题材中，事物变化过程中认识价值不大，所以，评委认为，这作为一则消息报一下也许可以，但作为通讯，就显得信息的质与量都不够。

事物变化过程之所以具有认识价值与报道价值，是因为它所提供的信息具有个性化与典型性的特质。

1. 个性化特质

还是以数学题演算作比喻。做题时通过不同的方法演算，最后得到的结果都一样，但不同方法的演算过程却是非常个性化、各具特色的。我们说条条大路通罗马，目的地是一样的，但每一条路上发生的故事却不一样。《水浒》中写了武松打虎，也写了李逵杀虎。如果只是对事物变化的结果作报道，那就非常简单："武松打死了一只老虎"，"李逵杀死了四只老虎"。两者只有数字上的差异。但是，打虎的过程完全不一样，这不同的过程所包含的信息也完全不一样。武松打虎虽然是在大醉之时，却仍能做到胆大心细。他先是躲开老虎咬人的三招，避其锐气，然后再施拳脚。将老虎打死后，还不忘检查一下它是否真的死了。这很符合武松的个性特征，是"武松式的"打虎。李逵则不同，完全是硬拼硬的打法，首先就将一把朴刀捅进老虎腹中而使自己失去武器。金圣叹评说："写武松打虎纯是精细，写李逵杀虎纯是大胆，如虎未归洞，钻入洞内，虎在洞外，赶出洞来，都是武松不肯做之事。""武松文中一扑一掀一剪都躲过，是写大智量人让一步法。今写李逵不然，虎更耐不得，李逵也更耐不得，劈面相遭，大家便出全力相搏，更无一毫算计，纯乎不是武松。妙极。"这就给我们启示，过程中包含着丰富的个性化信息，展示过程中也应特别突出这些个性化的信息。

① 秦牧. 谈谈描绘事物. 见：蓝鸿文等. 中外记者经验谈. 北京：中国人民大学出版社，1983. 137

个性化的信息能给人以强烈的质地感，能清晰地显示出报道对象独特的认识意义。新中国成立前夕，年仅 17 岁的女共产党员刘胡兰死于阎锡山的铡刀下。如果我们的报道仅仅是作"何事"报道，其信息价值恐怕不如《"只要有一口气活着，就要为人民干到底！"——女共产党员刘胡兰慷慨就义》。请看全文：

文水县云周西村 17 岁的妇女共产党员刘胡兰，在上月 12 日被阎军逮捕，当众审讯。阎军问她是不是共产党员，她答："是。"又问"为什么参加共产党？""共产党为老百姓做事。""今后是否还给共产党办事？""只要有一口气活着，就要为人民干到底。"至此，阎军便抬出铡刀，在她面前铡死了 70 多岁的老人杨柱子等人，又对她说："只要今后不给八路军办事，就不杀你。"这位青年女英雄坚决回答："那是办不到的事！"阎军又说："你真愿意死？""死有什么可怕！"刚毅的刘胡兰，从容地躺在铡草刀下大声说："要杀由你吧，我再活十七岁也是这个样子。"她慷慨就义了。全村父老怀着血海般的深恨，为痛悼这位人民女英雄，决定立碑永远纪念。

刘胡兰视死如归的大无畏精神，通过她五次斩钉截铁的回答充分表现出来。通过一个场景，人们就认识了刘胡兰，刘胡兰也就永远留在人们的记忆中。

事物变化的过程中传递出的个性化信息，是该事物存在的充分理由以及与他事物区别的独特标识，因此，个性化信息也是信息新颖度的重要保障。

2. 典型性特质

典型是共性与个性有机结合的具体体现。事物变化的过程虽然千差万别，但总有规律可循。变化的规律就体现了类属的共性。还是以数学题演算作比喻，不同的计算法演绎出不同的演算过程，但演算过程所遵循的基本规则是一样的，这就是共性的东西。事物变化过程所传递的信息的典型性特质体现在哪？就在于这一具体变化过程所代表的同类性质的事物的变化情况。鸡蛋孵化会变化为鸡仔，石头孵化不出鸡仔来，这是恒定的规律，是可以推及每一个"一般"的。典型代表着一般，又高于一般。

事物变化过程中所传递出的典型性特质的信息，代表着事物变化的一般性规律，这是一种以一当十、以少胜多的信息，具有很强的认识功能。事物的变化过程具体可划分为两种形态：一是时间跨度较大、空间变化较多的一个长的过程，二是时间跨度不大、空间集中的一个短的过程。对这两种形态的报道一般是以通讯与特写分别对待之。

报道事物变化的长过程，因为涉及长时间和广空间，其线索、头绪一般都比较多，辐射的范围比较大、内容比较多，这就大大增加了报道载体的信息量；同时，由于它涉及方方面面的信息，给信息的选择提供了很大的便利，故能确保信息的质。因此，信息的典型特质是不言而喻的。以《为了 61 个阶级弟兄》为例，如果仅仅是报道"61 个阶级弟兄经多方抢救终于获救"这一结果性的信息，是难以体现时代特征的，其质与量均不及过程展示来得充分饱满。抢救 61 个阶级弟兄的过程，牵涉到方方面面，真可谓一方有难、八方支援，大家都发扬了高度的共产主义精神。在这一过程中，每一处都体现着社会主义时代主旋律的最强音。

通过一个短的过程来报道事物的变化，信息的量与质是否能产生典型性的特质，关键在于这一短的过程是否选取准确。选准了，刹那间见永恒，微尘中见大千；选不准，鸡毛蒜皮，无关痛痒。在文学写作中，著名作家茅盾曾提出短篇小说要"截取生活片断"来表现比它本身广阔得多，也复杂得多的社会现象。这就是以小见大的艺术。由此可见，通过一个短的过程来传递出事物变化中的典型性信息是完全可能的。新闻报道中的特写类报道，其意义正在于此。请看获 2007 年度中国新闻奖获奖作品《夫人奈娜最后吻别叶利钦》：

中新社莫斯科 4 月 25 日电 莫斯科时间 4 月 25 五日下午，俄罗斯首位总统叶利钦的葬礼在莫斯科新圣女公墓举行。俄罗斯总统普京及夫人和俄国内外政要参加了葬礼。

当地时间下午四时三十分左右，覆盖着俄罗斯三色旗的叶利钦灵柩在一辆装甲车的牵引下，在叶利钦遗孀奈娜和两个女儿的陪同下，在普京总统夫妇和俄国内外政要的护送下，在总统卫队仪仗队的护卫下，缓缓驶过铺满红色鲜花的街道，向新圣女修道院墓地驶去。

从救世主大教堂到新圣女墓地沿途，处处摆放着人们敬献的红色康乃馨。街道两旁，挤满了自发前来送行的俄罗斯民众，有妇女忍不住悲痛，流下了眼泪。

在墓地，一袭黑衣，头戴黑色围巾的俄罗斯前第一夫人奈娜忍着悲伤走上前去，把一方白手帕塞在相伴五十余年的丈夫枕下，轻柔地整理了逝者的发型，她双手颤抖着再次轻抚丈夫的脸颊，轻轻亲吻丈夫的额头，仿佛怕惊扰了这位当年叱咤风云的人物。

熟悉叶利钦一家的人都说，身为建筑工程师的奈娜低调、谦和，把自己的一生都献给了丈夫、孩子和家庭，退休后更是默默而又贴心地支持和陪伴在丈夫身边。

叶利钦的两个女儿伏在即将远去的父亲身上，轻轻抽泣，久久不愿起来。

伴随着送行的礼炮声，俄罗斯首位总统的遗体缓缓沉入墓穴。

按照俄罗斯民族传统，当去世者入土时，先由神职人员诵念特殊的祈祷文，然后才向棺木洒上泥土。这象征着人的身体来自泥土最后又重归大地，而灵魂永生。

这篇特写抓的是一个历史性的镜头。奈娜把一方白手帕塞在丈夫枕下，轻柔地整理了他的发型，双手颤抖着轻抚丈夫的脸颊，轻轻亲吻丈夫的额头等，写得细微动人，给人深刻印象。这一刻包含的是五十余年感情的凝聚，它所传递出的信息，令人永远难忘，让人反复咀嚼。

事物变化过程中包含的信息所具有的个性化、典型性特质，有着重要的认识意义。由此也可看出，展示事物的变化过程，如果不能挖掘出个性的、典型性的信息，就是失败的，而这样写出来的通讯报道也是没什么价值的。

三、细节是通讯不可或缺的材料

细节是谈论文学作品、新闻作品时常用的一个概念，它是指作品中细腻地描绘人物、事物与环境的最小的组成单位。

通讯以报道事物变化的过程为旨趣，对报道对象是一种下马观花式的观照。钱钟书先生曾经说过，人类观察事物有两种方式：一是"乘飞机下眺者"，视野广，但对具体事物看得不真切；二是"脚踏实地逼视者"，虽不及俯瞰式那样宏观，但看得细，有真切感。[1] 通讯展示事物的变化过程，当然是能两者兼得最好。下马观花，逼近实地，如果写不出细节，就让人觉得没有真切之感；报道欠具体，恍恍惚惚不能给人留下深刻印象。细节能给人可触、可摸的质地感，对报道对象有一种真真切切的把握。1996 年中美代表在北京举行知识产权谈判，《人民日报》记者龚雯在报道中写了一个"中西反串"的细节："磋商期间，记者们有一天注意到这样一幅图景：美国代理贸易代表巴尔舍夫斯基女士穿着中式对襟丝缎上衣，而中方团长石广生则是标准的西装革履，当两人一起步入谈判会场时，人们不禁为他们衣着上的'中西反串'而会心一笑。"对此，时任《人民日报》总编辑的范敬宜大加赞赏，称这看似"闲笔"，却大大增加了文章的感染力，"过了几天，读者很可能把正文的内容都忘了，但'中式对襟丝缎上衣'和'标准的西装革履'这两个细节，很可

---

① 钱钟书. 管维编（第三册）. 北京：中华书局，1986.904

能久久难忘"①。

1. 细节具有极高的分辨率

细节是表现事物的最小单位，但在展示事物变化的"如何"上，却具有极高的分辨率。一个典型的细节就可以区分出事物的彼此。鲁迅先生在谈《阿Q正传》时说，如果给阿Q戴上一顶瓜皮小帽，而不是作品中描写的那样一顶毡帽，那就不是阿Q了。一顶帽子，就可以将一个人与别的人区别开来，足见其分辨能力之高。擅长写人物专访的知名记者柏生报道著名气象学家竺可桢时，她发现竺可桢与李四光一样，都具有兢兢业业、一丝不苟、虚怀若谷、慈祥可亲等特色。黄钢写李四光，抓住了李四光每一步的跨度总是0.85米这个细节。这个细节就很具分辨功能，是属于李四光"这一个"独有的。柏生也想在竺可桢身上找到这种分辨率极高的细节，终于发现了竺常用的温度计。出于职业习惯，他总是随身携带一支温度计，随时拿出来测温度，久而久之，装温度计的上衣兜盖磨损得比其他地方快得多，他的夫人总是为他的新衣服准备两个上衣兜盖。柏生认为，这一细节一下就把握住了这位气象学家的特点。②陆拂为在谈《为了周总理的嘱托……》和《一篇没有写完的报道》的写作时说，两个作品在表现人物时，都特别注意到捕捉富有特色的细节。写吴吉昌，"没有把他写成一个叱咤风云的英雄人物，而是从现实生活出发，着力刻画他忍辱负重。他横遭凌辱和迫害，不仅没有不顾一切地硬拼，还跪着扫街呢"。写潘从正，抓住了他曾经对相依为命的老伴揣了一拳的细节。作者认为，这一细节"深刻地反映了潘从正在理想根本无法实现时的矛盾、痛苦的心情，这位老农倔强的个性、知错改错的精神都显示出来了"③。这一跪一拳，都带有鲜明的个性特征，也带有明显的时代烙印，同样是极具分辨力的。

细节的这种分辨能力，使得它具有特殊的信息意义，在区别此事物与彼事物时，细节是用笔经济、功效显著的特殊信息。

2. 细节具有很强的包孕性

如果说真切感、分辨率表现的是细节所具有的信息的质，那么，包孕性则体现了细节具有的信息量。人们常把细节比作一篇作品的细胞，这是很有道理的。生物学的研究发现，生物体每一相对独立的部分，在化学组成的模式上与整体相同，是整体一定比例的缩小，这就是著名的生物全息律。正是根据这一点，近年来出现了诸多的克隆实验。生物界全息现象的例子可以说比比皆是，

---

① 范敬宜. 总编辑手记. 北京：人民日报出版社，1998.245
② 荣进等. 中外新闻采写借鉴集成. 杭州：浙江教育出版社，1990.580
③ 荣进等. 中外新闻采写借鉴集成. 杭州：浙江教育出版社，1990.631

"窥斑见豹"、"一叶知秋"可作为生物全息律的最形象的说明。生物全息律原理给我们的启示是：整体的信息可以以某种方式传递给各组成部分，并在各组成部分上表现出来，使各组成部分表现出与整体一定程度的相似性与同构性。

新闻作品中的细节，在表现事物的"如何"上，同样极具表现力，好的细节所包孕的信息量是很大的。以一何以当十？细微处何以见精神？道理就在这里。获 2002 年度中国新闻奖的长篇通讯《公仆本色——追记湖南省委原副书记、省人大常委会原副主任郑培民同志》中，有两个细节令人难忘：一是郑培民指挥抗洪，在大堤上度过了自己 55 岁的生日。他的车路过大堤时，郑培民特别告诉司机要"绕道走"，因为"他不忍看着灾民们一边晒太阳，一边还呼吸着他的车扬起的灰尘"；二是他在北京因急性心肌梗塞突发，在赶往北京医院的路上，他已无力地倒在秘书的肩膀上，嘴里还在嘱咐司机"别闯红灯"。这两个细节看似平常，却包含着丰富的信息。这位人民的公仆，心里处处装着人民，唯独没有他自己。

比起其他类型的报道来，细节对于通讯来说尤为重要。《新民晚报》记者孙洪康说："据我的经验，采写新闻作品，尤其是通讯作品，如何挖掘、把握细节，是至关重要的。可以说，一篇通讯成功与否，就看你掌握有多少细节，其中又有多少精彩的细节，在写作中，你又是如何安排穿插这些细节的，在你的笔下这些细节是否生动形象，保持生活的原味。"① 可以说，通讯报道给细节构建了一个大展身手的平台；反过来说，没有相当数量与质量的细节参与，通讯对事物的变化过程的展现势必是苍白平淡、缺乏表现力的。

四、通讯的基本结构形态

比起消息来，通讯的结构形态显得千姿百态、多种多样。但在通讯写作实践中，也出现了一些相对固定的基本结构形态。

1. 以时间的推移来划分、安排层次

这种结构形态又称纵式结构，在通讯写作中最为常见。它的时间顺序非常清晰，大多用于叙述人物经历或事物发生、发展的全过程，便于让读者了解来龙去脉。如新华社记者孙杰等人写的通讯《总理为农民工追工钱》，这篇获2003 年度中国新闻奖的报道，完全是按时间顺序来建构全篇的。开篇即交代时间：10 月 24 日下午 5 时许，温家宝总理乘坐的车队正向云阳县城方向疾驶，当车行至距云阳县城约 40 千米处时，温家宝提出停车去走访农家。接下

---

① 刘海贵. 知名记者新闻业务讲稿. 上海：复旦大学出版社，1998. 21

来写总理沿着十分泥泞的狭窄小道，走了十多分钟来到村口，然后是进村同村民聊天了解情况。半个多小时过去了，温家宝对村上情况有了大致了解后，便问村民还有什么困难需要解决。此时，坐在温家宝总理左侧的农家妇女熊德明向总理反映包工头拖欠农民工工钱的事。总理详细了解情况后，当即表态"一定妥善解决此事"。到与村民道别时，天色已经渐暗了。华灯初上，回到县城，温家宝总理还在想着乡亲们的事，一见负责人，就追问农民工工资拖欠的事。当夜 11 时多，熊德明和丈夫就拿到了拖欠的 2 240 元务工工资。报道至此也就结束了，整个过程一目了然。

运用这种结构形态，要注意避免平铺直叙、松散拖沓。为此，行文时要注意详略得当、布局巧妙、多作变化。2003 年度中国新闻奖另一篇获奖作品《生死交易 6 小时》，从结构上看，也是按时间顺序来写的。从接到举报毒贩的线索开始，到警方确认情况后调兵遣将展开行动；从 16 时 46 分开始行动，到 22 时 45 分记者离开武警大队，6 个小时的生死交易展示得清清楚楚。这一过程共用了 15 个自然段，其中 14 个自然段都是把时间要素置于段首，完全是一种线性的记录。由于作者对材料的详略取舍得当，报道避免了记流水账式的写法，同时巧妙地将事件发展的线索编织在内，引人入胜。先是与毒贩接头，经过四次试探后对方终于肯接头；第二步是"验货"，化装成"黑老大"的记者对毒贩手中的毒品验货，确认了毒贩身份；第三步是交接货，接货时警方下令动手；第四步是抓擒与追逃，主犯落网。这期间每一步都充满了惊险。如记者化装成"黑老大"验货返回时迎面碰上两个熟人，生怕被认出露馅，便佯装寻找东西，才瞒过毒贩的眼睛。

采用这种结构，要注意细节的安排，力求行文跌宕起伏、错落有致。如《九江城哭了……》（1998 年 9 月 16 日《工人日报》）截取的是 1998 年 9 月 15 日凌晨 5 点到上午 8 点 50 分抗洪官兵离开江西九江时，市民依依不舍送别的场景。从营地门口到九江西站不到 5 千米的路程，军车足足走了 3 个半小时。其中截取了几个典型画面，用特写镜头展示了军民之间深切的感情。文字简洁，情节生动，个性化的语言点缀其间，直到最后，"8 时 50 分，列车开动。站台上哭声一片"达到高潮，极具感染力。

2. 以空间变换为标志来划分、安排层次

这种结构形态又称横式结构，它适合于报道范围面广的内容。如 2005 年 8 月 16 日《广州日报》上刊登的《日本第 60 个战败纪念日扫描：有人"拜鬼" 有人叫嚣 有人反省》，就用四个场景（场景二与场景四同在靖国神社）向人们展示了日本人怀着不同的心情纪念战败日。场景一：首相官邸，小泉道歉；场景二：靖国神社，政要"拜鬼"；场景三：武道馆，日皇"痛惜"；场景四：靖国神社，参拜者大放厥词；场景五：日本政府官厅所在地霞关，反省者"反对战争"。不同的场景展示的是不同纪念者的心理。

在这种结构形态中，各个空间之间表现为一种横向式的集合串联，写作时要注意用主题这根线索贯穿、缝织各个画面，使之产生集束捆绑式的威力，切忌各画面彼此游离脱钩，成为一盘散沙。

3. 以时空交叉式的结构形态来划分、安排层次

对那种既有时间上的推移，又有空间位置的变换，事件比较复杂，人物多、场面多的内容，结构安排上最好是把时间的推移和空间位置的变换精密地组织起来，使整篇通讯杂而不乱、条理清晰。著名通讯《为了61个阶级兄弟》就是这种结构形态。作者把时间的推移作为情节开展的一条"经线"，把空间位置的变换作为一条"纬线"，把同一时间、不同地点发生的种种事情巧妙而紧凑地"交织"到一篇通讯之中。虽头绪繁多、纵横交叉，但穿插自然、变而不乱。

纵横交叉式的结构形态在叙述时常用分叙的方法来理清通讯的层次，提醒读者注意时间和空间的交换，以不至于缠绕不清、颠三倒四。

4. 依据材料的性质来划分、安排层次

这种结构形态要求对材料进行分析，根据主题的需要，把性质相同的归到一起，划分到一个层次，或者将报道对象分为几个侧面，用不同的内容去表现共同的主题。例如，通讯《变化就在你身边——从衣食住行看中国》，共分四个小标题：①从服装看变化：色彩缤纷的世界；②从餐桌看市场：丰富多样的选择；③千万间广厦的诉说；④一个新的挑战——速度快者得生存。透视了我国从新中国成立至今60年来特别是改革开放30年来衣食住行所发生的巨大变化，全方位地展示了我国社会主义建设所取得的丰硕成果。

这种结构形态要求主题明确、强烈集中，真正成为绾系全局的纽带。通讯中的各个部分要大致均匀，彼此垂直于主题。

5. 依据作者对事物认识变化的顺序来划分、安排层次

在一些记事写人的通讯中，这种认识变化通常是由表象到本质的过程；在一些工作通讯中，这种结构形态则具体表现为提出问题、展开事实、分析原因、表明建议等一套完整的思路。如《访厕所》，首先是借旅游外宾之口提出矛盾："我们都爱进餐厅，就怕上厕所。你们中国人的'入口'工作是世界第一流的；可惜'出口'工作实在太差。"然后概括出北京市公共厕所的特点，指出"最使人头痛的是臭气"。接着又分析恶臭给人体带来的危害；北京最好的厕所有不尽如人意的地方；北京一条长达五公里的大街竟没有一座公共厕所；规划中的厕所因相关部门"扯皮"而一直搁浅，等等。最后报道了北京

在减少厕所恶臭上所实验的"保温厕所"的情况，呼吁："愿首都带个头，早日安整好厕所问题，为全国作出榜样。"

这种结构形态体现出一种强烈的内在逻辑力量，能吸引受众对事物本质作深层次的思索。

客观事物丰富多彩、千变万化，通讯的结构也应当是灵活多变的，上述五种结构只是基本形态。有经验的记者总是不断从生活中、从借鉴前人和他人作品中，探索出新颖独到的结构方式，创造出新的结构形态。

第二节　人物通讯

一、人物通讯的两种形式

人物通讯以人物为报道对象，其重心在于展示人物的精神面貌和性格特征。将人物放在以展示"如何"的报道中，表明人物的精神面貌和性格特征应当在动态过程中展示，而不是静态的介绍。静态的介绍是一种鉴定式的写作，不符合新闻报道要用事实说话的要求。在动态过程的展示中，在人物做了什么和怎样做的事实中，读者可以感受到人物的精神面貌和性格特征。

按报道对人物性格特征和精神面貌展示的信息量，可以将人物通讯分为两种形式：一种只突出人物精神面貌和性格特征的某一方面，另一种则较全面地展示人物的精神面貌和性格特征。前者称为类型人物通讯，后者则称为典型人物通讯。

类型人物与典型人物这组概念，在文学研究中谈得比较多，也有将类型人物与典型人物分别称为扁形人物与圆形人物的。类型人物是指性格单一化的人物，典型人物是指具有复杂性格的人物。英国评论家福斯特说："17世纪时，扁平人物称为'性格'人物，而现在有时被称作类型人物或漫画人物。他们最单纯的形式，就是按照一个简单的意念或特征而被创造出来。如果这些人物再增多一个因素，我们开始画的弧线即趋于圆形。"他说，扁平人物的特点"可以用一个句子表达出来"，"扁平人物的一大长处是容易辨认，他一出场就被读者那富于情感的眼睛看出来"。而圆形人物的生活是丰富多彩的，其性格是复杂的。[①]

---

① [英]爱·摩·福斯特. 小说面面观. 广州：花城出版社，1984.59~68

文学理论中谈及这两类人物时，有厚此薄彼的取向。福斯特便认为，类型人物的成就不可能与典型人物相比，前者只能属于较低的审美价值层次。这种看法不尽合理。的确，从信息量来看，类型人物只传达了人物性格的某一方面，而典型人物所传达的信息则要丰富得多，但从作品的篇幅来看，类型人物往往出现在短篇小说特别是微型小说中，而典型人物则出现在长篇小说或中篇小说之中。我们知道，一个作品的信息量，与信息符号的多少成反比，与信息量成正比。一份篇幅，一份信息，其信息含量等于一；而两份篇幅，两份信息，其信息含量也是等于一。举微型作品《世说新语·忿狷》为例：

王蓝田性急，尝食鸡子，以箸刺之，不得，便大怒，举以掷地，鸡子于地圆转未止，乃下地以履齿碾之，又不得，嗔甚！复于地取内口中，啮破，即吐之。

寥寥数十字，就把王蓝田急躁易怒的性格写得很突出，信息量大，信息质地也好。由此可见，在一个短篇幅里集中突出人物性格或精神面貌的某一方面，是可行可取的。在这种情况下，类型人物与典型人物同样具有很强的认识价值。

新闻报道中，类型人物同样有存在价值，特别是在一些人物新闻、人物速写中，这类人物是极为常见的。如《女共产党员刘胡兰慷慨就义》只写其就义前与敌人的一番对话，便集中突出了人物大义凛然、视死如归的英雄气概。又如《十年斧》，仅抓住大同一煤矿支柱工刘长清一把斧子用了 10 年一事，表现了人物爱惜劳动工具、节约国家财产的主人翁精神。《不私亲属的铁木尔主席》，突出的就是人物"不私亲属"的美德。

新闻报道中，类型人物的存在有多方面的意义：第一，它与新闻报道追求的篇幅短是一致的，其也可以说是篇幅短的必然产物；第二，从新闻价值来看，类型人物在某一方面具有突出的新闻价值，抓住这一点来报道，不枝不蔓，保证了信息的含量与品位；第三，类型人物因为某一方面特别突出，读者一看就非常醒目，既有利于识别，也有利于记忆；第四，类型人物与典型人物的共存，各有其优势，都是记者"十八般武艺"中的特色之作。

比起类型人物来，典型人物在性格特征、精神面貌等方面的表现要丰富得多。我国较长篇幅的人物通讯及西方较长篇幅的人物特写，都刻画了不少的典型人物。典型人物性格特征与精神面貌的丰富性，笔者认为主要表现在两个方面：一是人物性格的多面性，二是联系复杂多变的外因展示人物的心路历程与人生经历。前者以合众国际社记者采写的《基辛格——三面人》为例：

今天，在参观北京自然博物馆的时候，亨利·基辛格把他的三副面孔表演得淋漓尽致，这使周围的人大为开心。

北京文物局王延洲（音译）指着一件古物，说那是一个龙头。前哈佛大学教授基辛格立即摇头：

"不对，是猫头鹰！"

"是的，是猫头鹰！"王说。

当王说一具古动物的角是犀牛的角时，基辛格教授又摇头了。

"不对！"他说。

"对！是犀牛角！"王说。

"不对！"基辛格说，"我从来没有见过长一对角的犀牛！"

这时，一位中国专家挤到前面对王说那是一副古代牛角。

外交家基辛格立即满面春风地对左右的人说，他先后八次访问中国，每次都是王充当他的向导，王既忠于职守，又有学问。

外交家基辛格旋即口若悬河讲了起来，他说，感恩节后福特总统访华时，务必请王先生到场。

作为丈夫的基辛格转向妻子南希，请她同自己一道，在两个武士陶俑前合影——这两个武士俑同真人一样大小，它们是去年从秦朝皇帝陵墓中出土的。

他的妻子咧嘴乐了，她说："啊，不，亨利！你太像皇帝了，我哪里配同你照相！"

作为丈夫的基辛格说："这我可改不了。不过，你也够瞧的！"

基辛格夫妇仔细观赏从古墓中出土的文物，王说："墓中的骨头表明，墓主人有不止一个妻子。"

基辛格点头同意。王还说，在中国古代，有的妇女可以有一个以上的丈夫。

"一个妻子有几个丈夫吗？"基辛格瞧着妻子说，"我们可不喜欢那个时候！"

基辛格夫人大笑起来。

基辛格参观时，美国大使（原文如此，应为美国驻北京联络处主任）乔治·布什一直用一台有偏振镜头的相机拍摄照片——在基辛格这次访华期间，他一直用这台相机拍照。

他给基辛格看一张他拍摄的表现基辛格同毛泽东在一起的照片。这张照片拍得有些发黑，布什说，其中有个人是基辛格。

"不"，基辛格说："那不是我，是我的兄弟。"

基辛格拿这张拍得令人不敢恭维的照片开玩笑，他说："我总是说，乔治这位大使并不想夺走我的职位，不过他能想别的点子整我。"

一位摄影记者请他在一匹同真马一样大小的陶马前摆好姿势照张相。基辛格说："是不是要我骑上它跑到大门外？"

在场的中国人无不捧腹大笑。

当基辛格夫人中途告辞去商店购物时，基辛格把脑袋凑上前去，对夫人的中国向导说：

"请你们把贵重商品统统藏起来好吗？"

报道用简洁的笔墨，淋漓尽致地刻画了基辛格作为学者、外交家和丈夫的三重性格。作为学者，基辛格知识渊博，在学术问题上坚持自己的看法，但是，一旦自己的观点占了上风，他又能巧妙地照顾到他人的情绪，表现出宽宏大量的外交家风度来。作为丈夫的基辛格则处处显示出对妻子的亲切感情和得体的幽默，但又不失外交家的身份。读者从这"三面"中，对基辛格有了一个较全面的认识，可以想象到，在谈判桌上的他，大概也是不好对付的。

我国的人物通讯，特别是记叙先进人物的报道，大都注重展示人物的精神面貌和思想品德。这类人物通讯的定位就是要体现时代精神，唱响主旋律。所以，展示先进人物的精神面貌与思想品德是这一定位的必然要求。在这类报道中，人物精神面貌和思想品德的展示过程也是人物对外界环境多变条件的选择、改变和适应的过程。如《县委书记的榜样——焦裕禄》，在短短的一年半时间里，焦裕禄带领兰考人民与三大自然灾害——盐碱、内涝、风沙斗争，同时还要与自身的疾病斗争。在这些斗争与奋战中，人物的精神面貌不断明朗、不断强化。又如《生命的支柱——张海迪之歌》，张海迪对自己生命的价值、人生的价值的认识是经历了复杂的内心斗争的。内心斗争来自躯体的病残与为社会作贡献的渴望。这是灵与肉的矛盾，病残的躯体难以承受强烈的为人民服务的思想之重。一些记者与学者特别谈到，人物的精神世界只有在矛盾冲突中，在风口浪尖上才能得到淋漓尽致的表现，这是很有道理的。有道是：沧海横流，方显出英雄本色。

如前所述，从信息的含量来看，较长篇幅的人物通讯与特写，应当展示人物的精神面貌和性格特点的丰富性，刻画好典型人物。以此来审视我国报刊上的人物通讯可以发现，有些长篇人物通讯并没有刻画好典型人物，没有让人物"立"起来，有些还停留在类型人物阶段，有些甚至是对概念中的人物的图解。如报道先进劳模，过去的既有模式是：一定是带病工作，一定是节假日不休息，一定是只讲奉献不要报酬，如此等等。这种模式化的写作，面对不同的报道对象，面对丰富的人生，是苍白无力的，结果只能是削足适履，将丰富过滤成单一，将生活抽象成概念。这一现象引起了读者的不满，也引起了新闻界的忧虑。如2002年2月20日《中国青年报》上载文《为什么不宣传袁隆平爱惜身体》。文章说，被科学界誉为"中国杂交水稻之父"的袁隆平到武汉市与中小学生面对面交流时，有学生说，他看过一篇报道，说袁院士累倒在稻田里还不放弃研究，非常敬仰。袁隆平连忙澄清："千万别受误导，累倒还工作不值得提倡。身体才是最重要的。另外，我也从来没有累倒在田里，那是耍笔杆子的人杜撰的……"文章说，这几年关于袁隆平的报道那么多，有的是全方位报道，为什么就没有提到老科学家爱惜身体？实践证明，科技工作者大都能够做到既勤奋工作，同时又爱惜身体，保持旺盛的精力和活力。如果把袁隆平院士处理好两者关系的事迹和经验原汁原味地报道出来，这种报道给读者的启示，较之编造他累倒在稻田里的虚假情节，不知强多少倍。诚如斯言！我们在报道典型人物时，一定要注意信息的丰富性和信息的含量，防止典型人物的类型化倾向。

二、类型人物通讯写作

类型人物有其特殊的认识价值，它以突出人物性格特征和精神面貌的某一方面为旨趣，以其单一、强调、突出等特点给人留下深刻印象。

我国以往的人物新闻和西方的人物速写大都采用这种形式。在谈人物新闻写作时，有学者提到，不要贪大求全，在一篇人物通讯中最好只写一人一事一个侧面。中国有句俗话叫"攻其一点，不及其余"，我们写人物通讯也应如此，可以改为"攻其一点，略及其余"，抓住人物的主要事迹，其余仅作简略的背景交代，这样可以在有限的篇幅里把人物写活。[①] 这是很有道理的，是类型人物通讯写作最重要的特点。为了突出人物主要的特点，有些报道还将它写入标题中，以更加醒目。如《快乐的巨人》、《不私亲属的铁木尔主席》、《女共产党员刘胡兰慷慨就义》、《工人董志新毛遂自荐当选为车间主任》、《歌唱家于淑珍获"心灵美的模范文艺工作者"称号》，等等。

在行文中，也要注意处处紧扣人物的某一特点加以突出。请看美国记者采写的《快乐的巨人》（节选）：

当身高7英尺2英寸（2米20）的中国运动员穆铁柱跨着碎步跑入体育馆时，"嗬"，观众席上发出了阵阵惊叹声。

---

① 刘海贵，尹德刚. 新闻采访写作新编. 上海：复旦大学出版社，1991. 229

赛前的练习开始了，穆铁柱一伸手就把球塞进篮内，观众席上又爆发出"啊，啊"的赞叹声。

可是，当球赛正式开始后，第八届亚洲运动会上这位个子最高的运动员第一次投篮不中时，观众席上就发出了"咯，咯"的笑声。

这位斯文的巨人一下子红了脸，他捏紧拳头，似乎很难为情，也许还有点烦躁。他的名字就是"钢铁柱子"。穆一直是观众注意的中心人物，而且确实自始至终为观众所喜爱。

……

但是在星期二晚上中国队以90∶71胜南朝鲜队的争夺金牌的那场比赛中，穆铁柱确实流露出一些情绪。在比赛中，他得了24分，抢到了很多篮板球，并使得南朝鲜队员不能接近球篮。一名对手试图阻挠穆铁柱投篮，打了他的眼睛。当这个巨人看上去可能要坚决实行报复的时候，这个对手吓得直往后退。

……

据中国队员下榻的文华饭店雇员说，饭店为穆铁柱搬进了一张特殊的大床，穆比其他队员吃"多一倍的食物"。他们平均身高6英尺2英寸（1米9），比穆铁柱足足矮1英尺。

……

穆初到饭店时把两张双人床拼在一起，而在中国他睡在三张军用床上。旅馆经理找到一个特大号的床以保证这位巨人能够睡好。房间服务员也得到通知，准备两三瓶一夸脱的瓶装泉水，这是穆夜晚休息前的饮料。

虽然穆是这次篮球赛身体最高的运动员，可以轻而易举地抢到篮板球，并且又开两腿稳稳地站在场上就能从容地把球塞入篮内，但是官员和许多评论家们认为，穆很少运球，动作笨拙，对付身体较高的欧洲队和美国队时就不灵了。

不过，即使这里没有篮球迷，穆也可以使体育馆里座无虚席。当6英尺高的泰国运动员跳跃着围在穆的身旁，毫无效果地企图拦球或阻拦穆投篮时，泰国人向这个温和的巨人热烈喝彩。

当穆被两个人夹击时，他却咧开大嘴，笑嘻嘻地拍拍身体矮小的对手的肩膀，于是人们又发出阵阵欢呼声和笑声。

报道围绕"快乐"二字行文，以观众的"笑声"贯穿始终。对于穆铁柱，抓住了"巨人"的特点，写他的身高、行动、食量，等等。抓住了主要特点，"这一个"人物也就活起来了。

类型人物写作还有一个特点，即要特别注意人物特征的新颖点。类型人物突出人物精神面貌或性格特点的某一方面，这是从复杂多样中选择单一。选择的标准自然离不开一个"新"字，离不开"新近发生的事实"，一句话，即离不开新闻性。

三、典型人物通讯写作

按福斯特的说法，典型人物比类型人物的性格特征要复杂、丰富。如果说前者是"扁平"的，那么后者应当是"圆形"的。写好典型人物报道，应从以下三方面入手：

（1）要注意在多样统一中去表现人物的性格和精神面貌。

典型人物报道同样需要抓人物的特点，以写出人物的个性。一般而言，人物的特点越鲜明，其个性就越突出，其形象就越生动。因此，有经验的记者总是在对人物的描写中努力挖掘人物的个性特点，抓住其与众不同之处。名记者田流曾经谈过这方面的体会，他说："譬如，报道一个劳动模范，他做了很多事情，特别是那些老模范，事迹更多，我们总不能把他的事迹都写进去呀……我们应该研究这位劳模和别的劳模有什么不同，一定要找出这个'不同'来。有了这个'不同'，那些最能表现这个劳模本质的材料、事迹，就站到前列来了。那些别的劳模都会做、都要做的事迹、材料——对我们要报道的这个劳模说来是次要的事迹、材料——就容易被区别开来，就容易被淘汰了。这样我们虽然只写他一两件事，反而更能表现这个劳模的特点，使这个劳模更生动形象地站立在读者面前。相反，如果抓不住特点，把一大堆材料、事迹堆上去，写出来的文章，既不是这个劳模，也不是那个劳模，而是一个人的名字加上一大堆事件，是不会感人的。"实践证明，只有抓住了人物的特点，才能真正把报道对象写成性格鲜明的"这一个"。

写个性，还要注意从"多样"上做文章。在一些人物通讯中，先进人物的特点通常都被理解为"高、大、全"式的内容，结果导致所有的英雄都是一色的豪言、一色的壮举，这样反而掩盖了人物的个性，这明显是将人物特点公式化了。其实，本质和特点都不应是一些抽象的内容，而是与具体的生活情境和个人经历联系在一起。一些初看起来似乎貌不惊人的内容，往往包含着极为本质的东西。郭梅尼等人在《生命的支柱——张海迪之歌》中写到张海迪曾想过自杀，这一点看起来与"生活的强者"形象相抵触，然而，作者认识到，从张海迪思想的成长来看，这无疑是一个重要的关节点，充分反映了她怎样经受住了困难和挫折的考验，更加懂得了活着的意义。同时，对于广大青年树立正确的人生观，尤其是对于一些在困境和逆境中的青年有着重大的教育意义。因此，记者用了占整个文章1/4的篇幅来加以表现，突出了"战胜消极悲观，你就是生活的强者"这一特点。

（2）要善于捕捉细节，于细微处体现人物的精神面貌和性格特征。

在人物刻画中，细节是能细腻地体现人物性格的最小组成单位，通常表现为人物的一举手、一投足、一言一物等。如焦裕禄为了与疾病作斗争，经常用一根硬东西顶着时时作痛的肝部，将另一端顶在右边的靠椅上，以至日子久了，他坐的藤椅的右边被顶出一个大窟窿。不少先进人物还有其充满个性化的语言，比如，"把有限的生命投入到无限的为人民服务中去。"——这是雷锋的话；"石油工人一声吼，地球也要抖三抖！"——这是王铁人的话；"小车不倒只管推。"——这是杨水才的话。这一句句闪光的语言，凝聚着人物的思想品德和道德情操。这样的细节，无疑是人物刻画中的点睛之笔。

这里要特别谈及专访型的人物通讯。人物专访是发展稍晚的一种报道，可被认为是报纸媒体向广播、电视等媒体借鉴的形式，近些年来颇受欢迎。专访型人物通讯主要通过人物的对话、谈话时的音容笑貌来写人。如专访《退下来干什么？——访数学家苏步青》（《经济日报》1988年2月28日），一开篇就是苏步青的话："是不是想了解我的业余生活，问我退下来后干些什么？"读者未见其人先闻其声，闻其声可观其人。又如《改革给了我机遇——访北京一建油工青年突击队队长、"五一劳动奖章"获得者杨桂云》（《工人日报》1988年5月12日）：

当我在"五·一"期间采访她时，她扳着手指回忆说："那是1985年三四月份，我身边就走了七个姐妹。我就不服这个气？难道改革就非把女的改走不成？没那个事。女的能吃苦，有自尊，照样能干出个样儿来。"她放了一串"连珠炮"后又缓和下来："当时，我们那儿的高级油工都给挑走了，甩下一帮年轻的低级工和徒工。可是，我想，改革也有他们的份儿呀。我就挑头收拾'余部'，成立了突击队。"她一扬脖儿，喝了一杯汽水，接着说："这就是改革给我的机遇。"

这番描写，绘声绘色。作者捕捉到了能体现人物性格的细微处，一个英姿勃勃、不甘落后的巾帼英雄跃然纸上。

（3）要将人物的精神面貌与性格特点同时代特征联系起来，努力挖掘人物的典型意义。

典型人物的典型性，主要表现在它与时代特征联系的紧密程度上，要能够在人物身上体现出当今时代的某些特征。新华社著名记者穆青曾说过："能否高瞻远瞩地提炼出能够反映时代特征的主题，并且从这个高度来表现英雄人物的革命精神和思想风貌，就成为决定人物通讯成败、优劣的关键。"①

人物身上的时代特征并非记者加上去的，而是人物所生活的时代在人物身上留下的烙印。记者在写作报道时，一定要认真考察人物本身具有哪些最能体现时代特征的精神，努力加以表现。穆青等人写的《一篇没有写完的报道》的经过很有教益。植树劳模潘从正20多年来抛家离舍，一直坚守在自己的岗位上，风沙吹不跑他，断粮逼不走他，就是生了病他也不肯离开，是个出了名的"老坚决"。穆青他们开始打算突出"老坚决"的这种"缀网劳蛛"的精神，但通过比较，他们考虑到这种"缀网劳蛛"的精神不足以反映1979年的时代特征。因为对工作的这种执著、坚决的劲头，不仅在当时值得提倡，往前推15年，往后推15年，也值得提倡，不能给人以强烈的时代感。于是，他们重新分析潘从正植树的经历，看出他尽管"缀网劳蛛"，却由于各种干扰，总是劳而无果。50年代植树碰上"共产风"，60年代碰上"造反风"，70年代又碰上所谓"反击右倾翻案风"。这些人为的"政治台风"给潘从正老人奋斗了大半辈子的事业造成了极大的损害，从这个角度表现潘从正的植树经历，实际上正好反映了中国社会的一段历史。"老坚决"对安定团结的渴望正是亿万人民共同的意志与心愿，这一点与当时人心思定、人心思治的时代精神一拍即合，因而引起了广泛的共鸣。

如何从人物身上挖掘出时代特征，这是需要有特殊的眼光的。许多记者的采写实践表明，人物通讯的写作最重要的是要解决好针对性的问题，也就是说，要同现实生活中广大群众最关心的问题或最迫切需要解答的重大课题联系起来。著名女记者郭梅尼在谈《同代人的召唤》写作经历时介绍，有位部队青年给她写信，说现在社会上有些青年不理解军人，动不动就把他们叫做"大兵"，希望她多写写部队青年，为解放军树立个好形象。当"保边疆献青春"演讲团来京作报告时，她有了写解放军的机会。在听战士们的演讲时她发现，"每当演讲触及到同代人面临的一些重大的人生课题，大学生们的反应总是特别强烈。例如，当谈到一位战士献出的是鲜血和生命，而索取的只是一碗淡淡的鸡蛋汤时，全场顿时爆发出一阵热烈的掌声。我马上意识到，索取与奉献的关系，是当代青年人最关心的人生课题"。郭梅尼正是从"回答千百万同代人共同关心的人生课题：什么是祖国，什么是理想，怎样度过自己的青春时代，怎样实现自己的人生价值"出发，很好地表现了边防前线英雄战士身上的时代精神。同样，虞锡圭写的通讯《一封来自美国的"情书"》（《光明

---

① 穆青. 谈谈人物通讯采写中的几个问题. 见：中外记者经验谈. 北京：中国人民大学出版社，1983.159

日报》1985年1月4日）的过程也很典型地说明这一情况。这篇通讯报道了一对著名专家教授响应党的号召，送儿子上山下乡，儿子与乡下农村姑娘恋爱，后来又赴美留学，儿媳与公婆在国内和睦相处的这一漫长过程。据作者介绍，通讯中的主人公，早在二十年前就认识了，一直想对他们的事迹作出报道，但始终未能找到一个合适的角度去把握人物身上体现的时代特征。"怎样去挖掘杨家人的精神世界？针对性应放在哪里？在表现手法上如何避免一般化？我在某大学采访，曾听那里的领导同志说，有些下乡知识青年和青年工人考上大学后，以'情趣悬殊'、'感情不和'为借口，抛弃了原来在农村和工厂的爱人，甚至有些父母还支持子女这种喜新厌旧的不道德行为，以致造成一些不应有的家庭悲剧。在某些留学生和出国进修人员中，这种现象也时有发生。我决定把文章的针对性放在这种时弊上。"针对时代的实际情况来挖掘人物的精神世界，有助于对人物的时代特征的把握。

第三节　事件通讯

一、事件通讯的两种形式

粗略地划分，事件发生有两种情况，一是时间跨度比较大，涉及空间广；一是时间跨度不大，场景比较集中。

以事件的性质来看，有些事件演变过程跌宕起伏，故事性强；有些事件以其重要性、显著性见长，意义重大。

从写作实践出发，故事性强的内容，一般处理为故事型事件通讯；意义重大的题材，常处理为纪实型事件通讯。我们在此讨论事件报道的写作，就按这两种划分来进行。

1. 故事型事件通讯

（1）故事型事件通讯，其事件发展的结局通常是吸引读者注意力的兴趣点。

"欲知后事如何，且听下文分解。"即使是时间跨度大、涉及空间广的事件，也完全可以依时间顺序，按事件发生、发展、高潮、结局的过程来叙述。以顺叙的方式来叙事，看上去比较简单，但正好在这线性的展现中清晰地展现事件的曲折过程。如《为了61个阶级弟兄》，61个阶级弟兄的命运始终是牢牢吸引读者的关键。报道以时间为经线，以空间为纬线，时间的紧迫、人物的命运，令读者紧张得屏住呼吸，急欲了解事件结局。

（2）故事型事件通讯，其题材大都富于故事的重要因素，如悬念、巧合、误会等。

如《商业部长买鞋上当记》，报道的是商业部长胡平买了一双劣质鞋。这篇作品获得了首届"中国新闻奖"二等奖，评论家认为它关键是抓住了一个"巧"字，可谓"无巧不成新闻"。如果是老百姓买了一双劣质皮鞋，算不上是新闻；而主管全国商业工作的部长买鞋被坑，真是"大水冲倒龙王庙"，可算是大新闻了。商业部长买鞋上当，结局怎样自然也就特别引人关注，更是为报道增添几分奇趣。

一些著述中专门划出新闻故事一种，这类报道的故事性因素更多，请看《西瓜兄弟》：

记者随军路过潍阳县李楼村时，听到群众间流传着西瓜兄弟的故事。当地有李姓西瓜兄弟两人，每年每人种亩把好西瓜，这方圆一二十里地内，也只有他们兄弟俩种西瓜，因此大家就叫他们作"西瓜兄弟"。西瓜老大的地在村东大路边上，西瓜老二的地在村西南小路边上，今年虽然雨水多，可是他们的瓜地高，西瓜还是长得又大又甜。

瓜刚熟的时候，村东走过了一队蒋匪保安团，那些饿狼一看见老大的瓜，顿时你抢我夺的，不一会，一亩多西瓜就一个不剩了，地里只留下一片踩烂的瓜藤、瓜叶与吃剩的瓜皮、瓜子。

在蒋匪过去二十天后，村里忽然来了八路军，巧的是这回八路军从村西南西瓜老二的瓜地边过。"我这瓜地完了！"西瓜老二想："我这命也不要啦，我就躺在瓜地里，看他八路军摘我的瓜吧。"西瓜老二灰心丧气地往西瓜棚底下一坐，看着八路军过来。谁知道队伍有多少呢？往北看不见尾。"这西瓜长得好呀！"领头的一个兵说。"还有三白瓜哇！""这瓜一个怕有三十斤。""吃上两个才解渴呢。"路过的兵你一句我一句地接着赞叹不已。一听见说西瓜两个字，西瓜老二的心就痛得像刀扎；但是他却奇怪，这些人说说就完，连脚都不停，一股劲往前走。西瓜老二把头偏西边一看，南已看不见队伍的头，北还不见队伍的尾，他自言自语地说："这八路军就是怪呀！"说着就站起来，提着瓜刀，跑到地里抱起一个大西瓜，往路边一放，刺刺地切开了，"吃西瓜，弟兄们！"西瓜老二向八路军叫，但都没有人答应他。"走路渴啦，来吃块瓜！"西瓜老二又向另外一些兵士叫着，但回答都是："谢谢你，老乡！俺不吃。"这一下西瓜老二可急了，大声嚷起来："看你们八路军！把瓜切开了怎的不吃呀？"这时有个十六岁的小司号员向他问："老乡！你这西瓜多少钱一个？""不要钱，随便吃吧。"西瓜老二边说，边拿起瓜往小司号员跟前送，小司号员连说："俺不吃，俺不吃！"脚不停地就朝前走了。西瓜老二捧着瓜，直愣愣地在西瓜地边站着。队伍还是肩并肩地往南走，前不见头，后不见尾。

兄弟两人两块西瓜地均有部队路过，是巧合；老大的西瓜地遭蒋匪保安团的洗劫，使得老二对自己西瓜地的下场更加担心，是误会；偏偏八路军对他的西瓜赞不绝口，还说"吃上两个才解渴呢"，更让老二担惊受怕，是进一步的误会；八路军只说不动手，究竟是为什么？老二不明白，是悬念；老二由怕八路军吃瓜到请八路军吃瓜，是陡转。这样的作品，称之为新闻故事，当是名副其实的。

（3）一些故事性不是很强的题材，只要叙述得法，能调动读者的"欲知"兴趣，也可产生"故事"效果。

2. 纪实型事件通讯

纪实型事件通讯不需以其故事性来吸引读者，通常，事件的显著性、重要性足以争夺读者的眼球。用"纪实"的形式至少有两点好处：第一，能突出事件的重要性和显著性。在读者的期待视野里，只有重大的内容，才能"享受"现场直播的"待遇"。所以，"纪实"首先能使受众在心理上产生强烈的暗示："无事不登三宝殿"，无重大意义不用"纪实"形式。所以，这类报道大都会在标题（通常是副标题）中冠以"纪实"二字。这可以说是一种定位，是强化题材重大意义的特殊标识。第二，纪实手法可以真实地再现事件实况，原汁原味地全盘托出实况，以事件本身的价值来说话。

纪实型事件报道，按事件时间跨度的长短，还可分为过程纪实与现场纪实两种情况。

（1）过程纪实，其事件的前后经过叙述完整，作品的再现性很强。

如《东方风来满眼春——邓小平同志在深圳纪实》、《夫人奈娜最后吻别叶利钦》、《飞向太平洋——我国运载火箭发射试验目击记》，等等。以《东方风来满眼春——邓小平同志在深圳纪实》为例，作品按照邓小平同志在深圳特区视察的时间顺序，真实生动地报道了小平同志视察深圳特区的全过程，记录下了我国改革开放的总设计师在这次历史性的活动和视察过程中发表的重要讲话，这对于推动特区乃至全国的改革开放具有重大的意义。设想如果不是用"纪实"的形式，就难以清楚地记录下这一历史性活动的全貌，也难以详细地记录下这位伟人的一言一行。而这些内容如果报道不全面，就会使得题材的价值大打折扣，产生不了这样大的社会影响。

（2）现场纪实，其事件发展过程时间不长，报道的焦点也比较集中。

对一个时间不长的过程作再现，更要求清晰地展示实况，有时甚至是以慢镜头的方式展示。自20世纪80年代末起，我国新闻界特别提倡写"现场短新闻"，这种文体可以说是现场纪实式报道的代表。它有三个特点：第一，它是作者发自新闻发生现场的见闻式报道，是进行式的、有动感的新闻，而不是事后深入新闻发生地采访写成的终结式报道。新闻事件发生时，记者必然是其目击者、见证人，甚至就是参与者。第二，它是再现式报道，不是反映式报道。要用可触、可感、可视的细节，传达出现场发生的情况，甚至要让人能感受到现场的氛围。如第一届"应氏杯"世界职业围棋锦标赛第一局赛过后，上海《新民晚报》一篇现场短新闻写道："应氏杯围棋决赛的对局室里，聂卫平掏出一支烟，再拿出根精致的烟嘴，反复了多次才把烟插入烟嘴。他的手，在轻轻地抖动。曹薰铉的手也不听使唤了。他指间香烟上的烟灰，弹了五六次才弹掉。"第三，作品的直观性、客观性、实证性都很强，对事实的描写有"目击"的印记。如《雨中情》、《总书记下矿井》、《侗家厕旁议实事》等，都属这类。

二、故事型事件通讯的写作

故事型事件通讯，其题材虽然有一定的生动性，但叙事的质量也会直接影响到报道的质量。

1. 叙事要清楚

对于事件通讯而言，这是最起码、也是最重要的要求。一般来说，故事型事件通讯所报道的事件可分为两种情况：一是线索比较单一的；二是线索比较复杂、头绪比较多的。线索单一的事件发展演变过程基本上呈线性状态。叙述时，采用纵式结构，以事件的发生、发展到结束的顺序为叙事线索，可以使得事件脉络清晰、过程清楚。如《一路春风》便是这方面的范例。这篇通讯报道的是山东省兖州市红星乡孔家屯一个两岁半的农家女孩玩铡刀不小心切下了整个左手，辗转济南、青岛、潍坊等地求医的故事。一路辗转，一个普通农民当时既无现金、无熟人，又缺乏这方面的常识，急得走投无路、寸步难行。结果却是"一路春风"：一路上遇到的净是好人，大家解囊相助，急人所难。这件事线索较单一，人走到哪，"春风"刮到哪。通讯以人物的行踪为叙事线索：迅速送伤儿上火车，如何解决买车票的钱，断手的保存、养护，伤儿的入院、转车、转院、手术等，清晰的叙事线索很好地表现了"一路春风"这一富于社会内涵的信息。

对那些头绪比较多的事件，叙述时就要注意诸多头绪之间的分与合，事件如何开端，如何分成多头绪多线索叙述，又如何将它们合为一体，拧成一股绳等。在结构上常用纵横交错的方式以"经"来织"纬"。《为了61个阶级弟兄》就是这方面的典型例子。"平陆事件"牵涉的部门多、地区广、头绪纷繁，时间紧迫。为了突出表现"一方有难，八方支援"的共产主义大协作精神，通讯在以时间为基本叙事线索的同时，分头并进地记叙北京和平陆两地的干部群众为抢救阶级弟兄，克服一个又一个的困难。虽然内容多、人事杂，一会儿写平陆，一会儿写北京，在短促的时间内多次来回"跳动"，但整篇通讯头绪清晰，线索分明。

2. 在叙事清楚的基础上追求叙事的生动形象

叙事的生动可以从多方面去实现。首先是注意要波澜变化，少平铺直叙。当然，事件通讯的波澜不是作者虚构编织出来的，而应当是事件本身所包含的。像《救灾车闯祸后……》的波澜就是事件发展的陡转形成的。但如果作者缺乏叙事技巧，也有可能处理得平淡无奇。相反，如果讲究叙事技巧，一些较平淡的生活故事也可以现出漪涟来。如获 2003 年度中国新闻奖的《医药代表向"老百姓"下跪——老百姓大药房杭城奇遇记》就将事实写得波澜起伏。请看通讯的前几段：

日前，在新开张不久的杭州"老百姓"大药房内，一位来自哈尔滨某药厂的医药代表面对满屋人，竟痛哭流涕地向药店采购部部长下跪。

是他想求"老百姓"大药房买他的药吗？不是。恰恰相反，他是想求"老百姓"大药房别再卖他的药了！

作为医药代表，药品销售越多，利润无疑越丰厚。他为何会为了把药拿下柜而"屈膝"。这到底是怎么回事？

原来，"老百姓"大药房从哈尔滨某药厂购进了一批"牛黄消炎片"，每盒进价 0.8 元，经核算后销售价定为 1.2 元。应该说，50% 的毛利非常可观了，没想到这个价位却引起了该厂驻浙江医药代表的恐慌。且听听这位医药代表的哭诉："人家都卖 4.8 元，最低也在 3.5 元以上，你们只卖 1.2 元，还让不让人活了？"原来是嫌卖得太低！

事实上，这位医药代表还有一个说不出口的苦衷："老百姓"大药房从外地购回的"牛黄消炎片"是 0.8 元一盒，而杭州许多医药批发公司从他那里拿的却高达 2.8 元。"老百姓"大药房大幅降价、不按常理出牌的做法已严重影响了他的收入，威胁到了他的生存。据悉，该代表已多次到"老百姓"大药房哀求，希望能停售这种药，或至少将价格提高到 2.8 元以上，否则，他每天都要到"老百姓"大药房来下跪。

"老百姓"大药房是去年底在杭州开张的一家平价药店，一开张该店便以"比国家核定价格平均低 45%"的举动引起了巨大的轰动。短短两个月来，该店因为"低价"竞争，打破了医药零售业的暴利行为，遭到了数不胜数的"围攻"。这里面除了上面提到的"温柔一跪"外，还有疯狂抢购、闹店威胁等层出不穷的硬招。

这种设置悬念的叙事方式，使得行文波澜跌宕，富有吸引力。

3. 要选取好的角度去报道事件，充分挖掘其新闻价值

正如人物通讯要注意挖掘人物身上的时代特征一样，事件通讯也要注意挖掘事件所蕴含的新闻价值。我们知道，一个事件所包含的信息很丰富，写通讯不必把事件各个方面的信息都罗列出来，不要企图在一篇事件通讯中说明许许多多的问题，而要集中从一个角度去反映事件，并围绕这一角度挖掘出新闻事件的深层内涵。1986 年全国好新闻评选中获特等奖的通讯《今日"两地书"》在角度选择上是下了一番工夫的。这是一篇反映部队生活的通讯，作者没有按照常规去写战士坚守阵地、英勇战斗、流血牺牲等战争场面。在前线采访时，作者"偶尔发现了几封后方同志答复前线战士提问的信件。这些信件通过战火，有的缺页，有的撕破，有的揉皱，有的沾着血迹，有的还是从烈士口袋里发现的"①。于是就进一步采访，发现了有关前线将士与军委办公厅机关干部张立同志共同探讨国家大事的许多通信。前方战士身居猫耳洞，想的却是祖国四化大业，关心的是党中央关于坚持四项基本原则和改革开放的方针，展现了当代军人的崭新风貌。作者通过对前后方将士鸿雁来往的报道，深刻地揭示了当代军人"祖国万事连我心，献计献策为己任"这一涉及我国政治体制改革的重大主题。这篇通讯发表后，轰动了老山前线，也在社会上产生了强烈反响。

选好报道角度，就能充分认识到事件的本质意义。这一点，《为了 61 个阶级弟兄》的作者为我们提供了值得重视的经验。他们说，开始时，"虽然认识到'平陆事件'不是个一般的事件，受到了感动，但还没有更深地把握住它的本质，对这个事件的伟大意义的认识很不够"。后来经过多次讨论研究和深入采访，"进一步认识到，这一事件所反映的人民群众的共产主义风格、共产主义劳动态度、共产主义道德品质，是十分全面的。'平陆事件'发生后，从领导到群众，从城市到乡村，从部队到地方，从中央所在地到中条山区，到处都洋溢'一处困难，八方支援'的共产主义精神和伟大的阶级友爱"。"对这样一个震撼人心的英雄事迹，必须深入地发掘它的共产主义因素，真正起到

---

① 今日"两地书". 新闻战线，1987（4）

教育群众的作用。"① 由于他们在认识事件的本质意义上下了工夫，从而使作品信息的内涵得以深化。

三、纪实型事件通讯的写作

从广义来说，所有的新闻报道都是纪实的。专门列出纪实型事件通讯一种，是因为其纪实色彩要明显强于其他的报道形式。

用文字符号来纪实，可以说是创造文字符号、运用文字符号一个极为重要的需求。汉字的象形特性，就来自纪实的需要。当汉字变成越来越抽象的符号时，其纪实功能由简单的图解而趋于会意。通过文字符号的信息编码，大多数情况下都能胜任纪实要求，能让人"如临其境"、"如见其人"。

自从有了广播特别是有了电视媒体后，文字的纪实就明显不及图像、音响来得直观。人们需要重新认识和发掘文字报道所特有的纪实功能。纪实型事件通讯的"纪实"，毫无疑问应当体现这种新的认识和新的发掘。

1. 增大纪实的自由度，在电视镜头不及之处抓画面

（1）文字报道的"纪实"，可以把触角伸得比电视镜头更长。

这就是西方记者所提倡的"要在电视摄像机镜头顾及不到的地方发现新闻"，要把电视镜头捕捉不到的画面记录下来，并将这些内容处理得清晰可视。请看合众国际社记者乔治·弗兰克写的图谋刺杀美国总统福特的报道的前几段：

晴空万里，阳光灿烂。一位身穿红衣服的矮个妇女站在人群中，等待着福特总统的到来。

欢迎者们大都想握一握福特的手。

那个身穿红衣的女人带着一只手枪。

目击者说，27 岁的林耐蒂·阿莉斯·弗罗莫——她是令人恐怖的查尔斯·曼森家族中有名的"百灵鸟"——悄悄地站在国会大厦中欢迎人群的后面。

"天气多么好呵！"她对人群中一位叫卡仁·斯克尔顿的 14 岁的姑娘说。

"她看起来像个吉卜塞人"，卡仁事后说。

"百灵鸟"身穿红色长袍，头戴红色头巾，手中拿着一个很大的红色钱包。这些东西与她的红头发是十分相称的。

---

① 更深地发掘新事物的共产主义灵魂——关于《为了六十一个阶级弟兄》报道的几点体会. 见：中外记者经验谈. 北京：中国人民大学出版社，1983

在她的前额上留着 1971 年在洛斯安赫莱斯审讯中烙下的红十字。在这次审讯中，曼森和其他三位女追随者被证明是杀人犯。

百灵鸟——她到加利福尼亚州北部的萨克拉门托来是为了寻找已被监禁的 41 岁的曼森的——耐心地等待着福特。

在她的钱包里，装着一支上满子弹的零点四五厘米口径的自动手枪……

这位女杀手在暴露之前，谁也没有发现，电视记者是无法捕捉到她的行踪的，报刊记者却可以"独具只眼"跟踪她的行迹，将她那一身红色描绘得非常醒目。特别是反复提到那把电视记者无法拍摄到的枪。这对于引导读者的注意力是非常有效的，令人想到俄国小说家契诃夫关于叙事技巧的一句话："如果在作品的第一章提到墙上挂着一把枪，那么在后面几章，这把枪一定会开枪。"这一引人入胜的效果是电视媒介在报道新闻时无法做到的。

（2）文字报道对现场的还原不受时空限制。

从事电视报道的人都有体会，事件发生时，由于记者不在现场，无法拍摄到当时发生的精彩镜头，事后"补镜头"又有造假之嫌。但文字记者却可以轻而易举地将这些镜头与画面"还原"。

2. 借鉴电视的纪实手法，作"可视"的努力

报纸新闻文体出现的"视觉新闻"类文体就是这方面的代表作。按甘惜分主编的《新闻学大辞典》解释，"视觉新闻"为："运用形象化的手法来表现事物取得视觉效果的新闻。把概念的表述诉诸充实的具体形象，运用生动的画面、典型的细节来写新闻，可使报道的内容可闻、可见、可触、可感，让人看到所报道的事实的真面貌。它是当今形象化的电视新闻影响越来越大的年代，文字新闻与之竞争的重要手段之一。""视觉新闻"通常包括现场短新闻、目击式新闻及特写式新闻等。借鉴电视传播技术中的镜头运用技巧，让报纸新闻文体在写作中更注重对一些有表现力的细节、局部加以放大和镜头化，以此来强化读者的视觉效果。

日本学者藤竹晓在《电视的冲击》一书曾举过一个这样的例子：伊丽莎白女王访问日本的最后一天，女王乘坐新干线日光 100 号，从名古屋到东京。《朝日新闻晨刊》第二天报道此事：

……在东京站第十八站台，藤井总裁、东京站长岩渊繁雄等前往迎接。

菲利浦殿下说："这是一次愉快的旅行。"

藤井总裁说："十天来给您添麻烦啦。今天承蒙乘坐新干线，真是万分荣幸。"

殿下问："新干线一天发多少趟车？"

总裁回答说："由16对机头组成，一天单程约发120趟车。"

在三分钟左右的对话中，女王一直在旁边和蔼地点着头。从远处也可以看到藤井总裁的手和膝盖由于紧张而不停地哆嗦。总裁反复五次鞠躬。

藤竹晓对这篇报道大加赞赏，认为它"是电视时代报纸新闻的典型例子。在这里成功地使用了这样的手法：即向习惯了映像的我们提供具体的线索，让我们去描绘出犹如正在目睹现场的形象"。"这则消息只有以电视时代这一社会土壤为前提，才能发挥效果。""如果是在电视时代到来之前的社会部编辑室，这条新闻最后的句子恐怕注定是要删去的。"

为什么后面这短短的一段话引起了这位研究电视的学者的高度重视呢？藤竹晓解释说："这是因为，新干线东京车站月台是紧张的，但另一方面又是平静的情景，通过无内容的对话和藤井总裁惊慌的描写，使读者和具体的画面结合起来。"说到底，还是文字的描绘产生了叙事如画的效果。为什么必须"以电视时代这一社会土壤为前提"呢？设想一个高明的电视记者来拍这条新闻，仅仅是记录双方"无内容的对话"，显然是没有发挥出电视技术的功能，他必定会寻找更有表现力的画面。对于报刊的文字记者来说，这不是一种很好的暗示吗？文字记者借鉴电视镜头的表现形式，是出于蓝而胜于蓝。

3. 文字纪实追求形神兼备的"实"，而不是只求形似的"实"

形与神的关系是一个古老的美学命题。在文学艺术作品中，如何处理好形与神的关系，是颇有争议的。以绘画语言为例。我们知道，绘画的符号系统，其纪实功能远远要比文字的符号来得直观。然而在中国画中，写意的思想始终要优于写实的主张。曾经有不少人提出不求形似，只讲传神。苏东坡就说："论画以形似，见与儿童邻。""谨毛而失貌"的故事更是表明，只注意局部处的"实"，往往会失却整体上的真实。当然，过于重写意，与我们所说的写实是不同的。但在画论中最公允的主张还是讲究"形神兼备"。明代李贽说："画不徒写形，正要形神在。"比起绘画符号来，文字符号在写"形"上显然处于劣势，但在写"神"上却毫不逊色，就更有理由在纪实中追求形神兼备了。

电视的纪实功能让我们重新审视文字报道的纪实特色。显然，电视的纪实，其长处在于"写形"；而文字报道的纪实，应当是重形似而更重神似的纪实。请看2006年度中国新闻奖获奖作品《九公里的女人们》中的这段描写：

这12位女人，最大的44岁，最小的30岁，都在宁夏上班。这些人都特别爱笑。据她们自己说，屁大点儿事儿也要笑上一场。可事后想一想吧，有些事儿其实没啥可笑的。

笑的时候呢，嘴要张得很开，嗓子要捏得很尖，声音要放得很大，表情要很古怪，肢体动作要很放肆，反正跟前没有男人。

"哎呀，这套高级化妆品算是白买了，回家用烙铁（把脸）烫一烫，唉……"于是，所有的人拼命地、前仰后合地笑，至笑不动为止。

"我是个老'窝门（woman）'啦！"众女人：哈哈哈哈，哈哈哈哈……

有人打哈欠。"咋啦？你们家那位回来了？睡眠不足了吧？"众人再度大笑。

若此时有男同志经过，女人们迅速低头、捂嘴、红脸、息声。

这段文字写女人们的笑，笑中透出粗犷、现出乐观，有幽默、有潇洒，体现了常驻工地而献身事业的一组女工的风采。重形又写神，其纪实效果恐怕是电视画面所不及的。

4. 不作照相式的记录，而应作有所取舍、详略得当的纪实

郑板桥云："删繁就简三秋树。"有取舍详略的纪实表述更简洁，表现对象就更鲜明、更突出。而电视画面上，删什么、简什么是不易做到的。请看《侗家厕旁议实事》：

3月柳州，龙潭湖畔，小雨淅沥。广西壮族自治区副主席李振潜与卫生部长陈敏章信步走近山坡上的一幢侗家"竹楼"。

竹楼墙上有副对联，上联是"男女有别来此行方便需认清去向"，下联是"大小均可入内得轻松请注意卫生"，横批"轻松山房"。

两人都笑了，原来这是公厕。身兼全国爱卫会副主任的陈敏章说："这联写得风趣。不知'内容'怎样？进去看看。"

进至厕内，陈敏章连声称道。认为它清洁，处理污水得当，地方政府为少数民族办了很好的实事，既解决了实际问题，又有远见。

陈敏章还说，厕所问题不是小事。肠道传染病的发生和流行，与粪便、污水的处理极有关系。有些沿海经济发展很快的地区，群众富裕后盖了很漂亮的新房，但却不考虑配套建上个厕所，连外观也很不相称。有的渔村大兴土木盖了很气派的龙王庙，却不能集资盖个厕所。卫生习惯的建立虽不是一朝一夕的事，但像柳州从教育、引导、支持入手解决卫生习惯问题，就值得提倡。

这则短短的报道中，那副对联特别醒目，极具视觉冲击力。在电视报道

中，当然也可通过特写等技巧来对某些内容做突出处理，但无法删除"夹杂"在画面中的某些内容。比方说上述场景，电视拍摄时画面中可能会飞进一只苍蝇，这只苍蝇就成了与画面极不谐和的"污点"。类似这样的镜头我们在电视报道中不难发现。电视新闻要想去掉这只苍蝇，你只有将整个镜头全部删除，就像泼脏水时连同孩子一块泼掉了。

可见，文字的纪实虽不及电视的纪实来得直观，但它独特的优势也是电视镜头所不及的。在多种媒体竞争的时代，纸质媒体更应发挥好自身的特长。

第四节　风貌通讯

一、两类风貌通讯

据《新闻学大辞典》："报道某一区域、某一地点、某一单位的新风尚、新面貌、新气象的通讯为风貌通讯。"风貌通讯的题材广泛多样，举凡社会变迁、风土人情、单位新貌、建筑风光、名胜古迹等均可写成风貌通讯。① 这一说法也适合于"风貌报道"。

按风貌报道的表现对象，可分为概貌式报道与速写式报道两种。概貌式报道涉及面广、综合性强，重心在反映社会的变迁、时代的新貌，社会内涵极为丰富。速写式报道，涉及面要窄些，场景具体，既可以社会性信息为主，也可以自然风貌这类社会性不强的信息为主。

1. 概貌式报道

概貌式报道是由旅途通讯发展而来的，是早期通讯中运用较多的一种形式。仅"五四"运动后，著名之作就有瞿秋白的《饿乡纪程》，邹韬奋的《萍踪寄语》、《赤都心史》，范长江的《中国的西北角》、《塞上行》、《西线风云》，等等。这些通讯都以客观的笔调描绘作者的旅途见闻和所思所感，令人大开眼界。随着时代的发展和社会变化的日新月异，这类报道的新闻性和时代性不断加强，逐渐发展成了反映社会新貌的报道。

概貌式报道在实践中常以不同的形式出现，报刊上常见的"见闻"、"巡礼"、"侧记"、"纪行"、"掠影"、"拾零"、"纪游"等均属此类。

在众多的表现形式中，最为常见的有两类，即见闻类和巡礼类。

---

① 甘惜分. 新闻学大辞典. 郑州：河南人民出版社，1993. 159

见闻类通常包括"见闻"、"见闻录"、"参观记"、"访问记"、"杂记"、"札记"，等等。它主要写作者的所见所闻，这些所见所闻对于作者来说是充满新鲜感或令人触动的情景。作者将它们具体生动地表现在作品中，同时，还可以借此直接表达个人的印象和意见，抒发自己的感受。

巡礼类通常包括"巡礼"、"纪行"、"掠影"、"拾零"，等等。这类概貌式报道虽然也离不开写见闻，但是以写作者在现场观察到的新情况、新事物、新变化为主。采用这种形式，常常运用移步换形的写法，随着作者视点的变化，笔下的场景也不断变化。

不管是见闻也好，巡礼也罢，它们都有一个共同点，即以突出"新"貌为主，事物的演变过程是简略的。为防止报道的平面化，防止"如何"要素的淡化，故在写作过程中会大量使用对比手法，以旧衬新，愈显其新。

2. 速写式报道

速写式的报道，常常只写一个场景，人、景、事交织在一起，描绘的是一幅素描式图画。

速写式的报道在写场景时，是一种写意式的描写，记录的是场景的神韵，重在渲染气氛。如穆青的《金字塔夕照》，渲染了一种淡淡的悲凉气氛，读罢，耳边仿佛不时听到古老的金字塔在叹息。《狂欢之夜——长沙市民欢迎解放军入城速写》则处处洋溢着欢乐喜庆的气氛，感染力极强。《雨中西湖速写》则着力渲染西湖的静谧与安详，与外界的洪水暴涨、浊浪排空比较，这里仿佛一处世外桃源，令人心静神怡。

速写式风貌通讯相对来说有更多的文学气质。人们在谈论新闻报道的"散文化"时，常以它们为例。"新闻向散文式方向发展"的问题，是在1982年1月穆青同新华社四川分社负责人谈话时提出的。穆青说，"我们的新闻报道不应规格化，不应当为新闻报道设置清规戒律。""我们要鼓励和支持记者捕捉社会生活中最重要、最生动、最活泼的新事物，鼓励和支持记者探索最能反映丰富多彩的社会生活的新闻形式。""我们的时代，应当是新闻、速写、特写比较发达的时代。"穆青自己所作的一些风貌通讯，其实就是"新闻向散文式方向发展"的代表作。穆青的这一提法在当时引起了不少争议。速写式风貌通讯时效性不强，其报道对象又是景物、场景，描写是必不可少的，描写背后的抒情则是作品的灵气所在。一句话，速写式风貌通讯实质是在写景抒情，这很像散文的品格，它向"散文式方向发展"自然是可以理解的。整体提倡"新闻向散文式方向发展"确实值得商榷，但不妨把速写式报道作为一块实验田，在这块实验田里，"向散文式方向发展"是大有作为的。

二、概貌式通讯的写作

概貌式通讯的写作，要重点处理好以下两个方面的问题：

（1）要处理好点与面的结合，写出事物的全貌。

风貌通讯总是以全景式的介绍来报道对象，努力给人一种"概貌"的感觉。但是"概貌"不等于是高度概括和抽象化了的东西，而是要以"点"——能反映报道对象特点的具体事物、精彩片断或侧面，与"面"——报道对象的全貌结合起来，让读者既能了解报道对象的全貌，又能看到报道对象的细微之处，以形成立体化的认识。

概括式的平面介绍是不能给读者留下什么印象的，这样的"概貌"势必是苍白的。只有抓住特征，才能将风貌写活，给读者留下清晰的印象。点面结合的手法，首先要求用具体可感的生活画面，形象地去表现事物的全貌，以增强报道对象的质感。如《黑河见闻》一文描写俄罗斯商人"速战速决"到中国来采购货物。黑河这边繁荣的商品贸易，吸引着俄罗斯商人。报道中说：

靠近阿穆尔河岸边，我不时被扛着大背包的中国男女拦住去路，向我兜售商品，从男袜到蛇药膏，无所不有。

"便宜卖给你，便宜卖给你……"一位女子拉住我，用不熟练的俄语说。转眼间，我便被一群小贩围住了。

我掏出钱包。在黑河，100卢布能买到任何东西，我不敢相信自己的眼睛和耳朵。如果讨价还价，还能更便宜些。这简直是共产主义！这曾是俄罗斯努力的目标，但最终没有建成，而中国将它变为了现实。

这段描写里，"大背包"里无所不有的商品，路上随处可闻的讨价还价声，构成了黑河商品经济繁华之貌，成了作者眼中的"共产主义"。

点面结合，除了以具体的"点"去表现"面"外，还要求作者在对"点"的描述中处处要有"面"的意识，即要努力把读者的眼光从具体的事例上引向更广袤的空间去。1992年的全国好新闻《上海打出"中华牌"》，报道的是上海近年来"开城招客"的一些举措，素有"小南京路"美誉的上海繁华商业街金陵路，让出一黄金地段给兄弟省市开店兴业；在一年一度的华东商品交易会上，主展厅最醒目的地方让给了外省市；浦东张江水泥厂刚投产又忙着搬迁，为的是给即将在这里落户的全国高科技项目创造一个洁净的环境……透过这些具体事例，作者努力向读者展示上海改革开放的新貌，重塑上海成为全国经济中心和国际大都会的形象，并由此看到上海的辐射作用和正在形成的

"中国经济新格局"。

（2）由今天对照过去，通过对比来展示事物变化的过程，将重心放在对"新"的突出上。

概貌式通讯在表现"概貌"时，要突出一个"新"字。这是由报道的新闻性决定的。而展示事物的"如何"，又要让人看到其演变过程。如何突出这个"新"字？如何见出过程？我们知道，事物总是相对而言的，新和旧就是对立的两个方面，通过与旧的对比，就能衬托出事物的新貌，展示出变化的过程。

概貌式通讯的对比通常是从多方面进行的，可以是场面状貌的对比、具体数字的对比、群众语言的对比、作者观感的对比，等等。在对比的两面中，旧的一面只是给新的一面起陪衬作用，应着重写好的是新的状貌，运用新鲜有力、生动形象的材料勾画出新的"风貌图"。旧的材料要简略而典型，只要能构成对比效果即可。以 1985 年 10 月 5 日《人民日报》上的通讯《今日大寨》为例，文章一开篇便用散文式的语言，描写了作者来到今日的大寨："第一印象是，这里的山村静悄悄。虎头山默默无语，大柳树长丝低垂，几条牛在山坡慢悠悠地吃草，小雀在枝头鸣叫……"作者首先展示一幅"静悄悄"、"慢悠悠"的和谐美妙、安详自然的山村图画，随后用寥寥几笔，点出山路和大寨旅行社的过去，衬出今日之"寂寞"：

……往昔那"红火"景象，是无尽的人流，都已悄然逝去。那曾经踏上四面八方的参观者的千千万万个脚印的大寨之路，如今已长满荒草，只留下窄窄的山道。夜晚，我住在大寨国际旅行社，偌大一层楼只我一人，静得令人发怵。清晨，我站在虎头山边，遥望蓝天白云，不禁思绪万千：大寨！你为什么这样寂寞？！

新旧对比形成巨大的反差，令人思索、令人感叹！对比衬托突出了一个"新"字，同时也道出了一个"变"字，即报道对象身上发生的变化。概貌式报道中，"变"与"新"是彼此联系的，写好了"变"，实际上就突出了"新"。所以，对比总是从纵向展开的，拿一个地区、一个事物的今昔进行对比。《变化就在你的身边——从衣食住行看中国》是围绕衣食住行这人类生活的四大要素，对新中国成立 60 年以来特别是改革开放 30 年来所发生的变化作报道，其中作者精心安排的一组组对比，有力地说明了中国人在衣食住行上的全面变化。如"衣"的变化：

只要大家稍作回顾，少男少女身着牛仔裤招摇过市而引起行人侧目，大红大紫与蓝灰黑显得格格不入的记忆似乎并不遥远。如今，你走在大街上，西装、T恤、套裙、牛仔系列、超短裙、风衣，长短交叉，千姿百态，赤橙青绿黄蓝紫，色彩缤纷，活脱一个时装博览会……

又如"吃"的变化：

先看看早餐变奏曲。十几年前，或许你还是稀饭、馒头夹咸菜，条件好一点的是豆浆加油条。近些年来，牛奶、鸡蛋、面包已不鲜见。在一些经济发达的地区，高兴了，还可以和朋友家人去宾馆喝"早茶"。

对比就是摆事实见变化。这些在我们身边的变化并不是突然发生的，而是不声不响，有时甚至还是令人难以觉察的。如果不是通过新旧的对比，人们是难以有如此强烈的感受的。

以对比衬托来表现事物的新变化还要注意一点：应当抓住富有特征性的变化，以一当十地揭示全局的变化。如2002年度中国新闻奖获奖作品《壮丽的发展诗篇——从数字看上海巨变》。通过数字反映上海巨变，又不是简单罗列数据。作者抓住了一些最有表现力的数据，以"一斑窥全豹"展示巨变。如其中关于绿化面积的数据，报道说："过去，人们在形容上海缺乏绿化时惯常的比喻是，每个人拥有的绿地还没有一张报纸大（1989年市区人均公共绿地面积为$0.96m^2$），而到2001年底，上海每个市民已拥有$5.56m^2$的绿地，相当于一个小房间的面积。赏心悦目的大型绿地，温馨雅致的小区绿地，已经成为上海人的休闲好去处。"这组数据足以表现"上海整个城市生态环境的改变"。

三、速写式通讯的写作

速写式通讯画面简洁，不像概貌式报道那样注意画面的景深及画面须蕴含较深的社会意义。速写式报道画面的背后，是作者丰富的情感。要写好这类报道，最关键的是处理好两个"交织"：情与景的交织；人、事、景的交织。

1. 情与景的交织

情景交融是写景文章的一大传统。速写式通讯描写某地风光景物，此时作者往往将饱满的激情寄寓其中，既抒发自身的感受，又以此来感染读者。

王国维在《人间词话》中曾说过："一切景语皆情语。"这虽然是针对文学作品而言，但对于新闻报道来讲，也同样适用。在速写式通讯中，作者写景状物，首先是因为这些客观现象使作者的主观情感有了强烈的撼动，这些情感在行文过程中往往会情不自禁地喷发。当然，风貌报道不是抒情诗或抒情散文，它不以抒情为目的，但作者的情感完全可以交织贯穿于写景状物的字里行间，以间接的方式抒发出来，加强文章的表现力和感染力。

请看新华社记者所写的《雨中西湖速写》：

新华社杭州 7 月 3 日电 接连 3 天连绵不断的雨，使得整个西湖处于一片迷蒙之中，远处群山则因蒸腾的水雾笼罩而显得隐隐约约。

从前天开始，杭州地区普降大雨，西湖水位随之急剧上升。西湖水域管理处主任王柏荣告诉记者，西湖出现了最近 12 年水位最高处，达到黄海标高 7.69 米，远超平时的 7.23 米。

白堤和断桥一带较浅的堤岸已被水淹没。许多石板双人靠椅的椅脚立在水中，只露出个椅面。

与往日热闹的场景相比，今天的西湖显得有点静谧。游人们多是些情侣，大多共打一把花伞，也有青年男女双双卷着裤脚在堤边漫步；断桥上一个小伙子正给姑娘留下在远处烟雨朦胧中以塔为背景的倩影。

奇怪的是，平湖秋月一处茶室的生意并不差，二三十人把 6 张桌子挤得满满的。人们一边嗑着瓜子，品茗着龙井茶，一边听着雨下在湖里的"唰唰"声。有一张桌子竟坐着 5 个黄发高鼻的外国人，或许他们也知道"晴湖不如雨湖"这一说。

平日有四五百只游船的西湖今天显得空空荡荡，只有两只小船在湖中晃晃悠悠。最令人遗憾的是，大雨淹了湖中心三潭映月、湖心亭、阮公墩 3 个小岛差不多 1/3 的面积。负责西湖水域安全的王柏荣说，为确保游人安全，这两天 3 小岛暂停游览。因湖水暴涨而关闭 3 岛 40 多年来还是第一次。

这篇通讯写的是雨中之西湖，水位高涨淹没了西湖的堤岸，但西湖素有"晴湖不如雨湖"、"山色空蒙雨亦奇"之说，作者将雨中之西湖写得幽闲，与平日相比有些空荡。这样一个题材，换一个人来报道，也许可能处理成突出"何事"的报道，即西湖三小岛因湖水暴涨而关闭，这是 40 多年来第一次。但作者不是这么处理，他淡化了这个"何事"，将它置于篇末。他用很休闲的心情，写西湖的静谧与安详。游人们嗑着瓜子、品着龙井、听着雨声。在普降大雨、水位猛涨的情况下，问君何以得闲适？问西湖何以得安详？不是因为治理，因为管理？更深层地说，不是一种国泰民安的表现？作者从容的笔墨中，实际上包含了对国家治理、人们生活、祖国河山等多方面的赞美之情，虽未著一字，却尽得风流。

2. 人、事、景的交织

速写式的风貌通讯，以景物为中心，但离不开人、事等元素，写社会环境更是如此。可以说，人、事是赋予风貌通讯社会意义的重要元素。请看穆青《金字塔夕照》中的一段描写：

夕阳的余晖逐渐消退下去，不知什么时候，月亮已苍白地悬挂在金字塔的上空。这时，一辆辆开着车灯的小卧车，接连不断地从灯火闪烁的开罗市区，经过我们的身边，向金字塔背后的夜色中驰去。朋友们告诉我，那里有一些专供外国阔佬们寻欢作乐的夜花园、夜总会，它们就在离金字塔不远的地方，在一片沙漠中追求着别开生面的夜生活。

这一画面，以金字塔的夜色作为背景，融入了外国阔佬寻欢作乐这些内容，完全可视为一幅象征性很强的图画，寓意深刻。

速写式报道中人、事、景的交织，要能和谐地制造出一种气氛，让读者受气氛感染，仿佛置身于报道所描绘的情景之中。穆青的许多速写式通讯都是这方面的范例。如《狂欢之夜——长沙市民欢迎解放军入城速写》，其中写道："当下午八时解放军渡过浏阳河缓缓地向灯火辉煌的市区开进时，到处响起'来了，来了！'的欢呼声，广播台更高声播出：'我们的队伍来了！我们的亲人来了！'接着，人民解放军嘹亮的军号就传过来，人群中鞭炮声、锣鼓声、口号声、欢呼声，立即响成了一片。人群像一阵急风骤浪一样，拼命地向前拥挤着。男女老少大家都手拉手地扭起来，唱起来。许多老太太被挤得东倒西歪，仍一直欢笑着不肯退出去，一定要看看自己的军队。"这种全方位的描写，给人视觉、听觉极强的冲击力，仿佛自己就是庆祝队伍中的一员。

【思考题】
1. 通讯与消息有何不同？
2. 事物变化过程有何独特的认识意义？
3. 为什么说对于通讯而言，细节具有特殊的意义？
4. 常见的通讯结构方式有哪些？
5. 两类人物报道在写法上有何区别？
6. 如何才能写好事件通讯？
7. 如何才能写好风貌通讯？

第八章

深度报道写作

深度报道是新闻写作中最具现代气息的后起之秀。它的崛起，不但增加了新闻报道体裁的品种，也大大丰富了新闻媒体报道社会生活的手段，故深受记者、读者的喜爱。美国高等学校新闻专业的教材把深度报道列为"高级报道业务"。

深度报道以解释"为何"为旨趣，其报道重心在五个"W"中的 Why，即"为何"上。从"解释"的时间取向来看，一些报道重在解释新闻事实的成因，一些报道则侧重于分析其走向。可以将这两种情况分别作解释性报道及分析性报道来讨论。

对于解释性报道的写作，西方与中国有很大的不同。西方的"解释"重在提供背景，中国的"解释"则重在思辨议论，这两种写法也应区别对待。

分析性报道由已知分析未知，探索事实发展"将会如何"。有一种是直接预测其结果的，可称之为结果预测式报道；还有一种只是大致分析事实发展的趋势走向，可称之为走向分析式报道。

调查性报道按其报道对象可分为事件型报道与问题型报道两种。前者着重对某一具体事件作深入调查分析，后者则着力剖析某种社会现象、某些现实问题，并寻找解决问题的途径。

第一节　深度报道概述

一、深度报道的内涵

深度报道之"深"体现在它要"以今日的事态核对昨日的背景，从而说出明日的意义来"。也就是说，它不停留在事件的表层，而是要透过客观事实的肌理，通过调查分析去梳理和剖析其脉络，从而解释其内涵和意义，挖掘"新闻背后的新闻"，揭示其本质。媒体对"非典事件"、西安"宝马彩票案"的报道如是，对安徽"阜阳毒奶事件"、"富士康跳楼事件"的报道亦如是。从这个意义上讲，"深挖"也是为了"拓广"。正如美国哈钦斯委员会在其报告《自由而负责的新闻界》中所说："所谓深度报道，就是围绕社会发展的现实问题，把新闻事件呈现在一种可以表现真正意义的脉络中。"亦即深度报道不但要对社会现象和问题进行深层分析和解释，还要对社会现实具有一定的指导意义。从本质上看，深度报道在深度和广度上所作的努力都是为其指导性服务的，惟其如此，才能体现深度报道所应有的价值。

学界就深度报道究竟是一种报道文体还是一种报道方式一直存有争议。因为这种意见上的分歧，对深度报道包括的文体所作的划分也有不同。如有学者就将解释性新闻、调查性新闻、预测性新闻与连续报道、系列报道、组合报道放在一起，不作区分。[1] 还有学者将深度报道划分为两类，即单项类深度报道和集合类深度报道。单项类深度报道包括分析性新闻、解释性新闻、开拓性新闻、精确性新闻、调查性新闻、预测性新闻和复活性新闻等；集合类深度报道包括立体综合式报道、连续报道、系列报道、组合报道、问题讨论报道等。[2]

实际上，深度报道有广义和狭义之分。广义的深度报道包括所有追踪新闻事件的来龙去脉、刨根究底回答"How"和"Why"的新闻报道；而狭义的深度报道以"Why"为中心，即主要以解释"为何"为旨趣，以解释性新闻、分析性新闻、调查性新闻为代表。

二、深度报道的特征

深度报道之所以广泛地受到记者和读者的欢迎，原因在于它具有以下一些

---

[1]　巨浪. 新编新闻写作. 杭州：浙江大学出版社，2005

[2]　程世寿等. 现代新闻写作学. 北京：新华出版社，1992

不可替代的特性：

（1）它是报纸新闻同广播电视新闻相抗衡的主要报道形式。

我们知道，在众多新闻媒体中，报纸是最早出现的一种。但是由于电子技术的发展，现代传播媒体广播、电视的出现使得报纸独家一统天下的局面被打破，并且面临着愈来愈严峻的挑战。的确，以往报纸在传播新闻时所追求的"新、快、实"，广播和电视如今可以轻而易举地做到。通过电波的发射，广播可以让受众真实地感受现场的音响，而电视更是从视觉和听觉两方面双管齐下，立体地传播着可视、可感的新闻信息。同时，比起报纸来，它们传递信息的速度不知要快了多少倍。所以，以往报纸恪守着的那些优势，在广播和电视的挑战之下，显然变成了劣势。"此时，记者只是简单地叙述发生了'什么'事实，只是简单地交代传统报道中五个'W'已不合时宜，而'为什么'的问题突然成为新闻报道中最重要的事项。在电子时代，新闻报道中需要意义和背景，而提供这些内容的工作便获得一个特别的称谓：解释（Interpretation）。"①

概括地说，报纸新闻与广播电视新闻抗衡可以从两方面进行。一是吸取广播电视新闻的优点，从"实"字上做文章。"视觉新闻"即如此，它以文字的描绘努力给读者营造"可视"的感觉。二是挖掘自身的优势，向"深、广、快"方向发展，这就是走深度报道的路子。比较而言，后者显得更有竞争力。广播电视虽然速度快、时效强，但难以对纷繁复杂、变化无穷的新闻事件的发生、发展过程作出全面的反映，更难以将新闻事实的本质直接通过画面或音响揭示出来。而对于报纸来说，它可以系统、全面、深入地报道新闻事实。在事实发生之前，可发预测性新闻；在事实发生发展中，可发解释性新闻、连续性报道等；在事实发生后，还可发新闻综述、分析性新闻等。这样，新闻事实的来龙去脉、前因后果、内在实质和外部联系以及意义影响、发展趋势等都可说清楚。

（2）它满足了读者对新闻信息多层次的需求，拓宽了新闻报道的功能。

在信息传播高度发达的今天，人们对于新闻的需求有时候已经不再止于"发生了什么"这样表层的报道，而是想更深入地了解新闻事实的发生"意味着什么"。这正是新闻报道方式继客观报道后又出现了深度报道的原因。

深度报道的长处在于通过系统地提供新闻事实的背景，以此作出客观的解释和分析，延伸和拓宽新闻领域。它既适用于事件性新闻报道，又适用于非事件性新闻报道；既能分析、预测将要出现的新闻事实，也能通过调查统计的方

---

① ［美］沃尔特·福克斯. 新闻写作. 北京：新华出版社，1999.14

法将那些到处分布而人们往往无法直观到的新闻事实呈现在读者面前。正是因为它拓宽了新闻报道的领域，所以有人认为，传统的关于新闻即新近发生的事实的报道这一定义恐怕要作相应的修改。

（3）它将事与理有机地结合起来，深入挖掘新闻事实所蕴含的意义。

深度报道的长处在于事理结合，融理于事之中，不仅告诉人们新近发生了什么新闻，还告诉人们新闻的发生"意味着什么"，以起到教化启迪的作用。

深度报道的事理结合，不像述评新闻那样采取叙议结合的手法。深度报道的"理"，是通过大量的背景材料说出来的，遵循了"用事实说话"的报道要求。正如日本学者武市英雄在《日美新闻史话》中所言，由客观报道发展而来的深度报道，不是"主观报道方式"，而是一种新的报道方式。所以，这种以事携理的方式，更能起到"润物细无声"的教化作用。

第二节　解释性报道

按解释方式的不同，我们将解释性报道分为背景式解释报道和述评式解释报道两类分别加以介绍。

一、背景式解释性报道

背景式解释性报道，是典型的西方式的解释性报道文体。它是指那些以"为何"（Why）为报道中心，带有解释性和调查性的"长新闻"。美国新闻学者麦尔文·曼切尔将新闻报道分为三个层次：第一层报道是客观的报道。它严格地按事实的本来面貌作记录式的报道。它的优势与劣势就是客观新闻所具有的优势与劣势。第二层报道是记者发挥主观能动性，核实材料、增补材料，特别是寻找发现读者想要了解的细节。第三层报道的旨趣就是"阐明和解释"。"人们并不仅仅满足于知道发生了什么，他们还想知道这些事为什么发生，它们意味着什么，结果又是什么……当这个报道是重要的，并且这些材料是能够挖掘出来的时候，那么记者应该毫不犹豫地开采这第三层。"①

美国学者杰克·海敦说："解释性报道是一种作解释或者作分析的报道，也就是那个被过多地滥用的词语'有深度的报道'。它是一种加背景给新闻揭

---

① ［美］麦尔文·曼切尔. 新闻报道与写作. 北京：中国广播电视出版社，1981. 144～163

示更深一层意义的报道。"①

另一位美国新闻学教授卡尔·林兹特诺姆说："所谓解释性报道，就是在报道新闻事件中补充新的事实，即'历史性的、环境性的、简历性的、数据性的、反应性的'事实，这样就能使正在发生的新闻事件更加明白易懂。"

我国学者刘明华教授概括说："解释性报道是一种背景式新闻，是通过大量使用背景材料，揭示新闻事件的来龙去脉和深层意义的分析性报道。"②

我们认为，将解释性报道定位为"一种背景性新闻"，是很符合解释性报道的实质的。

1. 背景式解释性报道的特点

所谓背景式解释性报道，是指其"解释"主要靠提供背景材料来完成。它具有以下三个特点：

（1）对新闻事实是以解释为目的，而不是以报道为目的。

这一点是解释性新闻与一般新闻报道最根本的区别，也是解释性新闻产生和存在的价值所在。解释性新闻产生于第一次世界大战中的美国，当时大多数美国人对大战的爆发感到十分突然，要求记者在报道中对这一重大事件作出解释，而不仅仅是提供事实。曾任美国西北大学新闻学院教授的柯蒂斯·麦克杜格尔指出："新闻必须解释的问题是第一次世界大战时提出的。当那次战争爆发时，世人多数为之震惊——事实上是目瞪口呆。他们对战争的根源感到茫然。"正是因为解释性新闻能道出新闻事实产生的"根源"，为读者提供了"新闻背后的新闻"，所以一直大受欢迎。美国学者约翰·赫亨伯说："提供新闻、学识、消遣，都是报纸的正当功能。此外，还要加上一个解释的因素。这个因素对于今天的报纸具有空前未有的重要性。"③ 据统计，在美国颇负盛名的《基督教科学箴言报》，90%左右的报道属于解释性新闻。新闻界已基本上达成共识，即将解释性报道作为报纸媒体与广播电视媒体相抗衡的重要手段。

在我国，这种以解释为目的的新闻形式也愈来愈受读者的欢迎，成了报道新闻中常见的品种。

（2）在新闻六要素的处理上，它侧重于"为何"这一要素。

无论是一般的新闻，还是解释性新闻，都离不开新闻六要素。但是，解释性新闻在处理六要素时，其侧重点与一般的新闻迥然不同。在一般的新闻报道中，最突出的是"何事"，其他要素往往处于从属地位；一些快讯、简讯中，

① ［美］杰克·海敦. 怎样当好新闻记者. 北京：新华出版社，1980. 211
② 刘明华. 西方新闻采访与写作. 北京：中国人民大学出版社，1993. 81
③ 复旦大学. 外国新闻事业资料，1979（4）

"为何"、"如何"等因素甚至可以省略。而解释性新闻则恰恰不同,它抓住"为何"这一要素作详尽透彻的解说,尽可能地扩大读者的视野,从更深、更广的范围去认识新闻事实是在什么样的背景与条件下发生的,让读者不仅知其然,还进一步知其所以然。这正如美国老报人马克·埃思里奇所说:"在当今异常复杂的世界中,解释性报道是一种有用的工具。孤立的,与其他事物不相关联的事实,仅仅因为是事实而能给人以印象,其实最容易使人误入歧途。背景材料、周围环境、先前发生的事件、动机的形成,都是真正的、基本的新闻组成部分。这种解释实际上是最好的报道形式。"①

(3) 大量地使用有关背景材料来完成"解释"的任务。

解释性新闻对新闻事实的"解释",是靠提供新闻背景、内幕材料来实现的。很多新闻学家直截了当地在解释与新闻背景之间划上了等号。他们认为,"解释,就是提供新闻的背景知识,就是新闻报道的深入化",所以,解释性新闻就是"一种加有背景,给新闻揭示更深一层意义的报道"。

和一般的新闻比较,解释性新闻在使用背景材料上有两点不同:一是侧重点不同;二是容量不同。就侧重点而言,一般新闻报道中的背景材料侧重于补充和说明,而解释性新闻中的背景材料则偏重于揭示和解惑。比如 1991 年埃塞俄比亚领导人门格斯图乘飞机出逃,一般的报道介绍他自 1974 年推翻皇帝后,一直担任后来成立的埃塞俄比亚工人党的总书记这一背景就足够了。路透社 1991 年 5 月 20 日的解释性新闻《门格斯图是苏政策的又一牺牲品》,用大量的背景材料来解释他出逃的原因:戈尔巴乔夫的"新思维"削弱了这个党同苏联的联系;克里姆林宫因财力枯竭不能再以用宽厚的条件提供武器的做法来支持仆从国的战争了,如果他们需要苏联武器的话,可以用硬通货来购买;门格斯图正在与游击队进行着一场旷日持久、取胜无望的战争;由于东德政权的垮台,原打算从那里得到的 200 辆坦克的计划也随之落空,如此等等,深刻地揭示了门格斯图出逃的原因。

解释性新闻中的背景材料数量多、容量大,这也远非一般的新闻报道所能比拟的。我们知道,一般新闻报道为了防止喧宾夺主,往往尽可能地限制背景材料。背景材料过多,则可能造成绿叶掩盖掉红花之弊,所以需要注意做"掐叶打枝"的工作。而解释性新闻往往以恰当地运用背景材料见长,背景材料在整个报道中具有举足轻重的意义。像《门格斯图是苏政策又一牺牲品》,对基本事实——门格斯图出逃——只作了概括性的交代,其他大量篇幅都是揭示出逃原因的背景材料,去掉这些材料,解释性新闻就不成其解释性新闻了。

---

① 新闻大学,1985 (9)

2. 背景式解释性报道的写作

背景式解释性报道的写作，要注意掌握以下四点：

（1）遵循新闻报道"用事实说话"的原则，用背景材料来解释新闻事实。

背景式解释性报道的写作关键在于掌握好解释的技巧，而解释的技巧就是如何用事实说话的技巧问题，特别注意不能用发议论来代替解释。在西方新闻学家的眼里，下面这句话就是一个明显发议论的例子："目光短浅的市政厅拒绝在瓦茵街和培佑街安装路灯，致使五人丧失生命。"因为这句话中含有主观判断，这样的语言是不宜作"解释"用。应这样对事实作出阐释：先写出事实，五人因没有路灯而死于车祸，然后引用某个交通警察的话说应在十字路口安装路灯。你还可以引用某公路官员的话，指出他的部门曾要求安装路灯，但是遭到市政厅的拒绝。为了公正起见，你应该弄清楚市政厅为什么拒绝安装路灯。美国《纽约时报》已退休的星期日版主编莱斯特·马克尔指出，是解释还是议论，这是不难区别的。他举了这样一个例子：史密斯辞去市政府职务——事实；他为什么辞职——解释；他是否早就该辞职——议论。在解释性新闻中，那些带有主观色彩的议论是不允许的。

离开了客观事实，脱离背景材料，只凭主观猜测而下判断发议论，这样的解释是极不可靠、容易失真的。美国新闻学者麦尔文·曼切尔在《新闻报道与写作》一书中说，在1960年的联合国大会上，当秘书长发表一项声明时，苏联代表团团长、苏联部长会议主席赫鲁晓夫微笑着，同时拼命地敲桌子。这一矛盾的举止意味着什么？当时，有些记者在没弄清人家意图的情况下就乱加推断。有的说赫鲁晓夫当时是"气得脸发青，并且敲桌子大发雷霆"；有的说赫鲁晓夫的"脸是喜洋洋的"，敲桌子"表现他（对联合国秘书长）的个人友好"。事实证明，这些解释都是无稽之谈。赫鲁晓夫事后说，他只是想表明，他不赞成秘书长的声明。仅此而已，别无他意。①

可见，解释性新闻虽然是阐释新闻事实产生的原因，但同样必须用事实说话，通过背景材料的安排来揭示"新闻背后的新闻"。

（2）扩大视野，从广泛的背景中去解释新闻事实产生的原因。

我们知道，新闻事实与一般事实存在着千丝万缕的联系，当我们把新闻事实同一般事实联系起来进行考察时，可以清楚地从事物之间的联系看到新闻事实所具有的特殊意义，这是一种横向的联系；同时，新闻事实是"果"，一个结果往往是由多种原因导致的，有直接原因，有间接原因，有表层原因，有深

---

① ［美］麦尔文·曼切尔. 新闻报道与写作. 北京：中国广播电视出版社，1981. 165～166

层原因。解释性新闻要清楚地解释新闻事实为何发生，就少不了要从多方面去作纵向的挖掘。

随着认识水平的提高，人们越来越多地意识到世界上的万事万物是互相影响、互相制约的。西方著名的"蝴蝶效应"理论告诉我们："今天在北京有一只蝴蝶扇动翅膀，可能就会改变下个月在纽约的风暴。"这就向我们揭示，一个新闻事实的背后，有着深远的背景可以挖掘。正如维纳引用过的一首民谣所唱："钉子缺，蹄铁卸；蹄铁卸，战马蹶；战马蹶，骑士绝；骑士绝，战事折；战事折，国家灭。"① 可见，以一个更大的背景为参照，我们对新闻事实的认识就会更加接近本质。下面这则解释性新闻在这方面很有特色：

美国黑人寿命连续缩短
一些官员认为是里根经济政策所致

《华盛顿邮报》12 月 15 日报道 据美国健康状况统计中心的一项报告说，本世纪美国黑人寿命首次连续两年下降，而白人的寿命却不断增加。

该中心死亡率统计所主任亨利·罗森堡说："问题很严重。如果要找原因，那就是凶杀和交通事故。"罗森堡说，最近，白人和黑人青年凶杀事件大增。但是，黑人遭受的打击更惨。1985 年和 1986 年针对黑人青年的凶杀事件增加 15%，而针对白人青年的只增加 5%。这两年汽车交通事故对黑人和白人造成的死亡情况也不同，黑人死于车祸的增加 8%，白人只增加 4%。

黑人近几年来死于艾滋病和其他传染病如肺炎和肺结核病的人数也多于白人。

一些官员把这些问题部分归咎于里根政府的经济政策。他们说，里根的经济政策导致无家可归者增加，给穷人的援助和保健费用减少。

美国健康状况统计中心的报告说，到 1984 年，白人的寿命估计增加到 75.4 岁；而黑人的寿命估计在 1985 年降到 69.5 岁，1986 年又降到 69.4 岁。

记者将交通事故、艾滋病患者人数、黑人和白人的寿命差距等几个方面的情况集中起来，从里根的经济政策上寻找原因，从而让读者豁然开朗。

（3）引用专家权威的见解，增强解释的说服力。

专家权威的意见在新闻传播中具有的说服力有着特殊意义。比起记者用自己的话解释，它不仅因为来自第三者，故符合客观手法；更在于读者对专家权威的认同，在心理上首先就产生了可接受性。李良荣先生说："在解释性新闻

---

① 〔美〕格莱克. 混沌——开创新学科. 上海：上海译文出版社，1990.24

中几乎极少有不引述权威人士观点的例子。在解释性新闻中引述权威人士的观点成为写作的要义,尤其在新闻写到关键处,常常以引述权威人士的发言作为结论,成画龙点睛之笔。"①

请看下面这则报道:

印度发生毒气事件有某种必然性
发展中国家因急于工业化而降低安全标准

英国《泰晤士报》12 月 8 日报道   在印度博帕尔发生灾难之后,不管世界上许多国家的化学工业如何申明自己是无罪的,但许多环境问题专家认为,这种灾难是有某种必然性的。

一些化学公司否认人们对它们所进行的谴责:它们采用双重标准——存心利用发展中国家的不太严格的安全规定,在发展中国家建立西方不能接受的带有危险性的工厂。

一些环境问题专家的确对此发出过某些警告。李·塔尔博特博士说,由于发展中国家迫切希望实现工业化,它们"常常迫使跨国公司降低自己的标准"。有些跨国公司对此进行了抵制,有些则发现,要这样做很困难——尤其是在当前世界化学工业处于萧条的情况下。塔尔博特曾经担任过国际自然与自然资源保护联合会的总干事,现在是设在华盛顿的国际资源研究所的一名研究员。

塔尔博特博士还指出,在人员培养方面所存在的问题使这些危险增加。必须对当地的管理人员和操作人员进行训练(在博帕尔,没有外籍工人),还必须对在工厂工作的不识字的工作人员进行一些基本技术——例如,如何关闭阀门和插销——的训练。如果这些工作人员是文盲,必须让他们通过符号和直观来掌握这些基本的技术。

联合国环境规划署的副执行主任彼得·塔彻说,这些因素将会导致"缺乏质量管理"。由于发展中国家的许多大型化工厂同在博帕尔的联合碳化物公司一样都是由国营企业和私人企业合资经营的,这一状况就更为严重。塔彻说:"发展中国家的所有政府都是在强烈的诱惑下工作的,随着债务的增加,这种诱惑力日增。"

他说,发展中国家的环境污染程度现在越来越严重,而西方国家的环境污染的程度却在减轻,这不可能只是一种巧合。

一些机构正努力在更大的范围里强调这些同样的问题。联合国环境规划署

---

① 李良荣. 西方新闻事业概论. 上海:复旦大学出版社,1997. 129~130

上月在法国凡尔赛举行了一次有关工业和环境问题的会议。这次会议主要强调，要把提供有关工业危害的情报作为技术转让的一个组成部分。

发展中国家强调，他们需要建立一个国际性的资料基地，使人们能够就设计和安全规定作出有根据的决定。但是，正如英国环境事务部的一位主要科学家、联合国环境规划署管理委员会的前主席马丁·霍尔盖特博士所指出的那样，"许多发展中国家都发现自己现在处于一种进退维谷的境地。他们不愿进口社会和环境方面的危险，但是，他们却想得到收入和工作"。

文中所提到的几个原因，如跨国公司采取双重标准、管理和操作人员培训问题、质量管理问题等，都引用了权威人士的见解，比起记者自己来作解释，其说服力要强得多。

（4）把握好解释的程度，既要注意解惑答疑，又要考虑到读者的接受能力，力避烦琐唠叨。

解释的任务说到底就是让读者知道更深一层的内幕，理解事实更深一层的内涵。为了达到这一目的，首先要求解释要通俗化。这里的通俗化是一种表达方式，是指化复杂深奥为明白易懂，而不是内容本身的浅显。1985年，日本《朝日新闻》曾在本报社开展一个"通俗化运动"，由局、部负责人及编辑委员、著名记者组成的专门班子负责研究新闻写作的通俗化问题，认为通俗化的途径很多，而运用背景材料，对事实加以分析、解释，是一个重要方法，是更高层次的通俗。它使新闻事件的内在原因和深层意义显现出来，使之为人所理解，其意义远远超出文字的通俗。

对事实比较单一、其意义不言自明的题材，只需写成一般消息，把事实交代清楚就行，不宜画蛇添足，将其敷衍成解释性新闻。所以，解释什么，不解释什么，用什么方式解释，解释到什么程度，都要视题材而定。那些复杂的事实，包括带有普遍性、倾向性以及与国家和人民的利益密切相关联的重大事件和疑难问题，其症结和意义隐藏在表面现象的背后。对这样的事实不进行必要的解释，读者便无法了解其作用和意义，甚至还会对事实本身感到困惑不解，产生这样或那样的误解。这些题材通常有：由党和国家制定的，且又需要向人民群众作解释的某项方针、政策和措施；突然发生的较大的政治、军事、经济等方面的事件；比较重大的科学技术成果；涉及广大人民群众切身利益的重大问题，等等。

写好解释性新闻，还要求记者有敏锐独到的眼光、丰富渊博的知识、公正诚实的品质修养等，这样，对事实的解释才有可能是准确的、真实的。

请看2010年10月18日《参考消息》上刊登的一则解释性报道：

日本为何急于冲击"武器出口三原则"

作为日本身为和平国家的证据，"武器出口三原则"长年扎根在日本国民的心底。然而近年来，日本国内不时出现修改"武器出口三原则"的声音。尽管日本一再声称"坚持武器出口三原则"，但是不可否认，这一原则不断松动。

日本防卫大臣北泽俊美 10 日在越南称，受现行的"武器出口三原则"限制，日本难以在下一代战斗机等项目中参与国际合作研制工作，在军工领域日趋落后。为此，他有意修改这一原则，"基于和平国家的理念，提出符合时代需要的'新武器出口三原则'"，并向美国方面说明其设想。次日上午，美国国防部长盖茨在与北泽俊美的会谈中表示，美国支持日本的武器出口。

尽管如此，北泽能否成功修改"武器出口三原则"还是一个求知数。盖茨在支持日本武器出口的同时，还有其他要求：日本政府切实落实和加快解决好驻冲绳普天间基地的搬迁问题。此外，北泽回国后必须在内阁中进行协调工作，以达成统一见解。而今年年中，日本首相菅直人在国会答辩时曾表示，日本将坚持"武器出口三原则"。

修改"武器出口三原则"呼声不断，北泽并非首次提出修改"武器出口三原则"，今年 1 月北泽就曾发表言论，称应考虑修改"武器出口三原则"，希望内阁予以讨论。不过，此言一出，即遭到时任首相鸠山由纪夫和联合执政的社民党党首福岛瑞穗的严词批评。《朝日新闻》报道，鸠山由纪夫直言"北泽的言论过于轻率"，并重申，"一定要遵守'武器出口三原则'，这是日本作为和平国家长期以来的姿态"。福岛瑞穗态度更加强硬，她明确表达了自己的不满："简直难以理喻！表示强烈抗议！"

日本"武器出口三原则"于 1967 年佐藤内阁时期面世，指日本不向社会主义国家、联合国决议禁止的国家、冲突当事国出口武器。1976 年三木内阁时期，"三原则"范围扩大至"其他国家"，实际上意味着日本全面禁止武器出口。到 1983 年，日本政府决定只把对美国的武器技术出口当作"例外"处理。自此，随着业界呼声不断加强，关于修改"武器出口三原则"的意见开始冒头，"武器出口三原则"不断松动。

2004 年，日本政府决定把与美国共同开发生产导弹防御系统作为例外，同时关于为支援反恐和反海盗而出口武器也"根据个案进行研究得出结论"，进一步打开了武器出口的门缝。

2007 年，日本将三艘由日本生产的巡逻舰交付给印尼方面。这是日本第一次以政府开发援助（ODA）的形式向外界提供武器。外界认为，日本向印尼提供海上舰艇，有借政府开发援助突破"武器出口三原则"的意图，同时兼有对马六甲海峡等战略通道施加影响的现实考虑。

2009 年 8 月，日本政府设置的咨询机构"安全保障与防卫力量恳谈会"向时任首相麻生太郎提交了关于制订 2010—2014 年度新《防卫计划大纲》的报告，要求政府修改关于禁止行使"集体自卫权"的宪法解释、修改禁止武器出口的"武器出口三原则"，并建议巩固日美同盟和加强日本自身的防卫力量。

据日本媒体报道，美国国防部长盖茨也曾要求日本向第三国出口东京和华盛顿联合开发的某种新型舰载拦截导弹。盖茨的这一要求可能导致日本数十年来的武器出口禁令进一步放松，并引发执政的日本民主党及联合执政的社民党内和平主义人士的反对声浪。

今年 7 月，日本经济团体联合会曾提交报告，要求修改"武器出口三原则"。经团联建议说，防卫省的新合同金额从 20 年前的约 1.07 万亿日元下降到本年度的约 6 800 亿日元，防卫产业严重衰退，长此以往，将殃及日本防卫技术发展。随着武器装备高端化和研发费用上升，多国间的共同开发日益普遍，"武器出口三原则"阻碍了日本参与这一国际潮流。

冷战结束尤其是进入 21 世纪以来，在日本政治大国化路线和国际形势变化的推动下，日本某些人士急切推动安全防卫领域的调整和变革，引发了国际社会的高度关注。清华大学日本问题专家刘江永教授认为，日本急于放宽"武器出口三原则"，主要原因不外乎三个。

首先，经济原因。日本的军工产业亦军亦民，大多集中在一些如三菱重工、川崎重工这样的大企业。企业则通过接受防卫厅招标项目的形式生产军事装备。而近年来，日本军工企业经济不景气，政府需要更多的资金来维持军工产业的运营。而如果允许日本与除美国以外的第三国合作研制武器，需要巨额经费的武器开发可由日本与盟国分担，而且共同开发出来的武器零部件将可以向第三国出口。这一减一增，便带来巨大的经济利益。

其次，技术原因。通过与欧美等国家的共同开发、技术合作，可以提高日本的军事技术与制造能力，保持日本在军事方面的国际竞争力。

最后，战略原因。通过修改"武器出口三原则"，日本可以向其需要出口武器的国家出口，并限制向其他国家出口武器，从而协助其在政策战略上的调整，提高其战略地位，维护其战略利益。

对于"二战"后一直坚持和平宪法的日本来说，"武器出口三原则"是日本外交的有力支撑，是日本在世界上引以为荣的原则。修改"武器出口三原则"虽然可以开辟日本参与国际军备合作的道路，但也带来了日本军备流入国际冲突当事国等现实问题，一旦滥用就将难以遏制。

当然，这只是北泽的个人意见，首相和内阁还没有统一的方针。对于竞选成功不久的菅直人来说，这是一个不可轻视的难题，不知他是否还会坚持今年8月的态度。

这则报道用了一段背景材料解释何为"武器出口三原则"，然后分别从"经济"、"技术"、"战略"三个方面作了解释，条理十分清晰。在报道的前半部分，对提出"武器出口三原则"的背景，和提出"修改"这一"原则"的背景都作了详细交代。所以，将这些内容联系起来看，读者可以很轻松地获得对这一事实深层原因的理解。

二、述评式解释性报道

述评式解释性报道与背景式解释性报道的写作重心都在对"为何"作出解释，但解释的方式却不尽相同。背景式解释性报道受西方客观报道思想根深蒂固的影响，重视用事实本身所蕴含的意义来解释，即通过大量的背景材料（另一些事实）来揭示意义。美国报人罗斯科·德拉蒙德曾说："解释性报道就是把今天的事件置于昨天的背景之下，从而揭示它对明天的含义。"对于什么是解释、什么是议论区分得很清楚。所以，背景式解释性报道可视为一种"西式"的解释方式；而述评式解释性报道则较多地依赖议论抒情等手法，其思辨色彩比较浓。

我国记者所写的解释性报道大都是采用述评式的解释方式。

1. 述评式解释性报道特点的形成

述评式解释性报道特点的形成，我们认为是受到了以下四个方面的合力作用：

第一，述评式新闻是我国新闻报道中发育得较早且较成熟的一种文体，过去将它放在消息这个大类中。其实，它与一般消息的特征是大不一样的。一般消息是限制作者发议论的，而述评性消息则兼报道与评论两者于一身。并且，在报道与评论之间，它的兴趣更偏向于对事实意义的阐述。通常是，事实的现象已为人们所知甚至为人们所习惯，但事实的本质尚待揭示和发掘。述评性新闻就是要就实求虚，对事实的意义作出评论。这就使得述评性新闻有了很浓的"解释"色彩，只是过去将它归入消息这一大类，其独特的个性没有获得充分的认识。换一个角度来看，述评性新闻的写作显示，我国记者以议论的方式来"解释"事实的意义，是有传统的。

第二，述评式地揭示事实的意义，是报告文学中充满诗情的议论的继承。20世纪80年代上半叶，我国报告文学发育得已经相当成熟，可谓如日中天。

我们知道，报告文学是文学与新闻联姻的产物，它的一些表现手法，自然而然地会影响到新闻写作。由于种种原因，我国的报告文学发展到20世纪80年代中期后，其势头日渐疲软，一些很有成就的报告文学作者转而采写解释性报道。如写作《定远县农村青年恋人"私奔"采访记》的麦天枢即如此。这样，报告文学那种恣意汪洋、潇洒酣畅的议论式笔锋，很自然地被彼时兴起的解释性报道所借鉴。比较下面四个例子，可见此言不虚。

例1

"宏壮雄深的旋律喷发着，奔放着，扩展开来"。"大厅四壁回荡撞击的声浪，欢声笑语的灼热气氛，使步鑫生觉得双颊发烫。他悄然推开边门，走进了银光如屏、疏影摇曳的深秋月色中。他仰头深深地呼吸一口晚潮送来的清冷海风，纷乱的思绪和深深的怀念凝铸成了轮子，沿着一条历史轨迹的切线，不息地运行起来。""雨果说过，'艺术就是一种勇气'。在被人们视为神圣的音乐殿堂里，《盐海衬衫总厂之歌》也许还未有立足之处。但即使作为一种粗糙的艺术品，它的诞生，也是作者勇气和激情的喷发。"

例2

为孩子效劳是一种享受。喝红薯面糊糊长大的王聚生给孩子买泡泡糖。保护者给被保护者买泡泡糖。"泡泡糖是什么滋味儿？"他真想尝尝。糖水里泡大的孩子，她想吃的东西一定是很甜的，这是天经地义的事情：我们的孩子应当尽情地嚼着甘甜的糖，在蜂飞蝶舞的花丛里，在和平鸽的鸽哨里生活。绝不能让小莉她们也像柬埔寨或阿富汗难民营里的儿童那样！那些儿童在侵略者铁蹄下的悲惨境遇，王聚生在电视里是见过的……

例3

票证，久违了！但是我没有忘记，十七八年前，在我还是中学生的时候，每天放学后的头一件事，就是从妈妈的包里拿出各种票证，去商店排队。什么肉票、鱼票、肥皂票、火柴票、苏打票、酱油票……应有尽有，见队就排，一手交票，一手购物。可以说，我们是伴随票证长大的一代。

例4

理智和情感在这里打架，这痛苦是深沉的，因为问题是尖锐的，难道中国人的潜能非得靠外国人来挖掘不成？——几乎每个平凡的鲁布革人都思考过这些本该是政治家思考的问题。民族自尊心，自信心被唤醒了！"为中国人争气!"一场没有裁判的角逐开始了。

这四个例子中,前两个是取自报告文学,后两个取自解释性报道。关于例3,时统宇先生有一段评论:"猛一看,这是新闻语言吗?是的,一点没错,而且是《经济日报》一篇题为《票证的变迁》的深度报道的开头。记者的笔触大概不那么纯客观,但这分明是凝聚了他们思考的结晶,这里有记者鲜明的主体意识。"这样融议论、抒情于一体的文字写出来的解释性报道,"既能以情感称胜,又可以以哲理见长;既有重于当代社会的批判眼光,又有偏于历史经验的回溯思考"①。显然,它明显受到报告文学编码风格的影响。

第三,启蒙意识、忧患意识是中国知识分子参与社会、观照社会时的一种传统思维方式。它在"五四"时期进一步得以激发。每当社会处于大变动或大变革之际,这种意识会表现得愈加强烈。20世纪80年代是一个思变的年代,启蒙意识、忧患意识可以说是从文学作品中直接过渡(或曰传递)给解释性新闻报道。较早的《大学毕业生成才追踪记》是这方面的开山之作和代表作。作者张建伟说:"思想理论在报道中的作用(立意)和直接参与报道的可能性(启蒙),尤其是报道所担负的'启蒙'作用,使后来当报道方向发生变化时,受到了最多的批评。但当年的情况是:对不断涌现出来的新观念进行启蒙,是新闻工作者乐此不疲的努力方向,并受到了广大读者的热烈欢迎。这一特殊时期所附加给新闻报道的特殊作用,也使后来诞生了一批值得记忆的'启蒙性报道'。"②这段话清楚地表明了"述评式"与"启蒙性"是这类解释性报道在形式与内容上统一的表现。如著名的"三色报道"之一的《红色的警告》,其锋芒直逼三个方面:一是体制弊端,二是官僚主义,三是传统观念。所以,这样的"述评式"语言就来得自然,请看:

我们并不一般地反对"会而议之"。问题是,在特殊的情况下,要有特殊的动员方式和工作方法,这就是一个机构的办事效率和应变能力。
大火对官僚主义的办事效率是不留情面的!

第四,述评式解释性报道还与我国较早一批写作解释性报道的记者对解释性报道的独特理解有关。他们一开始并不像西方记者那样将"解释"定位在揭示"事实背后的事实",而更多的是一种思辨式的意义探寻。张建伟在1997

① 时统宇. 深度报道范文评析. 北京:新华出版社,2001.11
② 时统宇. 深度报道范文评析. 北京:新华出版社,2001.57

年写作的《我的业务自传》中写道:"我认为在五个'W'新闻要素中,深度报道特别关注'为什么'(Why),所以深度报道的另一个名称是'阐释性报道'。作为一个记者,他的深度报道思维是'解惑性'思维,把追求'Why'的解答看作自己存在的生命。"这种带有浓重的人文色彩的理解,将"解释"成了"解惑",对象似乎从"事实"到了"问题",解答"Why"与记者"存在的生命"也联系上了。这远比西方记者所作的"解释"要深刻而沉重。在这种中国式的理解下,解释性报道不可避免地会带有作者强烈的主观色彩。

2. 述评式解释性报道的写作

述评式解释性报道因其解释方式不同,写作上也表现出不同的特性。

第一,从内容上看,我国记者所写的述评式解释性报道大都表现出浓郁的启蒙意识和思辨色彩。《中国青年报》记者张建伟总结该报新时期的深度报道时,提出了五个最显著的特征:专题性、客观性、启蒙性、综合性、信息化。他说:"毫无疑问,无论是分析研究性的深度报道,还是充分信息化了的深度报道,由于它们的时代性,都或多或少地带有启蒙的特征。尤其是 80 年代中叶,对新体制的呼唤,对新观念的钟情,都使这些报道有很强的前瞻性(启蒙的意义)。应该说,报道,尽管是深度报道,带有这样的属性,是偏离了报道的文本意义的。但新闻从来都是在需要中产生的。读者需要,而我们的其他传播手段又不提供(如社论和评论),或者很难提供这样的启蒙性信息,一些善于理性思维的记者,就在本来已经很沉重的深度报道中,附加了更加沉重的启蒙性的信息。"[1] 如张建伟的《大学毕业生成才追踪记》,从大学生毕业走上工作岗位后,有人春风得意、有人却壮志难酬入手,提出"造成差别的社会因素是什么?青年知识分子主观和客观两方面如何相互作用?在他们成才的道路上,有哪些社会障碍应当扫除?"等问题,"追踪记"实际上成了一个深入思辨、追寻意义的过程。又如《人民日报》1987 年 10 月刊出的《中国改革的历史方位——时代的挑战与中青年理论工作者的思考》,精心选择和集纳了一批中青年理论工作者的新思想、新观点,回答了社会关注的一系列热点和难点问题,特别是对具有中国特色的改革路径作了深入的阐释。其启蒙色彩、忧患意识及在表达中表现出的理论色彩,都给人深刻的印象,以至于有学者称之为"新时期新闻史上难得的一篇优秀政论","标志着新时期的深度报道,在反映历史的深度上有了更加广阔的纵深感,使深度报道的水准得到了极大的提升。"[2]

---

① 中国青年报通讯特写选. 北京:中国青年出版社,1997.430

② 时统宇. 深度报道范文评析. 北京:新华出版社,2001.174

第二，从题材上看，述评式解释性报道大都是关注国计民生的大题材，思考着改革开放中的大问题，对社会的观照视野开阔，报道气势恢宏。如张建伟的《大学毕业生成才追踪记》关注的是青年学子成长的社会环境问题，报道给人们的启示是："在一个压抑人才的体制下，勤奋并不生产天才，相反，只能生产莫可言状的'黑色幽默'。"① 又如有名的"三色报道"——《大兴安岭的警告》，从人与自然、社会三者的关系来认识问题，其广度与深度已远远超出了关于一场大火的报道。这些都表明了作者以天下为己任的意愿与胆识。

第三，从表述上来看，述评式解释性报道已不满足于冷静叙述的风格，作者的笔下常常闪烁着理性的火花，流淌着真切的感情。报道中叙事与议论、描写、抒情融为一体。为新生事物鼓与呼，对社会问题充满忧虑，对社会弊端勇于批判。这一点，只要我们打开作品，它们就会扑面而来。《光明日报》记者樊云芳等人写的《一个工程师出走的反思》，是刻意远离主观评说之作，号称是"中性报道"，即记者在新闻中并不充当"法官"和"教育者"的角色，而是提供全面的、翔实的事实，让读者去思考、去判断。即使动机如此，但因为受整个写作风格惯性的影响，也情不自禁地要议论上几句：

一场深刻的社会变革，难免要出现一点偏差，或者有些疏漏，人们对此无须惊诧。随着改革浪涛的滚滚向前，疏漏会得到填补，偏差会被引上正确的轨道，人们将会学得更加聪明，本文之所以把这件事公之于众，旨在让广大读者都来思考，加以议论，从中悟出道理，总结教训，将艰巨而光明的改革事业推向前进！

3. 对述评式解释性报道的评析

由于述评式解释性报道走的是一条与西方解释性报道不同的路子，不少地方甚至与西方式的解释性报道有相悖之处，此处不妨对它作个简单的评析。

首先，我们应当看到，这两种写法各有其产生的文化背景。如前所述，西方式的以提供背景来作解释的报道，它还是受到了西方客观性报道理念根深蒂固的影响。尽管解释性报道是对过去客观报道的突破，深入到揭示事实的意义这一层面，但其客观化的报道手法并没有遭到舍弃，而是保留下来了，即通过事实之间的联系来暗示意义。中国式的解释性报道则充满理性色彩，这是与其所承担的使命分不开的。在此，借用李良荣先生在谈中西两种不同的客观报道时的一段话："我们必须指出，中国的报纸大多数负有宣传的使命，尤其是报

---

① 新闻战线，1989（2）：20

纸的主干——综合性日报，都是各级党报；许多专业报、晚报也是党报，肩负重大的宣传任务。在一些大是大非问题面前，在关系到国计民生的重大政策、理论问题上，不允许也不应该态度暧昧、模棱两可，而必须鲜明地表达自己的立场、态度，积极地引导受众。中国报纸的特殊性质和功能决定了：客观性报道在中国报纸上的应用范围是有限的；不能像西方报纸那样，把客观性报道作为新闻报道的最基本原则。"①

其次，我们也应该看到，新闻报道中毕竟还是靠事实来说话的，这一点即使是解释性报道也不例外。在 1988 年全国好新闻的学术讨论会上，如何评价解释性报道中的思辨成分，成为与会者的一个重要话题：它的深度究竟是深在事实还是深在思辨？一些学者指出，解释性报道中的"重大问题经人民讨论"决不能变成"记者的议论"。理性思辨作为一种新闻的"批判的武器"，任何时候都不能代替新闻事实这种"武器的批判"；那种"事实不够，议论来凑"的新闻作品，其思辨力量是贫乏和苍白的。②

再次，在以往的新闻报道实践中，过多地用议论而不是用事实来作解释，其负面效应已经引起了业内人士的注意。如对改革中涌现出的新闻人物与事物，新闻报道应有足够的冷静与清醒，其评价还是越客观越好，越实在越好。因为面对复杂的新闻事实与社会现象，记者的思辨能力毕竟是有限的，有时很难议论到点子上。所以在报道实践中，就有记者尝试"中性报道"，即记者不掺带任何主观褒贬，只是不左不右、不偏不倚、客观准确地反映事实发生、发展的新闻。如《光明日报》记者樊云芳的《一个工程师出走的反思》即如此。有学者在谈深度报道时感叹："我们的记者太累了，累到了非要把所报道的对象的性质、地位、作用都要搞个水落石出不可。其实，记者就是记者，让记者担负太多的使命的确不堪重负。事实上，记者也是凡人，对当今纷繁复杂的社会现象也不见得都吃得准，因而记者不是也不可能是审判官，新闻的本质是反映事物而不是裁定事物。把事实真相原原本本地告诉读者吧，是非自有公论。"③ 这一声叹息，多少是有道理的。

最后，应当指出，述评式解释性报道也并非中国记者手中惟一的"武艺"，中国也有不少记者借鉴西方的报道手法，写出了很地道的背景式解释性报道。如 1996 年 1 月 6 日《光明日报》上所刊的一篇：

① 李良荣. 中国报纸的理论与实践. 上海：复旦大学出版社，1992. 91
② 时统宇. 深度报道范文评析. 北京：新华出版社，2001. 17～18
③ 时统宇. 深度报道范文评析. 北京：新华出版社，2001. 110

物价统计结果为何与人的感觉不一样

刚刚过去的 1995 年，我国物价宏观调控取得明显成效，零售物价涨幅从 1 月份的 21.2% 逐月回落到 11 月的 9.2%，全年零售物价平均涨幅预计为 14.8%。

物价上涨 9.2%？可这菠菜上个月还是六七角，现在就八角一元地涨上来了——一位刚从菜市场回来的大妈这样说。大妈的话没错，可物价涨幅也是经过科学调查计算出来的，那么，为什么大妈的感觉和国家统计局公布的物价结果不一样呢？

国家统计局局长张塞认为，时间的差异、空间的差异、个体和总体的差异等各种因素，造成了人们的感受和物价涨幅不完全一样。就好比把筷子的下半截放入水中后，由于光的折射作用，使筷子看上去好像折了一样。

在影响人们感受的各种因素中，首先是个体和总体的差异。国家统计局总经济师邱晓华介绍，物价指数反映的是全国物价总水平，1995 年 11 月份，全国物价总体涨幅已经回落到 9.2%。而人们接触的是具体的商品，人们感受强烈、印象深刻的是与日常生活密切相关的商品价格的涨幅，如粮食、鲜菜等食品，而这些商品的涨幅目前偏偏又是最高的。例如，食品价格涨幅尽管比 1994 年回落好几个百分点，1995 年 11 月份仍达 26%，其中，粮食、鲜菜价格涨幅分别是 17.4%、23.9%。这就是人们的感受和物价涨幅不完全一样的首要原因。

国家统计局城市社会经济调查总队一位统计师说，家里人有时也问我，你们的统计数据可靠不可靠？这主要还是对统计学科不理解。她向记者分析了影响人们感受和物价指数不完全一样的其他原因：

——由于各种原因，人们往往注意、记住涨价幅度高的商品，而忽略涨价幅度低或降价的商品。例如，1995 年 11 月份的零售物价中，肉禽上涨幅度是 7.1%；饮料、烟酒上涨幅度是 6.6%；家用电器上涨幅度仅是 0.2%；首饰不仅没上涨，还下降了 1%；汽车、摩托车等机电产品更是下降了 2.8%。这是影响人们感受不同的第二个原因。

——对比期的差异是影响人们感受的第三个原因。这里有两个统计术语：同比价格指数、环比价格指数。同比价格指数是本年某时期的商品价格与上年相同时期商品价格的比值，通常用百分比表示。环比价格指数，是本月商品价格与上月商品价格的比值。例如，贵阳市白菜每公斤价格，1994 年 4、5 月份分别是 0.65 元、0.75 元，1995 年 4、5 月份分别是 1.00 元、1.10 元。那么，1995 年 5 月份的同比价格涨幅是 46.7%，由于 4 月份的同比价格涨幅是 53.8%，那么，1995 年 5 月份的同比价格涨幅回落了 7.1 个百分点。而 1995

年5月份的环比价格则上涨了10%。考虑到季节因素的影响，同比价格指数往往更能说明问题，统计公报中多采用同比价格指数。在实际生活中，人们习惯于直接和上月比较，由此造成人们感受与统计结果不一样。当1995年5月贵阳市民感到白菜价格比上月上涨10%时，而白菜价格的同比价格涨幅回落了7.1个百分点。

——地域性差异是影响人们感受的第四个原因。在市场经济下，各地物价水平是由当地市场调节的。就是在北京市内，和平门和左安门、三里河和六里桥的物价也有不少差异，更不用说幅员辽阔的全国各地了。人们生活在某个具体地点，往往不知不觉以某地生活的感受来衡量全国物价总指数，因此会感到两者之间不一样。

——把物价涨幅"回落"的含义误解为物价下降，也会使人们感觉公布的物价涨幅和自己的感受不一样。物价涨幅"回落"的含义，不是物价下降，而是物价上涨幅度减小。例如，我国零售物价指数1995年1月为21.2%，11月为9.2%，那么，可以说，我国零售物价指数1995年11月份比1月份回落了12个百分点。

——其他原因。比如，人们对某些物价上涨感受是多年积累而成，而同比价格指数只是与上年的对比，两相比较自然也会出现差距。

这种冷静而细腻的解释风格，与西方式解释性报道基本一致，可见这种写法也很为我国记者所推崇。

第三节　分析性报道

分析性报道主要有两种类型，一种是直接预测其结果的，可称之为预测结果式报道；另一种只是大致分析事实发展的趋势走向，可称之为分析走向式报道。

一、预测结果式报道

预测结果式报道，或称预测性报道。顾名思义，它关注的是事物发展将会是何种结果，它是立足于新闻事实基础上发展起来的一种新闻体裁。它报道的内容不是已经发生了的事实，而是对读者关心的新闻事件或新闻现象的变动趋势、发展前景进行科学式的报道。

预测结果式报道算不算新闻，这是有争议的。原因在于它不是对"新近发生的事实"的报道。的确，与传统的新闻报道比较，它不是等事实发生后再报道，而是在事实发生前作预测。它是在已经存在的事实的基础之上，通过对这些事实的分析，进一步揭示其发展走向。归根结底，它是对发生过的事实的内蕴作深层透视，既扩展了新闻报道的领域，也符合新闻报道的基本要求。

1. 预测结果式报道的特点

（1）超前性。

预测结果式报道的任务就是对将会发生的和可能会发生的事实提前作出报道。从它的发展情况来看，预测的时间跨度越来越长，比起预告式的新闻，它展望的时间长多了。一般来说，预告式新闻的发布时间不宜过于超前，距事实发生的时间早一天至十余天不等；而预测结果或预测某方面的形势发展有的长达五年或十年，甚至预测到下一个世纪。

超前性不仅仅是指预测时间跨度之长，它还指将某些尚难预料的事情提前提供给读者一种相当权威的参考答案，最终得到读者的认同。1986 年 6 月 22 日、23 日，第十三届世界杯足球赛八强分组淘汰，前景迷离扑朔。新华社记者于 6 月 19 日撰文《哪四个队将进入世界杯足球赛决赛圈?》，认为法国和巴西"两队极有可能打成平局，随后靠发点球碰运气来决出胜负。硬要作出预测，胜票将握在法国队手中"。结果完全被言中，所以新加坡《联合晚报》在 6 月 25 日赞叹"新华社记者料事如神，预测胜负丝毫不爽"，"预测得比气象局天气预告还要准"。

（2）引导性。

预测结果式报道在告诉读者将会发生什么的同时，实际也在引导着人们的行为指向。什么样的发展是良性的，应提倡；什么样的发展是恶性的，应避免。在经济领域中，通过对生产和消费的预测，人们可以知道某种产品会越来越走俏，急需发展；某种产品很快就滞销，不可盲目发展。例如，《经济日报》1984 年 12 月 25 日发表的《明年农村纺织品销售量将平缓回升——纺织部经济研究中心提供信息给有关厂家参考》，它是根据对辽、川、陕、冀、豫五省部分供销社、农村集市、大量农村个体经营者以及 7 500 户农户的调查，通过科学分析，从而提出的很有指导性的意见，引导有关厂家去适应新的市场需求变化。

预测结果性报道的引导作用具有很浓的权威色彩，它是以新闻的真实性为担保的。当预测的内容能满足真实性的要求时，这种引导就会产生积极的作用；反之，当预测的内容失真时，报告就会对人们的行为产生误导。1981 年，江苏某报曾载报道预言"我国将出现蚯蚓养殖热"，一时许多农户争购蚯蚓，价格暴涨，结果养殖的蚯蚓无人收购，致使养殖户损失惨重。这从反面说明了预测性结果报道的引导作用不可低估。

（3）探索性。

预测结果式报道是科学的预测，是在对"已知"充分研究的基础上，探索事物的发展规律，以把握"未知"。事物的发展充满了偶然性和必然性，只有必然性能够反映事物发展的本质联系和必然趋势。人们一旦探索到了事物发展的必然性，便能预见它的未来。从这个意义上说，预测就是探索的过程。我们调查研究某一事物昨天和今天的广度和深度，同预测这一事物明天发展趋势的准确度是成正比的。

当然，既然是预测，绝对的正确是难以保障的。事件的发展虽然是由必然性起决定作用的，但也不排除受偶然性因素的干扰而改变发展的结局。所以，探索中也或多或少地含有或然性成分。

球王贝利曾受聘预测世界足球锦标赛，每天的预测都很受人欢迎，但事后证明，他的预测百分之八九十都不够正确。所以，对于预测结果式报道的探索，也应该采取辩证的态度观之。

2. 预测结果式报道的写作

预测结果式报道以调查、研究、展望见长，在写作上应特别注意以下三点：

（1）以事实为依托展开分析，努力表明预测的依据。

同所有其他新闻报道一样，预测结果式报道同样必须遵循"用事实说话"的报道原则。所以，在报道中，应当在可能的范围内提供支持预测结论的事实依据，这样才能使预测显得扎实可靠，令人信服。事实依据往往表现为数据、引言、实例、某种迹象等，要注意选择最能说明问题的典型材料展开分析。如2010年10月17日《参考消息》上的这篇报道：

政见分歧促普京参加大选

美国《华盛顿邮报》10月16日报道 几周以来，普京频频接受采访。专家和记者予以密切关注，为解答俄罗斯的重大谜题寻找线索：普京会参加2012年总统选举吗？抑或他会让梅德韦杰夫连任？

人们没有找到确凿证据，但普京确实自豪地公开阐述了自己的战略议程。该议程几乎与梅德韦杰夫"现代化"举措的所有关键主张背道而驰，其中包括"重启"美俄关系。

梅德韦杰夫认为俄罗斯经济"长期落后"、"原始"、依赖"原材料"，忽视了"人民的需求"。俄罗斯的一些知名独立经济学家指出，正因为如此，俄罗斯经济早在世界危机导致油价暴跌之前就已经开始下滑，2009年的国内生产总值下跌幅度居所有原大型经济体之首。

然而，普京认为俄罗斯"正在稳步前进"，"不存在重大问题"。当然，危机（与俄罗斯经济"毫无关联"，源自"我们的领土以外"）确实阻碍了俄罗斯的发展，但"并不严重"。从总体来看，国家经济"仍处在正确的轨道上"。

梅德韦杰夫指责说，"长期以来的"腐败"侵蚀着"俄罗斯。他把反腐作为总统任期内的主要任务。

普京对此的回答是，没错，俄罗斯确实存在腐败，但许多国家都存在这个问题。俄罗斯的反腐工作"可能确实还有改进余地"，但这是一个需要"细致研究"的难题。

梅德韦杰夫对穆斯林聚居的俄罗斯北高加索地区表示严重关切。这个地区几乎无法掌控，贫穷和失业问题肆虐，饱受持续不断的伊斯兰原教旨主义恐怖活动的困扰。尤其在达吉斯坦和印古什，几乎每天都有官员（警察、法官、检察官和地方官员）在恐怖袭击中遇害。梅德韦杰夫说，这些地区的局势是"我国最严重的国内政治问题"。

普京的看法呢？他说北高加索的事态"不是真正意义上的恐怖主义"，而是"各部族"为"重新分配财产"而展开的争斗。车臣领导人卡德罗夫是个"不折不扣的军阀"，但也是个"非常出色的经济领袖"，是个"了不起的家伙"。

与美国"重启"关系的问题呢？梅德韦杰夫曾三次在与奥巴马总统会晤时作出这个承诺。普京说，他"很想"对重启寄予信心。但是，美国不是曾帮助格鲁吉亚"重新武装"吗？两年前，不正是类似的"重新武装"促使格鲁吉亚"侵略"南奥塞梯吗？美国不是打算在其他欧洲国家部署"反导系统"吗？"重启从何说起"？

这些采访表明，普京和梅德韦杰夫对俄罗斯未来的构想存在广泛而深刻的分歧，所以"普京2012年参选"的问题并无悬念。普京不可能在下一次总统大选时作壁上观。他不会耐心等到梅德韦杰夫在2018年结束第二个任期，然后再着手扭转严重背离普京主义的趋势。

梅德韦杰夫能做些什么？他可以像赫鲁晓夫那样，实施"体制内"改革，也许会像赫鲁晓夫一样遭到激烈反对，也许改革会因为腐败和反动的官僚作风而大打折扣。这种做法十有八九会给人以无能的印象，也许会导致他在2012年不光彩地"退休"。

该篇报道对普京参加大选的根据作了充分的分析。围绕"政见分歧"行文，从多方面提供了事实依据，分析说服力强。

（2）见微知著，透过现象把握事物的本质和发展趋势。

预测性的报道之所以受人欢迎，关键在于其比一般的见解要高出一筹，看问题要比他人远出几步，当别人的视线被眼前浮云所遮时，你的预测具有很强的穿透力，就能道出真谛。如《报刊文摘》1994年3月14日的报道《世界卫生组织官员称中国存在艾滋病大流行危险因素》：

这一大流行的危险主要来自于流动人口的增加，农村劳动力向城市的转移。默森说，一旦有这种经济发展的趋势出现，伴随而来的就是这种疾病的蔓延。因为人们走出自己稳定的家庭结构就会出现性伙伴的多元化，这是很难避免的。

另外，公众缺乏预防艾滋病知识，自我保护意识较差；性病患者逐年增多，吸毒人数有增无减；国际上特别是周边国家艾滋病迅速传播的影响也都在预示着，中国由艾滋病低感染国变成高感染国的危险前景有可能成为现实。

见微知著的本领当然不是一朝一夕就可以学到的，它是建立在记者长期观察、长年积累、长期研究的基础之上的。所以，不少预测性报道的分析预言都出自权威人士之口。他们是某一领域内的研究专家，宏观在胸、微观在握，把握事物的发展趋势，具有极高的可靠性。

（3）努力表明预测的权威性，增强报道的说服力。

预测说到底是一种权威话语。只有当预测具有一定的权威性时，预测才能成立。从接受心理来看，愈是具有权威性，预测的接受度就愈高。预测性新闻的权威性，当然首先是来自对大量事实的科学分析。此外，努力在行文时加强预测话语的权威色彩，也是写作中一个重要的技巧问题。

从根本上说，预测结果式报道可分为两种情况：一是他人预测，二是记者预测。他人预测都应是权威人士的话语。像前面所引的关于"中国存在艾滋病大流行危险因素"的预测，就是来自世界卫生组织全球艾滋病规划执行主任默森之口。正如天气预报应该是来自气象局一样，这种报道表明权威性比较容易。在记者预测中，要想做到这一点，就应该在分析事实的过程中注意援引权威人士的意见，或者是表明资料数据出处源于专门机构。不论是他人预测还是记者援引权威意见，都应交代预测者的身份、学术地位等背景性材料。

既不要用模棱两可的语言，也要注意留有余地，不要把话说死。预测性报道的内容，毕竟不是既成的事实，不管预测的可靠性有多大，智者千虑尚有一失，绝对准确是很难的。所以，预测性报道不能把话说得太绝，但是也不能因此就净说模棱两可的话，说甲乙丙丁都有可能性，张三李四都有可能赢，读者耐着性子读半天，结果还是一无所获，这样的预测等于没测。

预测性报道应用肯定性的口吻来表达。新华社《哪个队将进入世界杯足球赛决赛圈？》的结尾是："英格兰队看来不是阿根廷队的对手，其长传冲吊常常劳而无功，短传配合是'班门弄斧'，阿根廷队再晋一级希望极大。"这样的语言既十分肯定，又不绝对化。

有时记者在预测中并没有把结论直接告诉读者，而是给读者某种提示，这也是可以的。如美国《芝加哥论坛报》1990 年 10 月 31 日登的《欧洲人说：海湾不久可能爆发战争》，其结尾写道："但是一些人士说，西方军事情报表明，萨达姆的顾问们不敢把现在同他的军队对峙的国际部队的规模和战斗能力告诉他。这使人想起二次世界大战的日子，当时希特勒的将领们由于担心被降职或以叛国罪被处决，所以都不让他了解他在军事上遭到的挫折。"读者据此去揣摩海湾战争的危险性，比记者直接说出效果更好，因而就更有说服力。

二、分析走向式报道

分析走向式报道，又称分析性新闻。它是在报道事实的基础上，通过记者的分析，帮助读者认清新闻事实的本质，并展望其未来的发展趋势。

1. 分析走向式报道的特点

（1）求深度：分析事物发展的内因。

这类报道总是深入分析事物运动的内部规律，努力探寻事物发展的走向趋势。分析走向式报道与解释性报道有不少相同之处，以至于有人将两者混淆起来。的确，它们都以新闻事实为依据，以新闻事实作为分析和解释的对象。但在分析和解释的时间取向上，解释性报道较多地停留在回顾事实形成的过程上，而分析走向式报道则对事物的成因作充分分析后，重在回答"此事的发展走向如何"、"为什么会是这样而不是那样"等。以《经济日报》记者詹国枢等人采写的两篇（组）报道为例：一是就"特区怎样特下去"的话题推出的一组报道，二是《开封缘何不"开封"？》。前者是分析性的报道，后者是解释性的报道。关于"特区怎样特下去"的报道，作者通过对特区的发展过程的总结回顾，剖析特区人当时的失落感与焦灼感的由来，以及特区面临的不可回避的种种困难与考验，以令人信服的理由回答了特区还能"特"下去和"特"下去的走向。《开封缘何不"开封"？》一文，则主要是针对在改革开放大潮中开封的落后状况作剖析。记者与开封干部群众一起摆事实、找根源，从以往开封发展过程中列举出五大原因，准确地抓住了问题的实质。

（2）求广度：观照事物形成的外因。

按照辩证唯物主义的观点，内因是事物发展变化的根据，外因是变化的条件。一般来说，与内因比较，外因具有更多的不确定性。恩格斯曾说过："历史是这样创造的：最终的结果总是从许多单个的意志的相互冲突中产生出来的，而其中每一个意志，又是由于许多特殊的生活条件才能成为它所成为的那样。这样就有无数互相交错的力量，有无数个力的平行四边形，而由此就产生出一个总的结果，即历史事变，这个结果又可以看作一个作为整体的、不自觉地和不自主地起着作用的力量的产物。"① 分析性报道对影响事物发展的诸多外因往往逐个考察，分析它们所起的作用，特别是在动态过程中去探寻"平行四边形"中各种力量的互相影响，充分估计到事物发展中可能出现的不确定因素。正是因为这一点，分析走向式报道与预测结果式报道表现出不同来：预测结果式报道只是去分析判断将会发生什么事情，超前去了解事物发展的结果；分析走向式报道则注重揭示多种外在因素所能产生的作用力，大致展示了事物朝哪个方向发展，对事物发展规律是一种更宏观的把握。

2. 分析走向式报道的写作

分析走向式报道是在对事物发展规律充分分析的基础上对其未来走向的一种宏观把握，其写作难度较大。让我们从一个实例入手来了解其写作特点。请看 2005 年 11 月 22 日《参考消息》上的一则报道：

"橙色革命"在独联体还有未来吗？

11 月 20 日基辅开始庆祝"橙色革命"一周年。一年前在独立广场发生的事件引起全世界的关注。当时无论西方还是莫斯科都认为该事件极为重要，尽管双方的评价完全不同。然而，政权的变更没有使乌克兰的地缘政治方向完全从东方转向西方，也没有改善乌克兰人的生活。

"橙色革命者"的班子在不足一年的时间里就四分五裂。著名政治学家、俄罗斯社会科学院成员尼科诺夫称，事态的这种发展是合情合理的。"所有革命的发展趋势都是同样的：第一，每次革命都会吞食掉自己的产儿，'橙色革命'也不例外。独立广场上的大多数领袖没能进入或留在政府，反而变成了反对派，无论是季莫申科，还是波罗申科，或是津琴科都是这样。第二，任何革命都不能减轻暴政的负担，不知道有什么证据可以证明，乌克兰目前的政权比库奇马政权更民主。第三，任何革命都会使经济善恶化。"几乎所有的专家都认为，尤先科上台后乌克兰状况不好。

月初乌克兰经济部长亚采纽克向政府通报的宏观经济状况相当差。今年头 9 个月国内生产总值增长 2.8%。这位部长说，今年固定资产投资减少了

---

① 引自《致约瑟夫·布洛赫》，《马克思恩格斯全集》第 37 卷，第 461 页。

90%。亚采纽克认为，经济增长速度急剧减缓的原因是政府对经济的干预过多。

这种现象不能不影响到尤先科的声誉。据11月对乌克兰各地进行的调查表明，总统的支持率仅为14.3%，而半年前（2005年2月）为32.4%。此外，居民对议会和政府的支持程度也处于总统大选后的最低水平。

如果说到西方对颜色革命的看法，那么在"橙色革命"之后的一年里，可以说，这样的支持者越来越少。相反，更多的是美国政治家和公众开始怀疑：支持独联体国家的反对派是否符合美国的战略利益？

我们知道，2004年11月，独联体国家连锁反应似地爆发"颜色革命"，其中乌克兰爆发的称"橙色革命"。这篇文章借"橙色革命"爆发一周年之际，分析"革命"后乌克兰的政治走向。报道先是指出，一年以来，政权的变更既没有使乌克兰的地缘政治方向完全从东方转向西方，也没有改善乌克兰人的生活；接着从"橙色革命者"的班子分裂谈起，引出了专家对"所有的革命的发展趋势"的总结，指出"橙色革命"也不例外；然后通过两组数据的变化，即经济增长率和领导人尤先科的支持率下降，分析"橙色革命"年以来的情况；文章最后提到更多的是美国政治家和公众对支持"颜色革命"做法的怀疑。

由一斑窥全豹，从上例我们大致可以提出分析走向式的报道在写作上的三点要求：

其一，分析走向必须把握住事物发展的规律。《"橙色革命"在独联体还有未来吗？》一文，从一般规律入手，先是引用专家的见解，指出"所有的革命的发展趋势"，然后从乌克兰"橙色革命"后的发展这一具体情况来分析，将事物发展的共性与个性结合起来考察，全文逻辑严谨，很能说明问题。读者完全可以从这些分析中看出事物发展的走向。同时，对事物发展的走向进行分析时，一定要充分考虑影响其发展的内因与外因条件的变化。像上面这篇报道，从两个方面数据的变化摆出了乌克兰情况的发展趋势；又从外部情况，即西方（主要是美国）对支持"颜色革命"的态度发生的变化分析，两者一结合，事物的走向就比较明显了。

其二，一定要以对已然的事实的分析为基础，得出事物发展的走向。还是以上文为例。一年的情况如何？这是对未来走向分析的事实起点。有两个方面的事实最有说服力：一是乌克兰的宏观经济情况恶化，"橙色革命"前后国内生产总值增长情况的比较；二是领导人尤先科的支持率下降。作者指出这两个变化之间构成因果关系。同时，这两方面又分别代表了经济和政治的情况。所以，事实抓得很典型，数据也很确凿，其说服力自不待言。

其三，把握用语分寸，注意表述的准确。分析事物发展的走向，不是对已然的陈述，而是对未来的推测，所以一定要注意不要把话说死，但模棱两可的话又表达不了事物走向的准确性。一般来说，宏观性的、规律性的内容，一定要做到信息准确、观点鲜明；对一些枝节性的、偶然性的内容，表述上则要留有适当的余地。如新华社记者1990年写作的《世界格局急剧变化》一文，透过一时多变的世界风云，准确地分析今后将建立何种国际政治和经济新秩序。文章指出：

> 国际关系的实践表明，未来的国际政治新秩序不能不包括以下的主要内容：
> ——每个国家都有权根据本国情况选择自己的政治、经济和社会制度；
> ——世界各国，特别是大国必须严格遵守不干涉他国内政的原则；
> ——国家之间应当互相尊重，求同存异，和睦相处，平等相待，互利合作；
> ——国际争端应当通过和平方式合理解决，而不诉诸武力或以武力相威胁；
> ——各国不论大小强弱都有权平等参与协商解决世界事务。
> 建立这样的国际政治新秩序，有利于世界的和平与发展，也是不可阻挡的历史潮流。

这样的表述干净利索、掷地有声，既表现了分析的权威性，又体现出判断的准确性。

第四节　调查性报道

调查性报道，是指以调查为手段，以揭露某些新闻事件的真相或某些社会问题的本质的报道。在美国，调查性报道又被称为"揭丑报道"，是专门揭露政府和公共机构中的腐化行为和丑闻的报道。调查性报道按题材的事件性与非事件性，可分为事件型调查报道与问题型调查报道两种。

一、事件型调查报道

事件型调查报道，主要是针对某些事故或负面的社会事件所作的具有调查深究性质的报道。

1. 事件型调查报道的特点

首先，从题材的性质来看，它属于批评揭露一类。这一点可以说是调查性报道与生俱来的重要特色。在西方，早在 18 世纪后半期，报业大王普利策就主张"有力的写作和讨伐性新闻"，强调报纸应揭露贪污腐败。在他的鼓吹下，不少记者都热衷于揭露社会的阴暗面。到 20 世纪初，美国报界形成了一场揭露运动，当时的美国总统罗斯福指责这种揭露性报道是"专揭丑闻"，是"淘粪"，人们干脆称之为"淘粪运动"。美国著名的关于"水门事件"的报道即属此例。在我国，事件型调查报道有些是作为内参的形式出现，有些则公开发表于报端，如 1993 年度中国新闻奖获奖作品《光明日报》湖南记者站记者唐湘岳写的《举报人的命运》。

其次，从题材的获取来看，事件型调查报道的题材都是需要经过记者艰难的采访才能得到。按日本学者的说法，调查性报道"不是依赖当局发表的材料写报道，而是记者亲自进行调查，逼近真相；不像独家新闻那样只依靠到手的单个秘密材料，而是通过彻底的调查采访，揭示事件的整体情况"①。事件型调查报道的采写，其最大的难处是事实材料的获取，被调查对象总是千方百计阻挠记者的采写活动，绝对不会主动向记者提供有关事实材料。如 2001 年 7 月 17 日，广西南丹发生了特大井下透水事故，共造成 80 人死亡，1 人失踪。当地政府官员竟隐瞒不报。7 月 28 日，一批最先得知情况的记者赶赴现场进行调查，随后全国多家新闻媒体的记者也都赶往南丹采访，通过深入调查，这起被掩盖的特大事故终被揭之于众。这一点，也是调查性报道与批评性报道的重要区别。我国一些较为重大的批评性报道，大都是在内部处理已经得出结论的情况下才开展的，这种情况下，记者获取材料不必作艰难的调查，只需得到上级有关部门的准许，如《渤海 2 号钻井船翻沉事故说明了什么?》。但调查性报道不是这样，它所报道的新闻事件，不仅没有有关部门主动提供线索，相反还刻意隐瞒，记者不付出辛苦的劳动是无法了解到事实真相的。

最后，事件型调查报道比起其他报道来，要求有更强的实证性。这一点对于报纸记者来说，其难度更大。与此相关，事件型调查报道，对真实性的要求更为苛刻，稍有差池，便可能导致公堂对簿。实证性体现在报道中，便是记者的采访亲历，对第一手材料、第二手材料的发现、考据。报道中的素材，越具有原始形态，就越具有实证性，所以，事件型调查报道并不刻意对调查材料作过多的加工整理，也不过多地对事件发表评说，而是靠事实之间的逻辑联系来

① 刘明华. 西方新闻采访与写作. 北京：中国人民大学出版社，1993.10

说话，引导读者步步逼近真相。

2. 事件型调查报道的写作

（1）展现记者的调查过程，直接记叙记者的所见所闻。

调查性报道与一般的新闻报道不同，一般的新闻报道注重结果，是终结式的报道；调查性报道更重视调查的过程，因为整个调查过程实际上就是记者接触事实现象、分析事实背景、揭示事实真相的过程。如获 2006 年度中国新闻奖的《忻州煤矿安监局好气派》，就大量展示了记者在调查中耳闻目睹的事实材料。请看全文：

山西省忻州煤矿安全监察局最近两年"财气"暴涨。

几年前，忻州煤矿安监局还叫忻州煤炭安全监察站的时候，四处租房办公，常为房租与房东发生不快，工作人员也大都是骑自行车或步行上下班。现在，忻州煤矿安监局仅有 10 名工作人员，却有四五十间带卫生间的超大面积的办公室，有 36 套超大面积住房。

与此同时，近两年，每年都有一两起特大煤矿安全事故发生在忻州。

2005 年 7 月 2 日 14 时 20 分，忻州市宁武县阳方口镇贾家堡煤矿接替井发生特别重大瓦斯煤尘爆炸事故，造成 36 人死亡，11 人受伤。事故发生后，矿主和有关部门瞒报事故死亡人数，转移藏匿遇难者尸体。

2005 年 10 月 31 日 16 时 50 分，忻州市原平市长梁沟镇坟合岇煤矿发生瓦斯爆炸事故，造成 15 人死亡，1 人受伤。

2006 年 11 月 5 日 11 时 45 分，大同煤矿集团轩岗煤电公司焦家寨矿（地处忻州市原平县境内）发生瓦斯爆炸事故，47 名被困矿工全部遇难。

忻州煤矿安监局的办公楼和住宅楼及正在兴建的宾馆，位于忻州市经济技术开发区内。靠近（五）台忻（州）公路的是该局正在建设的宾馆（正式名称是忻州市煤矿安全监察局职工培训中心），地下 1 层，地面已经建起 5 层，建筑面积在 3 000 平方米以上。"培训中心"后边的一幢欧式建筑，是该局的办公大楼。在办公大楼的后边，是一幢 6 层的住宅楼。住宅楼共 3 个单元 36 套房，房间面积最小的 140 平方米，大的 180 平方米。该局有 10 名正式职工、五六名临时工，记者在忻州市车管所调查得知，共有 9 辆公车挂在该局名下。

忻州市煤矿安全监察局刘副局长在接受记者采访时表示，该局办公楼在 2003 年由山西煤炭安全监察局后勤处负责动工兴建，直至今年秋天才启用。由于一些配套工程还未完工，大楼的一些设施还未完善。他强调说，整个办公楼的建筑面积 2 000 平方米，只比朔州的（煤矿安全监察局办公楼）大一点儿，全省 11 市除运城外，条件算是最差的。目前，大楼的装修装饰工程还未完工。完工后，"条件会改善一些"。

对于职工住宅楼，刘副局长说共有 36 套住房，但"那是由局里职工和其他单位的一些工作人员集资兴建的"。至于每平方米 1 100 元的房价，是由于该地"地处荒郊野外，那时候（2003 年）忻州的房价还没涨起来时制定的"。住宅楼后共有 22 间私家车库，刘副局长说："分给住户后，想做车库做车库，不想做车库安上门窗可以当住房，放杂物也可以。"统一包了塑钢阳台，是为了使单位的建筑显得整齐、美观。

刘副局长是今年才被提拔的，所以他对办公大楼资金来源、投资多少、装修花费、购置办公设备和职工住房补贴等问题都"不太清楚"。

不过，有知情人士透露，建设资金中有小部分是向部分乡镇和煤矿"借的"，忻州市宁武县某乡镇就"借给"该局 5 万元。而被该局监管的宁武县的一煤矿，则花了 35 万元购买了该局的一些旧的办公设备。

我们可以看到，报道中以调查获得的大量数据与实景为材料，以材料的第一手性和真实性来说话，非常具有实证力量。

（2）突出调查中具有实证性意义的细节。

细节具有很强的表现力。在事件型调查报道中，这种表现力可以转化为实证性力量。调查性报道如果没有实证性，就失去了其"揭露力"。对于报纸媒介上的调查性报道来说，如何增强报道实证性是非常重要的。一些报社和通讯社的记者感叹："同样内容的批评报道，如果报纸、杂志报道，被批评者往往要告状打官司，而如果电视对其现场报道，被批评者往往不敢如此。原因就是摄像机已将现场的当事者说的什么、干的什么以及旁观者的反应，都记录下来了，不容反驳。"① 可以说，突出具有表现力的细节，就是报纸调查性报道追求实证性的重要策略之一。如获 1997 年度中国新闻奖的力作《一次艰难的采访——吴川市 4 000 亩耕地撂荒调查见闻》，本来是调查广东省湛江市吴川市博茂管理区将 4 000 亩耕地撂荒的事件，结果演变成了有关部门阻挠记者采访的事件。这一新发生的情况闯入记者视野，成了这一次调查的"附带产品"。当地开发区办公室为了掩盖其"开发"行为，居然将自己说成是征兵办的。记者实录了如下细节：

当记者来到开发区办公室门时，这里的人在高高的房檐上挂上了一幅红

---

① 中央电视台新闻评论部. 把握生活主流，遵循电视规律，增强传播效果——关于《焦点访谈》、《东方时空·焦点时刻》的采访与制作. 中国广播电视学刊，1995（8）

布，上面写着："依法服兵役，是每个公民的光荣义务。"红布下面牌子上的字是："吴川市经济技术开发区办公室"。室内所有的人都说自己是搞征兵工作的。

这一细节，有力地揭露了该单位欲盖弥彰的拙劣手段。

（3）在比较与鉴别中探寻事实真相。

调查性报道具有很强的"揭露力"，这一力量不是靠议论得到的，而是靠事实，是在事实之间的比较中明辨是非。如曾获普利策新闻奖的作品《也许这个案子中还有一个女人》，就是通过比较与鉴别来探寻事实真相的：

有些东西使我相信这一事件背后有一个陌生女人。带着这种想法，我决定了解他6年前在阿马里洛开办法律事务所以来为他工作的每一个速记员。我问他是否曾经迷恋过另一个女人。

"没有"，他断然说："即便是在思想上我都从不对我的爱妻不忠，更不用说行动了。"

他给了我一份他的速记员的名单，我写了他所说的每一个……

"去年我有过几个速记员。第一个是维拉·霍尔库姆，只跟了我很短的时间，我不知道她究竟发生了什么事。接下来是维洛娜·汤普森。她8月份开始为我工作，到12月时我让她走了。她大约二十四五岁，是一个相貌平平的女人，没有男人会迷上她。接下来是梅布·布什，她住在皮尔斯大街，她工作到我妻子去世前的星期一。现在她想回来替我工作，她正在为自己的兄弟做家务活。她很年轻，很有魅力，红头发，充满朝气，也很机灵。她大约19或20岁。你可以见见她。现在我的速记员是奥茜·李·汉弗莱斯。"

照他这样谈起来，似乎没有什么值得怀疑，但他说话的方式暴露了一个企图：他想让我们不去怀疑汤普森小姐有什么吸引他的地方，而布什小姐却是非常迷人而危险的。

作者通过对采访对象谈话的比较分析，所得出的结论与事实真相吻合，极具逻辑力量。

二、问题型调查报道

问题型调查报道，是对社会上某些带有较普遍性的不良现象和弊病、工作中存在的问题所作的调查研究。过去我们所说的工作通讯，如果其采访方式是记者直接接触事实，带着问题作调查研究，也可视为此类报道。

1. 问题型调查报道的特点

问题型调查报道与事件型调查报道有不少相同之处，都必须通过记者亲身进行调查研究。陆游说："纸上得来终觉浅，绝知此事要躬行。"调查性报道正是靠记者的"躬行"来加强报道的真实性与权威性，加强报道话语的战斗力。两者相比，也有一些相异之处。问题型调查报道的特点有：

（1）题材的非事件性。

问题型调查报道的调查对象不是某一孤立的新闻事件，而是一种在一定时间或空间里较普遍存在的问题与弊端。因此，它的题材具有许多非事件性新闻的特征，如是由多事构成，是一种渐变的状态，对六要素中的功能性要素的要求有所不同，等等。以1997年度中国新闻奖获奖作品《夜探"虎"穴》为例。此文调查的是福州市电子游戏机娱乐场所的赌博现象。在两个多小时的暗访中，记者调查了六家娱乐场所的情况，所以具有普遍性与综合性。福州市的电子游戏机场所较多，从1997年下半年起，不少场所相继开始进行赌博活动，大有泛滥之势，造成了不良的社会影响。《夜探"虎"穴》适时地对这一现象展开调查暗访，引起了有关部门的高度重视。

（2）采写目的的明确性。

带着问题去采写，这是问题型调查报道一个重要的特点。一般的报道在采写前当然也有采写目的，但比较而言，问题型调查报道所调查的"问题"一般已经引起了人们的关注并进入了舆论的范围。记者是根据问题来策划调查的。比较新华社两篇优秀报道《菜价追踪》（1994年）与《大白菜引出的话题》（1996年）即可见证这一点。前者是调查性报道，后者是一般的综合性报道。仅从开头所述采写目的的产生，即可看出两者的差别。《菜价追踪》："近一个时期，京城菜价上涨，有些蔬菜比肉还贵，为了搞清菜价上涨的原因，记者来到北京的大'菜园子'——山东寿光市，从源头开始，行程千余里，对蔬菜价格的变化作了一次全过程追踪。"《大白菜引出的话题》："到银川，看到满街堆的都是棵大、紧扎、鲜嫩的大白菜。这么好的大白菜，在南方真不多见。当地人告诉我们，银川的阳光仅次于拉萨而被称为'亚日光城'。一了解，这里的大白菜一般亩产都在7 500公斤左右，但1角6分钱一公斤都问津者寥寥。"显然，前者是有了问题再去采写的，后者则是在采访中发现问题再继续开拓深入的。

（3）报道内容的调研性。

问题型调查报道，不仅是调查问题，还带有对问题的研究。这一点与我们常说的工作通讯有很大的一致性。或者说，正是因为它们具有很强的研究性，过去常将它们划入工作通讯的范畴里。其实，工作通讯这一概念的范畴是不太确定的。有些是推介经验的，又称典型报道，其目的是以先进经验来引导其他单位。这是舆论引导中正面引导的做法。有些是记者对某些热点问题的思考，从现象出发，深究"为何"与分析"将会如何"，这些比较接近解释性报道与分析性报道。近些年来，随着以解释性报道为代表的深度报道的勃兴，工作通讯这一概念逐渐被淡化。但是，记者的社会责任感不会淡化，他们对一些社会问题所作的艰辛的调查研究，就以调查性报道的形式出现。一言以蔽之，与一般意义上的"工作通讯"相比，问题型调查报道的调查研究性质不变，但对社会负面现象的关注却是有别于一般性意义的工作通讯的。如《菜价追踪》调查研究的是京城菜价上涨的问题。记者从北京市场蔬菜的主要产地山东寿光市开始，一路追踪，研究每一个环节的涨价情况，思考降低菜价的对策与措施。记者调查的是菜价是怎样涨上去的，研究的却是市场流通渠道中存在的种种弊端。

2. 问题型调查报道的写作

从报道中事实与信息的关系来看，这类报道写作时大都用"解剖麻雀法"。也就是说，它是截取一定时间片断或空间片断为题材，由此来反映问题，看出弊端。

我们知道，问题型调查报道属非事件性新闻内容，它调查的是一种社会现象，是一个普遍存在的"面"上的问题。相对来说，这类题材不及事件性新闻那么"实"。但记者的调查却是实实在在的实地采访，调查的结论必须由实实在在的事实来表述。这就存在一个"虚"与"实"的矛盾。它需要化"虚"为"实"，即围绕调查的问题选定一个具体实在的调查对象。

一个具体实在的调查对象可以作两个方面的理解：它既可能是一件事在时间上的延伸而逐渐显示真相，也可能是一种现象在一个时间内、一定空间上的延展。前者如《菜价追踪》，后者如《夜探"虎"穴》。《菜价追踪》是对蔬菜贩运过程的剖析，调查的过程是步步深入，问题的真相是层层逼近。《夜探"虎"穴》则不同，记者是将在两个多小时的采访所涉及的六家娱乐场所的情况一一列出，它所解剖的"麻雀"，不是一个固定的场所，而是一个具体的时间段。这同样可以反映出问题的严重性，同样具有典型意义。

正是因为这类报道所选的事实具有典型性，所以它所传递的信息要大于事实本身。"解剖麻雀法"的意义就在这里。通过一个有代表性的个别，去认识一种普遍存在的一般。如《一次感冒？一个小时看了三个医生》，虽然只记录了记者本人一个小时的看病经历，但典型地反映出当时美国纽约市普遍存在的医生行骗、敷衍患者的弊病。又如《菜价追踪》，由记者的一次"追踪"，就暴露出蔬菜贩运过程中的种种问题。

"解剖麻雀法"的关键是选好"麻雀"。选得好，可以一当十；选得不好，就可能以偏概全。

从报道的结构来看，这类报道是以记者的采访经历为叙事线索，不枝不蔓。根据选材的情况，这类调查性报道常用两种结构法："顺藤摸瓜法"与"扇面铺开法"。

（1）"顺藤摸瓜法"。

"顺藤摸瓜法"以记者的调查过程为线索，纵向地推近事实真相。近年来新华社记者采写的"追踪"类调查性报道，较多采用这种结构方法。如1994年采写的《菜价追踪》、1996年采写的《化肥价格千里追踪》等。这两篇报道采用同一种结构模式：先是在导语部分提出问题，然后从"源头"着手开始调查采访。《菜价追踪》是从蔬菜的生产地开始一直追到市民的菜篮子这一终端。《化肥价格千里追踪》是"顺着进口和生产企业这个化肥供给的'源头'，一直追到农民的田间地头"。通过这一根"藤"，读者可以看到，化肥价格在源头上并没有上涨多少，主要是流通环节涨价太多。记者将主要流通环节30多种收费带来的价格变化，客观翔实地、一笔一笔地交代出来，使读者一看就知道化肥价格是怎样涨起来的、涨在哪里，哪些是应该涨的、合理的，哪些是不应该涨的、不合理的。

（2）"扇面铺开法"。

"扇面铺开法"适合于横向展示一定空间的情况。它以数量的聚集来表明问题的普遍性和严重性，以唤起人们的关注。如《夜探"虎"穴》就是对六家电子游戏机娱乐场所的赌博情况的一次聚集式的扫描。每个点的情况虽各有不同，但其性质是一样的，它们构成了事实的一种规模，一种由量的聚积到质的变化。正如该报道结尾所言："两个多小时的暗访，记者虽不能走完榕城所有有赌博行为的电子游戏机场所，但可以看出，福州的'赌'风已盛，到坚决查禁的时候了！"

从报道的语言来看，调查者的意见表述比较注意客观化。可以说，大多数的问题型调查报道都是以调查过程的展示来完成对调查结论的表述。也就是说，调查结论已经包含在调查过程的叙述之中，这符合新闻报道"用事实说话"的一般性要求，表现出很强的客观化色彩。如普利策新闻获奖作品《一次感冒？一个小时看了三个医生》，记者把在医院看病的奇异、曲折的经历生动地记叙下来：先是填表，然后安排去脚病医生处检查脚，脚病医生检查后上药；接着又去看内科医生，内科医生说他患的是"伦敦型感冒"，开了一大堆盘尼西林注射剂；精神病医生问他是否有女朋友，等等。请看其中一段记叙：

在候诊室，一位穿白衣的护士用静电复印机复制了好几张病人的医疗证，不断问道："请问您的教名、出生日期，您有电话吗？"

她将这些情况填在一张登记表上，这张表将由病人附在账单上，等看完病，再交给医院。接着，她问道："您要看什么病？"

"我觉得有点感冒，我得找医生看看。"

"好吧，内科医生正忙着呢。你先到脚病医生那儿去看看脚，他现在有空。"

"干嘛？我只是有点感冒。"

"那你也得先检查检查脚。"

"好吧。"病人说道。在他"表兄"的陪伴下来到脚病医生大卫·盖勒的治疗室。医生是一个性情很温和的人，他让感冒病人躺在一张床上，放松一会儿。

鞋和袜子都先后脱掉了，医生用手捏了捏脚，然后问道："你脚上有什么毛病吗？"

"没有。我只是有点感冒。为什么要我来看脚呢？"

"啊，我们这里检查病情是由下到上的。我们先看看你的脚，然后再检查其他部分。"

医生在病人的左脚上发现了一块小疹，问道："这有好久了？"

"好几天了"，病人答道。

"我给你开点药，就到楼上药房去取。将油在上面涂几次，很快就会好起来的。"

读者通过记者的叙述，不难看出其中的问题和弊端，也不难感受到作者的褒贬态度和评判倾向。

【思考题】

1. 深度报道在新闻报道中有何特殊意义？
2. 背景式解释性报道与述评式解释性报道各有何特点？
3. 如何写好解释性报道？
4. 分析性报道分为哪几种？如何写好分析性报道？
5. 调查性报道分为哪几种？如何写好调查性报道？

参考文献

［1］李良荣. 中国报纸的理论与实践. 上海：复旦大学出版社，1992

［2］樊凡，单波等. 中西新闻比较论. 武汉：武汉出版社，1994

［3］洪天国. 现代新闻写作技巧. 北京：中国新闻出版社，1986

［4］艾丰. 新闻写作方法论. 北京：人民日报出版社，1994

［5］徐占焜. 新闻写作基础与创新. 北京：新华出版社，1992

［6］陈力丹. 通讯员习作点评. 北京：中国广播电视出版社，2000

［7］郑兴东等. 不要这样写——对百篇新闻写法的商榷. 北京：中国人民大学出版社，1990

［8］郑兴东等. 好新闻后面——编辑耕耘录. 北京：新华出版社，1993

［9］刘海贵等. 新闻采访写作新编. 上海：复旦大学出版社，1991

［10］张惠仁. 新闻写作学. 成都：四川人民出版社，1986

［11］汤世英等. 新闻通讯写作. 北京：中国人民大学出版社，1986

［12］刘明华等. 新闻写作教程. 北京：中国人民大学出版社，2002

［13］时统宇. 深度报道范文评析. 北京：新华出版社，2001

［14］胡欣. 新闻写作学. 武汉：武汉大学出版社，1998

［15］熊先志. 新闻采写术. 北京：新华出版社，2000

［16］丁柏铨，胡素华. 通讯报道范文评析. 北京：新华出版社，2001

［17］荣进等. 中外新闻采写借鉴集成. 杭州：浙江教育出版社，1990

［18］严介生. 美中不足——评析 72 篇好新闻的疵点. 北京：中国广播电视出版社，1993

［19］范敬宜. 总编辑手记. 北京：人民日报出版社，1998

［20］甘惜分. 新闻学大辞典. 郑州：河南人民出版社，1993

［21］郭光华. 现代新闻写作. 长沙：湖南师范大学出版社，1996

［22］郭光华. 新闻传播艺术论. 长沙：岳麓书社，2002

［23］郭光华. 新闻写作. 北京：中国传媒大学出版社，2005

［24］郭光华. 同题新闻大比拼. 长沙：湖南大学出版社，2006

［25］黎信，蓝鸿文. 外国新闻通讯选评（上、下）. 北京：长征出版社，1984

［26］徐占焜. 中国优秀通讯选（上、下）. 北京：新华出版社，1985

［27］［美］密苏里新闻学院写作组. 新闻写作教程. 北京：新华出版社，1986

［28］［美］麦尔文·曼切尔. 新闻报道与写作. 北京：中国广播电视出版社，1981

［29］［美］卡罗尔·里奇. 新闻写作与报道训练教程. 北京：中国人民大学出版社，1981

［30］［美］沃尔特·福克斯. 新闻写作——报刊记者指南. 北京：新华出版社，1999

后 记

　　大家知道，新闻学是一门实践性应用性很强的学科。在高校新闻专业教学中，新闻业务课程是重头戏；如何写好新闻报道是新闻专业学生的主习功课。这就不难理解，为什么围绕这一内容研究的专著与教材一直层出不穷。

　　本人自 1992 年从事新闻业务研究与教学，1996 年出版第一本新闻写作方面的教材，以后基本上每 5 年左右要出一本这方面的专著或教材。每一次"新编"，都力图要有创新之处。这不是为赋新词强说新，而是新闻实践和科学研究要求使然。首先，新闻实践的发展真是日新月异。新媒体的出现，新的传播方式的诞生，新的传播观念为人们所接受，新的媒介化生态环境的形成，如此等等，都在促使着新闻写作从内容到形式的变革，也在激发着人们对它的研究热情。过去教科书上的一些提法，如不作"新编"，势必落伍于新闻实践。其次，这些年新闻学研究不断取得新的成果，就我本人来说，也不断有新的研究成果问世。这些新成果的出现，也给"新编"创造了条件。

　　这本《新闻写作新编》，试图在以下方面有所刷新。第一，试图立足于新媒体出现后的"媒介融合"写作这一新高，厘清一些基本原理，让读者掌握以不变应万变之能。第二，关注近年来新闻理论创新成果，努力运用新的理论去解释实践的创新，同时又对创新的实践加以提升以丰富理论。第三，结合大量的新闻写作案例，以宽容与开放的眼光接纳新闻实践的新成果，以利于读者掌握业界创新之动向。至于这些想法是否达到，还望读者批评指正。

　　本书吸收了近年来新闻业界与理论界的最新成果，除在书中有所注明外，还要在此特别致谢！

　　暨南大学出版社杜小陆责编对本书提出过很好的意见，付出了辛勤的劳动，其敬业精神令我感动，也在此特表感谢！

作　者

2010 年 12 月